职业教育·道路运输类专业教材

# 隧道施工技术

TUNNEL CONSTRUCTION TECHNOLOGY

（第2版）

李和平　陈小雄　主　编
邵森林　邵丹怡　副主编
　　王　鹏　主　审

人民交通出版社股份有限公司

北京

## 内 容 提 要

本书以隧道工程施工过程中基层技术人员的日常工作任务为主线，共设置了两个模块，第一个模块是入门知识，包括 5 个学习任务；第二个模块是案例实训，包括 7 个学习任务。本书配套数字资源，读者可以登录智慧职教平台（https://www.icve.com.cn/），查找湖北交通职业技术学院"隧道施工技术"课程获取。

本书主要供高等职业院校道路与桥梁工程技术专业学生使用，也可作为隧道相关工程技术人员的培训教材或自学用书。

本书有配套课件、习题和隧道图纸，教师可加入职教路桥教学研讨群（QQ：927111427）获取。

图书在版编目（CIP）数据

隧道施工技术/李和平，陈小雄主编. —2 版. —北京：人民交通出版社股份有限公司，2023.12（2025.1重印）
ISBN 978-7-114-19135-0

Ⅰ.①隧… Ⅱ.①李… ②陈… Ⅲ.①隧道施工—施工技术—教材 Ⅳ.①U455

中国国家版本馆 CIP 数据核字（2023）第 220504 号

职业教育·道路运输类专业教材
Suidao Shigong Jishu

| 书　　名： | 隧道施工技术（第 2 版） |
|---|---|
| 著 作 者： | 李和平　陈小雄 |
| 责任编辑： | 卢俊丽 |
| 责任校对： | 赵媛媛　魏佳宁 |
| 责任印制： | 张　凯 |
| 出版发行： | 人民交通出版社股份有限公司 |
| 地　　址： | (100011)北京市朝阳区安定门外外馆斜街 3 号 |
| 网　　址： | http://www.ccpcl.com.cn |
| 销售电话： | (010)85285911 |
| 总 经 销： | 人民交通出版社股份有限公司发行部 |
| 经　　销： | 各地新华书店 |
| 印　　刷： | 北京市密东印刷有限公司 |
| 开　　本： | 787×1092　1/16 |
| 印　　张： | 17.75 |
| 字　　数： | 400 千 |
| 版　　次： | 2011 年 6 月　第 1 版<br>2023 年 12 月　第 2 版 |
| 印　　次： | 2025 年 1 月　第 2 版　第 2 次印刷　累计第 16 次印刷 |
| 书　　号： | ISBN 978-7-114-19135-0 |
| 定　　价： | 49.00 元 |

（有印刷、装订质量问题的图书，由本公司负责调换）

# 前言

为适应我国高等职业教育教学改革的发展趋势、交通土建类专业人才培养目标,根据交通职业教育教学指导委员会路桥工程专业委员会组织编制并审定的课程标准,编者在总结多年实际教学工作经验的基础上编写了本书。

本教材自第 1 版 2011 年 6 月出版以来,已重印 14 次,累计印数近 60000 册,受到广大师生的欢迎。近年来,随着《公路隧道施工技术规范》(JTG/T 3660—2020)、《公路隧道设计规范》(JTG 3370.1—2018)、《铁路隧道设计规范》(TB 10003—2016)陆续实施,隧道施工方面的新技术、新工艺层出不穷,为了满足最新标准规范的要求,更加贴合交通行业发展动态及更加符合高职教育教学实际,适应当前"隧道施工技术"课程标准相关要求,教材编写组在第 1 版的基础上,对教材的部分内容进行了修改和调整形成第 2 版教材。

本版教材沿用了第 1 版的框架体系,总体分为两大模块:入门知识模块和案例实训模块。入门知识模块首先介绍隧道的常识、构造,让学生初步了解隧道的结构组成;其次介绍围岩稳定性与隧道设计,让学生理解隧道施工必备基础理论知识;最后介绍各种隧道施工方法,让学生初步认知各种隧道施工方法。案例实训模块以最常见的山岭隧道新奥法施工为基础,按照工程实际施工顺序,详细介绍新奥法的各个施工环节,每个施工环节均增加了案例教学的内容,对接隧道施工技术岗位能力需求,增强学生适岗性。本版教材还在第 1 版基础上调整了部分内容的顺序,将原学习资料十一"洞口施工"调整为学习任务七,内容结构更贴合实际施工顺序,使学生更容易理解与掌握。

本教材的特色如下:

**1. 产教融合**

编写组成员均有工程实际工作经历,并与中国中铁隧道局集团有限公司、湖北省路桥集团有限公司等优秀企业合作,对隧道专业技术岗位开展调研,按照岗位工作流程,以工作实践为主线组织教材内容,课堂所授即为岗位所需,使教材内容与工作实际紧密结合。

**2. 新形态一体化**

教材数字资源丰富,可与国家级教学资源库(已在智慧职教平台 https://www.icve.com.cn 上线)配套使用,学生可直接扫描教材中二维码,进入相应内容的数字资源学习。数字资源形式多样,包含教学视频、PPT 课件、练习题、案例分析等内容,还设有留言、讨论等师生互动模块,使学习内容更加立体、生动,增强学生学习兴趣。

**3. 先进性与实用性并重**

本教材内容紧密结合社会产业结构的调整、职业岗位的变化以及行业新规范的变化,适时对相应内容进行更新。邀请企业专家参与教材大纲的制定,确保教材内容的先进性。教材将"教、学、做"融合,注重对学生实践能力的培养,以真实工作任务为背景,指导学生真做、真感受,确保教材实用性。

本书由湖北交通职业技术学院李和平、陈小雄主编,湖北交通职业技术学院邵森林、邵丹怡担任副主编,中国中铁隧道局集团有限公司高级工程师王鹏担任主审。李和平负责本书总体框架设计和全书统稿,并编写了学习任务五、六、八,以及实习指导书、实习报告撰写指导书;陈小雄编写了学习任务一、二;邵森林编写了学习任务三、四、十二,并完成了部分资料的整理和审校;邵丹怡编写了学习任务九、十;湖北交通职业技术学院周小虎编写了学习任务七;中国中铁隧道局集团有限公司王景编写了学习任务十一。

衷心感谢全国交通运输职业教育教学指导委员会路桥工程专业委员会的

方向性指导;衷心感谢人民交通出版社股份有限公司卢俊丽编辑提出的中肯而富有建设性的修改意见;衷心感谢云南省交通投资建设集团有限公司高级工程师麻宝平提供的相关资料。

由于编者水平有限,书中难免存在错误、疏漏或不妥之处,衷心希望读者提出宝贵意见(电子邮箱:283121158@qq.com)。

编 者

2022 年 12 月

# 本教材配套资源索引

| 资源编号 | 资源名称 | 对应内容 |
|---|---|---|
| 视频动画 | | |
| 01 | 认识围岩稳定性 | 学习任务三 |
| 02 | 鹰嘴山隧道岩体认识 | 学习任务三 |
| 03 | 武汉长江穿江隧道施工技术 | 学习任务五 |
| 04 | 洞口施工 | 学习任务七 |
| 05 | 全断面法、台阶法 | 学习任务八 |
| 06 | 单、双侧壁导坑法 | 学习任务八 |
| 07 | 装药、爆破、找顶 | 学习任务八 |
| 08 | 初期支护施工 | 学习任务九 |
| 09 | 仰拱及二次衬砌施工 | 学习任务十 |
| 实训任务 | | |
| 10 | 实训任务一　超前地质预报 | 学习任务六 |
| 11 | 实训任务二　洞口施工 | 学习任务七 |
| 12 | 实训任务三　坑道开挖1 | 学习任务八 |
| 13 | 实训任务四　坑道开挖2 | 学习任务八 |
| 14 | 实训任务五　坑道开挖3 | 学习任务八 |
| 15 | 实训任务六　初期支护 | 学习任务九 |
| 16 | 实训任务七　防排水与二次衬砌 | 学习任务十 |
| 17 | 实训任务八　辅助作业 | 学习任务十一 |

续上表

| 资源编号 | 资源名称 | 对应内容 |
|---|---|---|
| 施工作业指导书及其他 | | |
| 18 | 特殊地质隧道施工技术 | 学习任务五 |
| 19 | TSP超前地质预报报告 | 学习任务六 |
| 20 | 开挖断面尺寸确定、放线数据及工程数量计算 | 学习任务八 |
| 21 | 隧道开挖施工作业指导书 | 学习任务八 |
| 22 | 钻眼爆破施工作业指导书 | 学习任务八 |
| 23 | 隧道开挖任务工单 | 学习任务八 |
| 24 | 初期支护施工作业指导书 | 学习任务九 |
| 25 | 防排水施工作业指导书 | 学习任务十 |
| 在线习题库 | | |

资源使用说明：

1. 扫描封面上的二维码(注意此码只可激活一次)；

2. 关注"交通教育出版"微信公众号；

3. 公众号弹出"购买成功"通知,点击"查看详情",进入后即可查看资源；

4. 也可进入"交通教育出版"微信公众号,点击下方菜单"用户服务-图书增值",选择已绑定的教材进行观看。

# 目录

## 模块一 入门知识

**学习任务一 了解隧道常识** ································· 002
    资料一    隧道相关定义及其结构组成 ························· 002
    资料二    隧道种类、规模和工程特点 ························· 003
    资料三    隧道工程的几个基本概念 ··························· 007
    资料四    隧道工程简史及现状 ······························· 008
    资料五    隧道工程理论简介 ································· 012
    资料六    隧道工程发展方向 ································· 015
    思考题 ·································································· 018

**学习任务二 认识隧道构造** ····································· 019
    资料一    支护构造 ········································· 019
    资料二    洞门构造 ········································· 029
    资料三    明洞构造 ········································· 034
    资料四    附属设施 ········································· 036
    思考题 ·································································· 041

**学习任务三 认识围岩的稳定性** ······························· 042
    资料一    概述 ············································· 042
    资料二    围岩稳定性分析 ··································· 044
    资料三    围岩稳定性分级 ··································· 045
    思考题 ·································································· 050

## 学习任务四　理解隧道设计 ··· 051
资料一　隧道横断面设计 ··· 051
资料二　隧道支护结构设计 ··· 056
思考题 ··· 066

## 学习任务五　认识隧道施工方法 ··· 067
资料一　隧道施工方法的分类、适用条件及选择原则 ··· 067
资料二　矿山法 ··· 069
资料三　新奥法 ··· 071
资料四　明挖法 ··· 074
资料五　盾构法 ··· 075
资料六　掘进机法 ··· 079
资料七　沉管法 ··· 081
资料八　顶管法 ··· 085
思考题 ··· 086

# 模块二　案例实训

## 学习任务六　超前地质预报及监控量测 ··· 088
资料一　超前地质预报 ··· 088
资料二　量测目的、仪器、内容和方法 ··· 092
资料三　量测项目 ··· 095
资料四　量测计划 ··· 105
资料五　量测数据分析与反馈 ··· 108
思考题 ··· 125

## 学习任务七　洞口施工 ··· 126
资料一　概述 ··· 126
资料二　洞口施工 ··· 128
资料三　明挖法施工 ··· 129
资料四　暗挖法施工 ··· 132
思考题 ··· 136

## 学习任务八　隧道开挖与出渣 ··· 137
资料一　开挖方法 ··· 137

  资料二 掘进方式 ………………………………………………………………… 148
  资料三 爆破原理与爆破方法 …………………………………………………… 150
  资料四 出渣运输 ………………………………………………………………… 154
  思考题 ………………………………………………………………………………… 166

## 学习任务九 初期支护及注浆加固 ……………………………………………… 167
  资料一 初期支护施工三大原则 ………………………………………………… 167
  资料二 锚杆 ……………………………………………………………………… 169
  资料三 喷射混凝土 ……………………………………………………………… 174
  资料四 钢架 ……………………………………………………………………… 183
  资料五 辅助工程措施 …………………………………………………………… 188
  思考题 ………………………………………………………………………………… 200

## 学习任务十 防排水与二次衬砌施工 …………………………………………… 201
  资料一 隧道防排水 ……………………………………………………………… 201
  资料二 二次衬砌 ………………………………………………………………… 205
  思考题 ………………………………………………………………………………… 222

## 学习任务十一 风、水、电供应与通风防尘 ……………………………………… 223
  资料一 压缩空气供应 …………………………………………………………… 223
  资料二 施工供水与排水 ………………………………………………………… 226
  资料三 供电及照明 ……………………………………………………………… 231
  资料四 通风与防尘 ……………………………………………………………… 237
  思考题 ………………………………………………………………………………… 241

## 学习任务十二 隧道养护 ………………………………………………………… 242
  资料一 隧道运营阶段的养护工作 ……………………………………………… 242
  资料二 隧道水害及整治措施 …………………………………………………… 250
  资料三 衬砌裂损及整治措施 …………………………………………………… 257
  资料四 衬砌侵蚀及整治措施 …………………………………………………… 265
  资料五 隧道冻害及整治措施 …………………………………………………… 267
  思考题 ………………………………………………………………………………… 270

## 参考文献 ……………………………………………………………………………… 271

## 模块一

# 入门知识

# 学习任务一
# 了解隧道常识

☞ **学习目标**

1. 了解:隧道工程历史、现状和发展方向,工程特点;
2. 理解:隧道工程基本概念,工程理论要点。

## 资料一　隧道相关定义及其结构组成

1. 隧道相关定义

(1) 隧道——修筑在地下的通道建筑物。工程中,常将未加支护的毛洞称为坑道。

(2) 围岩——隧道周围一定范围内对隧道稳定有影响的那部分岩体。也可表述为:隧道周围一定范围内,受隧道工程施工和车辆荷载影响的那部分岩体。

(3) 支护——为维护围岩稳定而施作的人工结构。

2. 隧道结构组成

隧道结构由围岩、支护、洞门、附属设施四部分组成。围岩是隧道天然(且不可替代)的结构部分,也是隧道结构的主体。支护是帮助围岩获得稳定的人工结构部分。支护结构又分为初期支护和二次衬砌。洞门是明暗交界处的结构部分。附属设施是隧道功能性构造部分,包括(铁路隧道)避车洞、下锚段、人行横洞或(公路隧道)紧急停车带、人/车行横通道,洞内排水(沟槽)系统,电力电缆(管槽)系统,辅助通风(巷道)系统。隧道结构组成可用图1-1-1来表示。

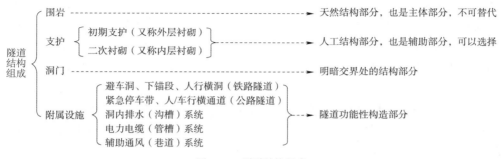

图 1-1-1　隧道结构组成

# 资料二　隧道种类、规模和工程特点

## 一、隧道种类

隧道的种类很多,从不同的角度可有不同的分类方法。按隧道的作用来分,可以分为交通隧道、输水隧道、市政隧道、矿山隧道四类;按隧道所处的地质条件来分,可以分为土质隧道和石质隧道;按隧道埋置的深度来分,可以分为浅埋隧道和深埋隧道;按隧道所在的位置来分,可以分为山岭隧道、水底隧道和地铁隧道等。

1. 交通隧道

绝大多数隧道是为交通而建的。交通线上的隧道是提供交通运输的地下通道。交通线上的隧道又分为铁路隧道、公路隧道、航运隧道三种。

交通线上的隧道绝大多数是山岭隧道,多数的水底隧道也是为铁路或公路交通而建,地铁隧道则是指建在城市地下铁路线上的隧道。

(1) 山岭隧道:是建在铁路、公路交通线上山岭区段的隧道。

绝大多数铁路隧道、公路隧道是位于山岭地区的。我国典型的铁路隧道有京广铁路大瑶山隧道(双线隧道,长 14.295km),兰新铁路乌鞘岭隧道(2 座单线隧道,各长 20.050km)等;典型的公路隧道有西康高速公路秦岭终南山公路隧道(东线、西线隧道各长 18.020km)。

(2) 水底隧道:是建在河床或海床以下地层中的隧道。

当交通线需要横跨河道或海峡,但水道通航需要较高的净空,而桥梁受两端引线高程的限制,无法抬起必要的高度而不适合采用桥梁通过时,或者受天气条件限制不宜采用轮渡或桥梁通过时,可采用水底隧道通过。它不但可以避免限制水道通航和天气条件对交通的影响,而且在战时有较好的隐蔽性。

水底隧道多采用盾构法或沉管法施工。盾构法是使用盾构穿越水底地层开挖隧道,沉管法是在水底地层中沉放预制隧道管段,再与陆地段隧道连接。

2008年,上海在崇明越江公路隧道采用的直径15.42m的圆形盾构是当时世界上最大直径的盾构,隧道全长7500m。2008年,武汉长江穿江隧道采用直径11.38m的圆形盾构,成功建成万里长江第一隧,全长2550m。继此之后,南京又以直径14.96m的圆形盾构,再次穿越万里长江。

2018年10月24日建成通车的港珠澳大桥,有一段长度5.6km的海底沉管隧道,是世界最长的公路海底沉管隧道,也是我国第一条外海沉管隧道。该沉管隧道由33节巨型沉管和1个合龙段最终接头组成,最大安装水深超过40m。

(3)地铁隧道:是建在城市地铁(又称地下铁路)线上的隧道。

地铁可以缓解大城市交通拥挤等问题,它能够快速、高效、大量运送乘客。地铁原指地下铁路(Underground Railway),由于地铁的快速发展及形式的多样化,后来定义为城市地区各种地下与地上的路权专有、高密度、高运量的城市轨道交通系统,但地铁隧道在地铁线路中所占的比重依然很大。

2. 输水隧道

输水隧道是指用于输送水流的隧道,主要用在水利工程中。输水隧道分为引水隧道、尾水隧道、泄洪隧道、排沙隧道。

(1)引水隧道:又分为两种,一种是把江河之水引入用于农业灌溉、城市生活、工业生产或水库蓄能的输水隧道;另一种是把蓄水引入水力发电机组,驱动水力发电机发电的输水隧道,也称为进水隧道。

如陕西省南水北调引乾(佑河)济石(砭峪水库)工程中的秦岭终南山输水隧道,全长18余千米。2018年11月开始修建,地处我国准噶尔盆地东北部的喀双隧洞,从古尔班通古特沙漠东北缘,穿越福海县、富蕴县、青河县、奇台县,全长283.39km。

(2)尾水隧道:是把从水力发电机排出的尾水输送出去的输水隧道。

(3)泄洪隧道:是用于在洪水期间疏导排泄洪水的隧道。

(4)排沙隧道:是利用水流的冲刷挟带作用排泄水库中淤积的泥沙或排空水库里的水,以保证水利设施正常工作和便于进行水坝检修的输水隧道。

输水隧道按照水在隧道中的充满状态又分为有压隧道和无压隧道。有压隧道因隧道内部充满水而使隧道衬砌既承受围岩压力又承受向外的水压力;无压隧道因隧道内部未充满水,因此隧道衬砌过水部分既承受围岩压力又承受向外的水压力,不过水部分只承受围岩压力。

3. 市政隧道

市政隧道是城市中为供给城市用水、排放城市污水、安置各种市政设施、战时蔽护人员和重要财产等的地下孔道。市政隧道分为给排水隧道、城市管沟、人行地道及人防隧道。

(1)给排水隧道:给水隧道是用于城市供水的隧道,排水隧道是用于引流排放城市污水的隧道。

(2)城市管沟:城市中供给燃气、暖气的管道,以及电力、通信电缆等,都是安设在地下的管沟中的。这些地下管沟多设置在街道两侧人行道地面以下。城市管沟既可以保护各种管线不被破坏和稳定输送,又简化了城市街道地面公共设施,美化了市容。根据管线功能和安全的需要,可将不同管线安设在不同的管沟中,也可将以上几种管线安设于一个大的"共同沟"中。

(3)人行地道:是建在城市地下专供人员通行的隧道,也称为过街地道。它主要是在城市交通繁忙地区,为改变人车混行状况,保证行人安全,提高车辆通过能力而修建的立体交叉地下人行通道。

(4)人防隧道:是战争时期用于蔽护人员、重要设备和财产免受袭击破坏,建造于城市(或乡村)的隧道。人防隧道工程除设有给排水、通风、照明和通信设备以外,在洞口处还设置有防爆装置,以阻止冲击波的侵入,并且常做成多口连通,互相贯穿,在紧急时刻可以方便找到出入口的复杂结构形式。

4. 矿山隧道

矿山隧道又称为矿山坑道或巷道,是用于穿越地层通向矿床,以便开采矿体的隧道。矿山隧道主要分为运输巷道和通风巷道。

(1)运输巷道:是从地面向地下开凿的通到矿床的运输通道,通过运输巷道到达矿体后再开辟采掘工作面。运输巷道一般应设置永久支撑,而采掘面只需按采掘工作的需要提供临时支撑。

运输巷道不仅是主要的运输通道,通常情况下给排水管道也安设在其中,以便送入清洁水供采掘机械使用,并将废水和地下水排出洞外。同时,运输巷道还可以与通风巷道或与通风机加管道构成空气对流的回路。

(2)通风巷道:是为了补充新鲜空气,排出机械废气、工作人员呼出的气体,以及地层中释放的各种易燃、易爆、有毒、有害气体,防止出现燃烧、爆炸、窒息,保证坑道工作环境条件和人员设备安全而设置的巷道。通风巷道应与运输巷道或与通风机加管道构成空气对流的回路。

## 二、隧道规模

隧道工程规模的大小,一般可从长度和横断面面积两个方面来加以区分。

(1)我国公路(铁路)隧道的长度等级划分为:

①长度 $L \leq 500m$ 及以下为短隧道;

②长度为 $500m < L \leq 1000m$ 的公路隧道为中隧道(长度为 $500m < L \leq 3000m$ 的铁路隧道为中长隧道);

③长度为 $1000m < L \leq 3000m$ 的公路隧道为长隧道(长度为 $3000m < L \leq 10000m$ 的铁路隧道为长隧道);

④长度为3000m以上的公路隧道为特长隧道(长度为10000m以上的铁路隧道为特长隧道)。

(2)按隧道的横断面面积大小划分为:

①横断面面积为 10m² 及以下为小断面;
②横断面面积为 10~50m² 为中等断面;
③横断面面积为 50~100m² 为大断面;
④横断面面积为 100m² 以上为特大断面。

## 三、隧道工程特点

规划、勘察、设计、施工各部门均应该考虑隧道工程的特点。隧道工程特点可归纳为如下几点。

(1) 隧道工程主体结构埋设于地面以下,因此,隧道周围区域的工程地质和水文地质条件对隧道施工能否顺利进行起着重要的,甚至是决定性的作用。地质条件不同,施工方案会有较大的差异。

例如,瑞士圣哥达铁路阿尔卑斯山隧道在施工中遇到高温(41℃)和涌水(660L/min),给施工带来了很大的困难,最后延期 2 年才完成。我国渝怀铁路圆梁山隧道工程,虽然进行了长时间大量的地质勘察和预报,但在施工中仍然突发了岩溶性爆喷射型突泥(4200m³)、突水(14.5 万 m³/d,持续 8min)。同样,兰新铁路乌鞘岭隧道也遇到了强流变地层(累计变形量达到 50~70cm),实际采用的初期支护参数比原设计参数要大得多。相较而言,西康铁路秦岭隧道虽然工程规模很大,但整个施工过程进展顺利,没有发生坍塌等事故,围岩稳定性很好是一个重要原因。

因此,隧道工程必须在勘测阶段做好详细的地质调查和勘探,尽可能准确地掌握隧道工程范围内的岩层性质、岩体强度、完整程度、地应力场、自稳能力、地下水状态、有害气体和地温状况等资料,并根据这些资料初步选定合适的施工方法,确定相应的施工措施和配套的施工机具。此外,由于地质条件的复杂性和勘探手段的局限性,在施工中出现意外的地质情况是不可避免的,因此,在长大隧道的施工中,还可采取超前试验导洞、超前水平钻孔、超前声波探测等技术措施,进一步查清掘进前方的地质条件,预先掌握工程地质及水文地质的变化情况,以便及时修改施工方法和采取必要的技术措施。

(2) 隧道是一个狭长的建筑物,作业面受限,施工速度比较慢,一些长大隧道的工期往往也比较长,因此,隧道工程多成为新建线路上的控制工程。

隧道工程不像桥梁、道路等工程可以将作业全面铺开。一般情况下,隧道只有进口与出口两个作业面,即使开设辅助坑道增创作业面,也十分有限。如何在有限的施工空间中最大程度地发挥施工管理的作用,是影响施工进度的关键所在。

在隧道施工中,尽可能多地将施工工序沿隧道纵向展开,进行平行作业,并解决好顺序作业与平行作业之间的关系,是节省时间、加快速度、缩短工期的有效途径。而对于长大隧道工程,则可以考虑设置适当数量的平行导坑、横洞、斜井或竖井等辅助导坑来增加工作面,以加快施工速度,缩短总工期。

(3) 与桥梁和道路工程相比,隧道施工受昼夜更替、季节变换、气候变化等自然条件的影响较小,因此一般均可以长年全天候稳定地安排施工,但在浅埋区段受地下水影响明显时,应注意规避。

(4)地下工程的施工环境较差,在施工过程中还可能进一步恶化,例如爆破产生的有害气体、喷射混凝土产生的粉尘等,必须采取有效措施加以改善,如人工通风、照明、防尘、排水等,使施工场地符合卫生条件,以保证施工人员的身体健康,提高劳动生产率。

(5)隧道是一种埋设于地下的大型隐蔽工程,建成困难,一旦建成后要更改就更困难。因此,在规划和设计阶段,应认真研究隧道与线路之间的关系,详细调查隧道区域地质等问题;在施工过程中,每一道工序都要严格按有关规定进行,确保隧道工程质量达到标准要求,当工期与质量发生冲突时,应优先保证工程质量。

(6)隧道大多穿越崇山峻岭,工地一般都位于偏僻的深山峡谷之中,往往远离已有交通线,运输不便,物资供应困难。

## 资料三　隧道工程的几个基本概念

1. 隧道工程设计

隧道工程设计是出于开拓并持续安全应用地下通道空间的目的,勘察地形、地质、地物等环境条件,确定隧道位置,并根据隧道围岩自稳能力的强弱,确定为保持隧道稳定所需要的加固范围,以及确定支护的材料种类、结构形式、力学性能、参与时机、施作方法、监测方法、质量标准等支护技术参数,并评估支护的有效性和经济性的一系列工程规划活动。

隧道工程设计阶段可以分为建筑设计、结构设计、施工设计三个阶段。各阶段的设计内容如下:

(1)隧道建筑设计包括选择隧道方案,确定隧道位置、洞口位置,以及隧道平面、纵断面及横断面设计。

(2)隧道结构设计主要是指隧道支护结构设计。

(3)隧道施工设计包括施工方案选择、施工方法选择、施工技术选择、监控量测方法选择、施工程序设计以及施工质量控制措施、施工安全控制措施、环境保护措施的制订等。

2. 隧道工程施工

隧道工程施工是指按照规定的使用目的、设计要求、技术标准,选用适当的人员、资金、机械、材料,运用适当的施工方法、施工技术和施工管理措施,在指定的地层中修建隧道及地下洞室建筑物的建筑活动。

3. 隧道施工方法

隧道施工方法是开挖和支护等工序的组合。

广义地讲,建筑工程施工方法是为达到规定的使用目的、设计要求、技术标准,按照建筑物的结构组成将其建造过程分解为一系列工序(作业),然后将这些工序按照时间、空间、功能和技术关系进行适当的组合,选用一定的人员、材料、机械、资金,运用一定的技术措施和管理措施,使各项作业按照一定的程序完成,并最终建成建筑物的方法。

不同的地下建筑环境条件,采用的隧道及地下工程建筑形式不同,修建的方法也不同。隧道工程常用的施工方法有:新奥法(NATM)、明挖法、盖挖法、盾构法、掘进机法、沉埋法。

4. 隧道施工技术

隧道施工技术是指在各种建筑环境条件下隧道施工过程中所需的各项技术手段和措施。如开挖技术(方法)、掘进技术(方式)、出渣运输技术;初期支护(锚杆、喷射混凝土、钢架)技术、洞内模筑衬砌技术;隧道施工测量技术、围岩动态量测与监控技术;基坑围护技术;防水技术、供水排水技术、供电用电技术;地质勘探与超前地质预报技术;机械配套和联合作业技术;劳动力组织和各工种的协调技术;材料采购和质量检验技术、成品质量检验和控制技术;施工场地和生活设施规划技术;废水处理技术、防尘排烟技术、隔声降噪技术等环境保护技术;施工安全和职业安全技术等;塌方处理技术;隧道穿越膨胀土、黄土、软土、流沙、岩溶、涌水、瓦斯、高地温、高应力地层等特殊地质地段时所需的特殊技术,如在软弱地层中的注浆加固技术(超前小导管或长管棚帷幕注浆加固围岩和堵水),在承压水地层中的防突水技术,在含瓦斯地层中的防突瓦斯和防爆技术,在高地温地层中的降温技术,在高应力地层中的应力释放与控制技术等。

5. 隧道施工管理

隧道施工管理是以履行施工合同为目的,建立和运行隧道施工管理体系,并在运行的过程中加以改进的过程方法,即对施工过程的计划、实施、检查、改进(PDCA)的程序和方法。

隧道施工过程中的管理工作一般包括:施工方案选择、施工方法选择、施工技术选择;施工进度控制、施工质量控制、施工成本控制;施工场地布置;施工人员聘用和培训、工程材料及能源采购和供应、施工机械购置和配备;环境保护、职业健康与安全保护等项。隧道施工管理的对象可分为:人事管理、材料管理、机械管理、技术管理、质量管理、经济管理、安全管理等方面。

有道是管理出效益。好的管理可最大程度地发挥出人的劳动积极性和创造力;好的管理可最大程度地发挥出机械的工作效能;好的管理可最大程度地体现出建筑材料的价值;好的管理可最大程度地降低资源消耗;好的管理可有效保证工程质量、职业健康、施工安全、施工环境;好的管理可最大程度地降低成本和增加收益。

# 资料四　隧道工程简史及现状

1. 国外隧道工程建设简史

从各国不同时期建成的具有代表性的隧道工程,可以窥见世界隧道工程历史的脉络。

在世界隧道工程建设历史上,较为著名的隧道有:瑞士、意大利于1906年和1921年分别建成的米兰—伯尔尼穿越阿尔卑斯山的辛普朗Ⅰ号、Ⅱ号山岭隧道(2座铁路单线隧道,分别长19.80km和19.82km);日本于1987年建成的穿越津轻海峡的青森—函馆海底铁路隧道(长53.85km,铁路双线+平行导坑);英国、法国于1994年联合建成的穿越英吉利海峡的加来—多佛英法海底铁路隧道(长50.54km,2座铁路单线隧道,1座服务隧道);韩国2015年开通的栗岘隧道,全长50.3km,连接首尔水西站到京畿道平泽市芝制站,是韩国最长的铁路隧道;瑞士2016年建成通车的圣哥达基线隧道(Gotthard Base Tunnel,GBT),单条隧道长57km,加上其他通道,这条贯穿瑞士阿尔卑斯山区的隧道总长达151.84km,是世界上最长的隧道。

2. 中国隧道工程建设简史

我国隧道工程建设的历史较长,但在1950年以前,仅建成标准轨距铁路隧道238座,总延长89km,隧道设计水平和施工技术比较落后,建成的隧道规模也较小。1889年在台湾的台北至基隆窄轨铁路上修建的狮球岭隧道,长261m,是我国的第一座铁路隧道。此后,我国又在京汉、中东、正太等铁路上修建了一些隧道。1908年,京张铁路关沟段建成4座隧道(五桂头、石佛寺、居庸关、八达岭),这是我国通过自己的技术力量修建的第一批铁路隧道,其中最长的八达岭铁路隧道,长1091m。

自20世纪50年代以来,我国隧道修建数量大幅度增加。中华人民共和国成立后,随着各项事业的发展,尤其是20世纪后半叶,随着改革开放政策的实施和经济的发展,在各种复杂地质条件下建成了一大批长大铁路隧道、公路隧道、输水隧道、地铁隧道,设计水平和施工技术也有了很大提高,成为世界上铁路隧道最多的国家。这标志着我国隧道工程建设无论是设计水平还是施工技术,无论是施工质量还是施工速度,无论是工程成本还是管理能力等都有了长足的进步和发展,并且某些方面已达到世界先进水平,为今后更大规模地开发利用地下空间奠定了坚实的基础。

(1)公路隧道。

随着我国公路建设的发展,特别是高等级公路在我国的兴起,我国公路隧道在数量与规模上有了很大发展,特别是在复杂地质条件下的修建技术,也有了很大提高。2007年建成的秦岭终南山公路隧道,线路全长18.02km,是当时我国最长的高速公路隧道。2005年9月开工修建并于2010年4月建成通车的我国内地第一条大断面海底隧道——厦门—翔安隧道,全长8.695km,其中跨海段6.05km,最大开挖断面达170.7$m^2$。

(2)铁路隧道。

我国拥有的铁路隧道总长已超过4000km,居世界第一位。1987年贯通的京广铁路大瑶山隧道(双线隧道,长14.295km),1995年开始修建到1999年9月贯通的西康铁路秦岭隧道(Ⅰ线长18.452km,Ⅱ线长18.456km),2003年贯通的青藏铁路羊八井隧道(高海拔、严寒、永久冻土),2006年8月贯通的兰新铁路乌鞘岭隧道(2座单线隧道,长20.05km)等长大隧道,在修建技术上均取得了重大突破。2016年11月贯通的广惠城际铁路松山湖隧道,全长38.8km,是我国目前最长的铁路隧道。

2007年贯通的石家庄—太原高速铁路客运专线太行山隧道长27余千米,设计断面为100余平方米;合肥—武汉客运专线大别山隧道长13.254km,设计断面为93.67m²;武汉—广州高速铁路客运专线大瑶山隧道设计断面约为100m²,长10余千米;郑州—西安客运专线张茅隧道长8.46km,设计断面为100m²。

(3)地铁隧道。

我国城市地铁建设起步较晚,但发展速度非常快。1965年7月1日,北京市地铁一期线路动工兴建,截至2022年,31个省(自治区、直辖市)和新疆生产建设兵团共有53个城市开通运营城市轨道交通线路290条,运营里程9584km,车站5609座。2022年全年,新增城市轨道交通运营线路21条,新增运营里程847km。

(4)输水隧道。

我国北京引滦入京、兰州引大入秦等引水工程和二滩电站、三门峡电站等水利水电工程中都建有大量的输水隧道。尤其是正在建设中的陕西南水北调工程(引乾佑河之水入石砭峪水库)中的秦岭终南山输水隧道,虽然断面不到20m²,但隧洞全长达18公里,也是罕见的。

总之,伴随着世界科学、技术、经济、文化的发展和交通运输、水利水电、地下采矿等大规模的地下工程建设,特别是城市地下交通及地下空间的开发利用等,极大地促进了隧道工程技术的进步,使之达到了令人瞩目的水平。

3. 隧道施工方法现状

与世界隧道工程的现状基本同步,目前我国山岭隧道工程已普遍采用了"新奥法"施工,在坚硬岩体隧道工程中也已开始采用"掘进机法"施工。城市地铁浅埋隧道工程中,其区间隧道已由"浅埋明挖法"施工转为"浅埋暗挖法""浅埋盖挖法"施工,并继而转向主要采用"盾构法"施工;地铁车站则有由"浅埋明挖法"施工转为采用"浅埋盖挖法"施工的趋势。值得关注的是,我国已有广州珠江沉管隧道、港珠澳沉管隧道等数座隧道采用了"沉管法"施工。

4. 隧道施工技术现状

在现代隧道工程中,已广泛使用的施工技术有:爆破控制技术、盾构掘进技术、深基坑围护技术、管段浮运技术、管段沉埋技术、水下地基加固技术、监控量测技术,以及(系统锚杆、超前锚杆)锚杆加固技术、(素喷或加钢筋网、钢纤维)喷射混凝土加固技术、管棚超前支护技术、(超前小导管或长钢管)预注浆加固技术、电渗固结技术、冷冻固结技术等新支护技术及加固技术等。

由于这些施工技术的成功应用,促进了既有施工方法的改进和完善,也促进了新的施工方法的提出和发展。

这些方法和技术为在各种地质条件和建筑环境条件下修建不同功能、不同用途的隧道及地下工程提供了有效的技术保证——无论是穿越山岭地层还是穿越水底地层;无论是穿越江河还是穿越海湾;无论是穿越软土地层还是穿越坚硬地层或是冻土地层;无论是穿越地下管线和建筑基础密布的城市地层还是穿越瓦斯和溶洞地层;无论隧道埋置是深还是浅、断面是大还是小、长度是长还是短、形状是曲还是直;无论隧道是单孔还是连拱或多跨;无论是平面分岔还是上下叠置或多层。

5. 隧道施工机械和建筑材料现状

在隧道施工机械和建筑材料方面,由于机械破岩技术、盾构掘进技术和快速衬砌技术的成功应用,使得隧道盾构掘进机能够完成从坚硬石质地层到含水软弱土质地层等多数地质条件下的隧道施工任务。盾构具有的适应性、可靠性、安全性、高速度、耐久性及机动性,使其在隧道工程施工中得到日益广泛的应用。

新型高强合金钢柱齿刃冲击钻头、液压凿岩机、全液压凿岩台车的应用,以及高性能炸药、非电导爆管等新型爆破器材的应用,提高了爆破质量和掘进速度。

履带走行、轨道走行或轮胎走行等大功率装渣、运渣机械的应用,提高了出渣运输速度。

注锚机、混凝土喷射机以及早强剂、预应力锚杆、早强喷射混凝土、钢筋网、型钢钢架或格栅钢架(花钢拱架)的应用,使围岩可以快速获得有效支护,使施工安全得到保障。

由于水泥、水玻璃等岩体胶结材料以及深孔钻机和注浆机的应用,可以从根本上改变围岩破碎、松散、软弱性状,增强围岩的稳定性,从而进一步保证施工安全。

整体模板台车、混凝土输送泵、早强模筑混凝土的应用,使得混凝土衬砌结构施工速度大大提高。

大功率轴流式通风机、大直径胶布通风管以及高性能供电系统的应用,极大地改善了隧道内的工作环境条件。

抗渗混凝土、塑料防水板、无纺渗滤布、弹簧排水盲沟的应用,极大地提高了隧道及地下工程的防水能力。

6. 隧道施工管理现状

伴随着我国建设投资渠道、经营管理模式、招标投标制度、工程监理制度向着现代化、国际化发展的进程,在隧道工程施工管理方面,我国已全面实行了与上述模式和制度相适应的、以项目为单位进行独立核算的施工企业管理模式,但管理水平与发达国家之间还存在一些差距。

7. 隧道工程理论现状

在隧道工程理论方面,传统的理论是"松弛荷载理论",但在长期的隧道工程实践中,随着人们对地下工程理论和实际问题的不懈探索和认识的加深,以及弹塑性理论和有限元方法在隧道围岩和支护结构(地质、岩体和结构)的力学研究中的应用,在隧道施工过程中对围岩应力应变动态的量测、分析和总结,提出了现代隧道工程"围岩承载理论",基本形成了隧道及地下工程理论体系,并表现出广阔的发展前景和应用空间。现代围岩承载理论是对传统松弛荷载理论的继承和发展。同样地,现代隧道工程施工方法和施工技术等也是对传统方法和技术的改进、继承和发展。

# 资料五　隧道工程理论简介

（一）隧道工程两大理论及其发展历程

20世纪以来，人类对地下空间的需求越来越大，因而对地下工程的理论研究有了突飞猛进的发展。在大量的隧道工程实践中，人们普遍认识到：隧道工程施工的核心技术问题，都归结于开挖和支护两个关键工序，即如何开挖，才能更有利于洞室的稳定和便于支护；如何支护才能更有效地保证洞室稳定和便于开挖。这是隧道工程中两个相互促进又相互制约的问题，其他的工作都可以视为辅助措施。

在隧道及其他地下洞室工程中，围绕着开挖和支护的实践和研究，在不同的时期，人们提出了不同的工程理论，并逐步建立了不同的理论体系。每一种理论体系都包含和解决了（或正在研究解决）从工程认识到力学原理，从工程措施到施工原则等一系列工程问题，并且得到了广泛的应用和发展。

一种理论是20世纪20年代提出的"松弛荷载理论"，称为传统隧道工程理论。其核心内容是：稳定的岩体有自稳能力，不产生荷载；不稳定的岩体则可能产生坍塌，需要用支护结构予以支承。这样，作用在支护结构上的荷载就是围岩在一定范围内由于松弛并塌落（或可能塌落）的岩体重力（即最不利荷载）。其代表性的人物有太沙基（K. Terzaghi）和普氏（M·дромобьяконоб）等人。松弛荷载理论是在总结传统矿山法原理的基础上提出来的，它的研究思路类似于地面工程考虑问题的思路，已经发展到一个相当高的水平，至今仍被广泛应用。

另一种理论是20世纪60年代提出的"围岩承载理论"，称为现代隧道工程理论。其核心内容是：围岩稳定显然是岩体自身有承载自稳能力；不稳定围岩丧失稳定是有一个过程的，如果在这个过程中提供必要的帮助或限制，则围岩仍然能够保持稳定状态，如此就更有利于"充分发挥围岩的自承能力"。其代表性人物有腊布希维兹（K. V. Rabcewicz）、米勒·菲切尔（Miller Fecher）、芬纳·塔罗勃（Fenner Talobre）和卡斯特奈（H. Kastener）等人。围岩承载理论是在总结新奥法原理的基础上提出来的，它已经脱离了地面工程考虑问题的思路，而更接近于地下工程实际，近半个世纪以来已被广泛接受和推广应用，并且表现出了广阔的发展前景。

本书简要介绍现代隧道工程"围岩承载理论"的基本概念、力学原理、理论要点，并主要介绍现代隧道"新奥法（锚喷构筑法）"施工的基本原则、基本程序、技术措施。

（二）隧道工程两大理论的比较说明

经过长期的应用、研究和发展，这两种理论已逐步形成为两大理论体系，并且在原理、措施和方法上表现出不同的特点。表1-5-1是对两大理论体系的比较说明。

两大理论体系的比较说明　　　　　　　　　表1-5-1

| 比较项 | | 松弛荷载理论 | 围岩承载理论 |
|---|---|---|---|
| 认识 | | 围岩虽然有一定的承载能力,但极有可能因松弛的发展而致失稳,结果是对支护结构产生压力作用;视围岩为荷载的来源;采取直观的方法和结构来承受围岩压力,以期维持围岩的稳定;<br>更注重结果和对结果的处理,不得不被动接受开挖坑道后围岩的任何变化结果 | 围岩虽然可能产生松弛破坏而致失稳,但在松弛的过程中围岩仍有一定的承载能力,具有"三位一体"特性;视围岩为结构的主体和承载的主体;对其承载能力不仅要尽可能地利用,而且应当保护和增强;<br>更注重过程和对过程的控制,应主动控制开挖坑道后围岩的变化过程 |
| 施工方法 | | 传统矿山法,日本称之为"背板法" | 新奥法,我国隧道施工规范称为"锚喷构筑法" |
| 工程措施 | 开挖 | 常用分部开挖,以便于构件支撑的施作;钻爆法或中小型机械掘进 | 常用大断面开挖,以减少对围岩的扰动;钻爆法或大中型机械掘进 |
| | 支护 | 根据以往工程对围岩稳定性的经验判断,进行工程类比,确定临时支撑参数;考虑到隧道开挖后,围岩很可能松弛坍塌,常用型钢或木构件等刚度较大的构件进行临时支撑,盾构为临时支撑的最佳形式;<br>待隧道开挖成型后,逐步将临时支撑撤换下来,而用单层衬砌作为永久性衬砌 | 根据量测数据提示的围岩动态发展趋势,确定初期支护参数;为了控制围岩松弛变形的过程,维护和增强围岩的自承载能力,获得坑道的稳定,常用锚杆和喷射混凝土等柔性构件组合起来加固围岩,必要时可增加超前锚杆或钢筋网、钢架、预注浆,称为初期支护,然后采用混凝土或钢筋混凝土二次衬砌承受后期围岩压力并提供安全储备;初期支护、二次衬砌与围岩共同构成隧道的复合式承载结构 |
| | 优缺点 | 1.构件临时支撑直观、有效,容易理解,工艺简单,易于操作;<br>2.临时支撑的拆除既麻烦又不安全,不能拆除时,既浪费又使衬砌受力条件不好;<br>3.当围岩松散破碎甚至有水时,需满铺背板,才能奏效;<br>4.一般必须在开挖后再支撑,故一次开挖断面的大小受围岩稳定性好坏的限制,因而开挖与支护之间的相互干扰较大,施工速度较慢 | 1.锚喷初期支护按需设置,适应性强,工艺较复杂,对围岩的动态量测要求较高;<br>2.初期支护无须拆除,施工较安全,支护结构受力状态较好;<br>3.当围岩松散破碎甚至有水时,需采用辅助方法(如管棚、注浆)来支持,才能继续施工;<br>4.由于采用了一系列初期支护措施,故一次开挖断面可以加大,因而减少了开挖与支护之间的相互制约,给快速掘进提供了较为便利和安全的条件,施工速度较快 |

续上表

| 比较项 | 松弛荷载理论 | 围岩承载理论 |
|---|---|---|
| 力学原理 | 土力学视围岩为散粒体，计算其对支撑或衬砌产生荷载的大小和分布状态；<br>结构力学视支撑和衬砌为承载结构，验算其内力，并使之受力合理；<br>建立的是"荷载-结构力学体系"，以最不利荷载作为衬砌结构的设计荷载；但衬砌实际工作状态很难接近其设计工作状态；<br>以往据此所做的大比例隧道结构-荷载模型试验，并无多大参考价值 | 岩体力学视围岩为具有弹-塑性的应力岩体，分析计算围岩在开挖坑道前后的应力-应变状态及变化过程；<br>视支护为应力岩体的边界条件，起调节和控制围岩的应力-应变的作用，检验作用的效果并使之优化；<br>建立的是"围岩-支护力学体系"，以实际的应力-应变状态作为支护的设计状态；实际工作状态较易接近设计工作状态 |
| 理论要点 | 1. 开挖隧道后，围岩产生松弛是必然的，但产生坍塌却是偶然的，故应准确判断各类围岩产生坍塌的可能性大小；<br>2. 围岩的松弛和坍塌都向支撑或衬砌施加压力，故应准确判断压力的大小和分布；但在实际中对以上两种情况判断的准确程度很难把握；<br>3. 为保证围岩稳定，应根据荷载的大小和分布，设计临时支撑和永久衬砌作为承载结构，并使承载结构受力合理（但实际上只能以最不利荷载作为设计荷载）；<br>4. 尽管承载结构是按承受最不利荷载来设计的，但它是在开挖后才施作的，故为保证施工的顺利进行，应尽可能地防止围岩的松动和坍塌 | 1. 围岩是主要承载部分，故在施工中应尽可能地减少对围岩的扰动，以保护其固有承载能力；<br>2. 初期支护主要用来加固围岩，它应既允许围岩承载能力的充分发挥，又能防止围岩因变形过度而产生失稳；故初期支护应先柔后刚，适时、按需提供；<br>3. 围岩的应力-变形动态预示着它是否能进入稳定状态，因此以量测作为手段掌握围岩动态，进行施工监控，或据此修改支护参数；<br>4. 整体失稳通常是由局部破坏发展所致，故支护应该能够既加固局部以防止局部破坏，又能全面约束围岩以防止整体失稳，从而使支护与围岩共同构成一个力学意义上的封闭和稳定的承载环 |

由此不难看出，两种理论的根本区别是：在解决隧道及地下工程问题时，传统的"松弛荷载理论"更注重结果和对结果的处理，即将围岩视为荷载的来源，继而被动接受了开挖坑道后围岩的任何变化结果，并采取直观简单的方法和结构来承受围岩压力，以期维持围岩的稳定。而现代"围岩承载理论"则更注重过程和对过程的控制，即将围岩视为隧道的结构主体和承载主体，继而主动控制开挖坑道后围岩的变化过程，并采取积极有效的方法和措施以加固围岩，以期充分利用围岩固有的自稳能力。

也可以这样来表述，现代"围岩承载理论"与传统的"松弛荷载理论"的区别：在开挖坑道后或预计围岩稳定能力不足时,究竟是对围岩进行外部支撑,还是对围岩进行内部加固。传统的松弛荷载理论由于受当时的技术、材料的限制和对围岩认识的不透彻,主要着力研究如何对围岩施加外部的支撑(包括临时性的钢木构件和永久性的混凝土衬砌)。现代围岩承载理论则由于新技术、新材料的成功应用和对围岩认识的加深,主要着力研究如何对围岩施加内部的加固。

应当注意的是,隧道工程都是在应力岩体中开拓地下空间,在实际隧道工程中,采用何种理论和方法,应当根据具体工程的各方面条件综合考虑,选择最经济、最合理的设计和施工方案,甚至是多种理论、方法和措施的综合应用。这是一个受多种因素影响的动态的择优过程。

## 资料六　隧道工程发展方向

我国是一个幅员辽阔、地形复杂、地质多变、气候多样的国家,改革开放以来,大规模、现代化、高标准的城市化建设、交通运输建设、水利水电建设、矿物开采建设、工业厂房建设等各项事业蓬勃发展,对隧道及地下工程界提出了更新和更高的要求。

这些要求主要表现在建筑环境更复杂、技术标准更严格、工程规模更庞大。这些要求也必将促进隧道工程施工技术的进步和工程理论的发展。展望隧道工程施工技术的发展前景和方向,应着重开展研究的工作包括以下几个方面。

1. 加强对施工中隧道地质勘探和预报技术的研究

在隧道设计阶段对隧址地质情况概括性的、有限的地质勘察工作,对隧道设计具有重要意义,但这种粗略的地质勘察和描述,还不能很好地指导实际的隧道施工。一般情况下,只有在施工中挖开地层后才能知晓实际的地质条件,但地质条件的多样性使得施工人员不敢贸然开挖。因此,加强对施工中隧道地质勘探和预报技术的研究和应用,避免发生突水、突泥、塌方等重大、特大工程事故,在今后隧道施工中将更为重要和突出。

我国《客运专线高速铁路隧道工程施工技术指南》要求:施工阶段应将超前地质预测、预报纳入正常施工的工序中,根据地质、水文变化及时调整施工方法和采取相应的技术措施。

目前,常用的超前地质勘探和预报技术有地质素描、地质雷达、地震波法(TSP)、红外探测法、超前钻探法。

2. 加强对围岩动态量测技术及预报分析技术的研究

隧道施工阶段,在凭经验不能准确有效地判断围岩稳定程度及其发展趋势时,量测就是对围岩稳定程度和发展趋势进行准确判断的有效手段,更是预报围岩动态和指导施工、保证安全的可靠依据。因此,还应将对围岩动态量测技术以及超前地质预报分析技术的研究与岩质、岩性、岩体力学、围岩稳定性合并研究,对于防止隧道施工时(尤其是在城市地铁隧道工程中)发生重大坍塌和人身伤亡工程事故有着重要意义。

3. 加强对隧道施工机械化与成本关系的研究

隧道施工机械化是加快施工进度的重要手段,也是缩小我国与国外隧道施工技术差距的重要方面。如采用新奥法施工时,建立掘进、出渣运输、锚喷支护、模筑衬砌基本作业的常规机械配套原则和机型,可以使新奥法适应性更强;在特长隧道中采用全断面掘进机,以求隧道施工的高速、高效和高质量;在城市地下交通工程中,发展盾构机械化施工;在越江隧道工程中,发展沉管机械施工。

在我国人力资源较丰富的条件下,机械化达到什么程度,才是技术、经济、工期、社会等各方面都可以接受的平衡点,机械化程度与隧道工程投资(或施工成本)的关系如何,是值得深入研究的问题。

4. 加强对山岭隧道掘进技术的研究

山岭隧道钻爆掘进技术主要依赖凿岩机械和爆破材料。因此,加强对凿岩机械和爆破材料的研究,开发更高效、环保、安全的爆破器材,推广应用高效节能的凿岩机械,以及研究更为优化的爆破方法,提高钻爆掘进速度是隧道施工仍需进一步深入研究的课题。

5. 加强对初期支护技术及其耐久性的研究

细石混凝土的湿喷技术、锚杆支护技术、钢架支护技术、超前锚杆预加固技术、超前管棚预支护技术,是现代隧道工程理论的核心技术。因此,加强对初期支护技术的应用研究,尤其是完善初期支护施工工艺(如使用液压凿岩台车钻眼等),提高初期支护的有效性,是保证施工质量、保证施工安全的基本条件。此外,已有学者正在研究将掺入化学纤维的细石混凝土推广应用到隧道初期支护中,以替代普通喷射混凝土和钢纤维混凝土。相应喷射工艺的改进,同样是值得研究的课题。

关于初期支护的耐久性问题,有资料显示,早在20世纪90年代,日本新干线上采用新奥法修建的隧道出现大范围的二次衬砌开裂,说明因初期支护耐久性不足,致使在设计服务期内就已经出现明显的失效,而二次衬砌又不足以抵抗围岩压力,是二次衬砌开裂的重要原因。这说明:锚喷支护、超前支护和注浆加固各部分,与混凝土二次衬砌一样,都应满足耐久性的要求。在我国高速铁路隧道工程技术讨论中,已明确提出了对初期支护耐久性问题的要求。在隧道设计、施工中,如何保证结构的可靠度,尤其是如何保证初期支护具有足够的耐久性,已经成为我国隧道工作者面临的一个重要课题。

6. 加强对提高二次衬砌施工速度及其整体性、防水性能的研究

在山岭隧道中,常用就地模筑二次衬砌。虽然其施工精度、整体性和防水性能能够满足要求,但在长大隧道工程中,即使采用多台整体模板台车分段同时施工,其施工速度仍然不能满足工期要求。因此,应开展针对如何提高就地模筑二次衬砌施工速度的研究。如在围岩变形基本收敛后,采用纵向整体滑模施工技术,是值得研究的。

在城市地铁工程中,区间隧道常用盾构法施工,作为配套技术也常用拼装式二次衬

砌。但其拼装的精度、整体性、防水性能尚不尽如人意。因此,为满足地铁建设的高标准要求,应开展针对如何减小预制混凝土衬砌块的拼装误差、提高隧道贯通精度、增强其整体性的研究。

在高速铁路和高速公路线上的隧道中,为增强衬砌的整体性,已经不再允许先做墙拱后做仰拱,而是明确要求"完全顺作",即先施作下部仰拱,后施作上部墙拱,也不再允许将仰拱分成左右两幅施作。因此,"仰拱栈桥作业技术"已经在高速铁路隧道中成功应用。该技术既保证了栈桥上方运输通道的畅通,又保证了栈桥下面进行仰拱作业和仰拱结构的整体性。浙江省安吉县天荒坪抽水蓄能电站工程,已在其输水隧道中采用整体滑动模板,将整圈衬砌一次模筑完成。

隧道结构的防水性能不仅与防水材料、防水结构形式有关,更与二次衬砌结构的整体性有着直接关系。因此,在隧道工程中,除应加强对防水塑料、防水混凝土等防水材料及其结构形式的防水性能进行研究外,还应着重研究防水层的施作工艺、如何提高隧道二次衬砌结构的整体性,以及多重防水技术,达到有效防水的目的。

由于隧道穿越地层范围大,地下水的埋藏条件复杂,往往在同一座隧道中的不同区段,地下水的出露情况差异很大。目前,隧道工程中已采用的"分区隔离防排水技术",是一项值得不断研究的新技术。它是在隧道长度方向将地下水分区隔离,并针对富水地段,重点采取有效的防排水措施,以达到提高全隧道防水效果、降低防排水成本的目的。

7. 加强对地层改良技术的应用研究

在极度软弱破碎甚至富含有压地下水的围岩条件下,围岩基本上没有自稳能力,且其对扰动反应的灵敏度很高,采用常规的锚喷支护技术或超前支护技术已不能奏效。因此应特别加强对地层改良技术(如注浆加固技术、冷冻固结技术、电渗固结技术、超前小导管或超前管棚注浆加固技术)的应用研究,这对于提高在不良地质条件下隧道施工的安全性,具有十分重要的意义。

8. 加强对隧道施工现代管理方法的应用研究

在隧道施工过程中,采用现代化管理方法,可以提高机械工作效率、减少各种能耗、降低工人劳动强度、提高施工速度、缩短施工工期、确保工程质量、降低施工成本。因此,加强隧道施工现代管理方法的应用研究也是缩小我国隧道工程施工管理水平与发达国家之间差距的重要方面。

9. 加强勘察、设计、施工一体化研究

现代隧道支护结构体系设计的最大特点是"勘察、设计、施工一体化"。这主要是指对围岩稳定能力的勘察和对支护尤其是初期支护结构体系的设计,应做到与隧道施工紧密配合、相互协调、相互验证、相互校正。它是将勘察、设计工作贯穿到施工的全过程。

在隧道施工过程中,根据实际的围岩来进行动态支护设计是最经济、合理和有效的。

这是人类在解决隧道及地下工程问题过程中的一大进步,它一改传统的设计、施工相互分离的做法,代之以现代的勘察、设计、施工一体化的做法。这种原则和做法的改变和不同也是区分现代围岩承载理论与传统松弛荷载理论的一个重要特征。这种原则和做法表现在设计方法上,就是多种设计方法并用,并与施工紧密结合,相互协调、相互验证、相互校正。这种原则和做法表现在施工过程中,就是使施工单位对支护结构设计的合理性,享有更多的评价权和建议权。这种原则和做法表现在工程建设管理中,就是总承包的发包模式,这种模式使得勘察、设计、施工成为一个系统化的整体,因而动态的支护设计更容易实现。

1. 隧道、围岩、支护的定义是什么?
2. 隧道结构是由哪几部分组成的?
3. 简述隧道的种类、规模和工程特点。
4. 试述隧道工程两大理论体系的核心内容及二者的区别。
5. 现代隧道施工技术的发展方向表现在哪些方面?

# 学习任务二 认识隧道构造

☞ **学习目标**

1. 认识：隧道的结构类型；
2. 认识：隧道构造的特征（包括隧道平面、纵断面、横断面、初期支护、二次衬砌）。

## 资料一 支护构造

前已述及，围岩是天然结构部分，也是主体部分；支护是人工结构部分，也是辅助部分。隧道支护结构的构造与围岩的地质条件、隧道结构条件和隧道施工条件密切相关。隧道工程中常将人工修筑的隧道支护结构称为"衬砌"。不同条件下，衬砌的构造也不尽相同。一般将人工支护结构分为单层衬砌、复合衬砌和拼装衬砌三种结构类型（图2-1-1）。以下主要介绍人工支护结构的构造。

所有衬砌的断面形状（弧度）和厚度，都是按照"成拱作用原理"和"结构受力条件"设计的，其净空大小则是按照建筑限界要求设计的。这是隧道支护结构设计的基本思路。

### 一、单层衬砌

单层衬砌是在隧道内架立模板架和模板，然后浇筑混凝土而成。它是作为永久性支护结构，从外部支撑围岩的。单层衬砌是按传统松弛荷载理论设计的，其结构层次单一、直观、易于理解和施作，在20世纪90年代以前的隧道工程中应用较多。因其形状（弧度）和厚度比较复杂，变化较多，受力不太合理，经济性也较差，现在已经很少使用。

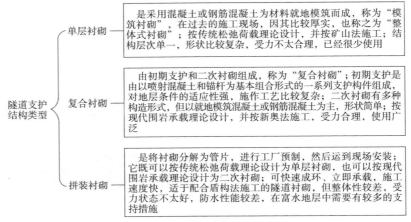

图 2-1-1　隧道支护结构类型

由于单层衬砌主要是通过调整衬砌断面形状（弧度）和厚度来适应不同的围岩级别和围岩压力分布情况的，因此，单层衬砌的形状（弧度）和厚度变化较多。就形状而言，单层衬砌常分为直墙式衬砌和曲墙式衬砌两种形式；就厚度而言，单层衬砌厚度薄则 40～60cm，厚则可达到 100cm 以上。

## 二、复合衬砌

复合衬砌由初期支护和二次衬砌组成，对不同地层条件的适应性很强，而且其形状（弧度）简单，二次衬砌厚度变化较小（多为等厚 30～50cm），因此，在 20 世纪 90 年代以后已在各类隧道工程中广泛使用。

初期支护是现代隧道工程中帮助围岩获得稳定的基本手段。由于复合衬砌主要是采用喷射混凝土和锚杆作为基本组合形式，并通过调整初期支护参数来适应围岩级别以及围岩松弛范围和松弛程度的变化，所以，初期支护层次较多，变化较多，施作工艺比较复杂。

二次衬砌主要作为安全储备，用于承受后期围岩压力。考虑到隧道投入使用后的服务年限很长，为了满足承受后期围岩压力，降低洞内空气阻力，满足洞内功能性构造要求和美观要求，以及保证隧道在服务过程中的稳定、耐久，现代隧道工程中一般均设计有二次衬砌。二次衬砌有多种材料和构造形式，但以就地模筑混凝土或钢筋混凝土为主，也有采用拼装式钢筋混凝土作为二次衬砌的。二次衬砌多采用等厚度截面，变化较少，构造较简单。

（一）复合衬砌的构造及优点

1. 复合衬砌的构造

复合衬砌不同于单层衬砌，它是把支护结构分成多层，在不同的时间先后施作的。顾名思义，它可以是两层、三层或更多层，但目前一般将其分为初期支护和二次衬砌两部分，如图 2-1-2 和图 2-1-3 所示。

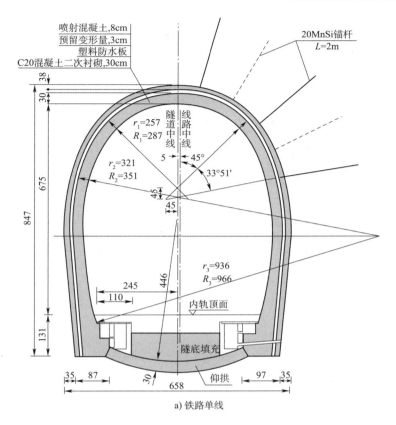

a) 铁路单线

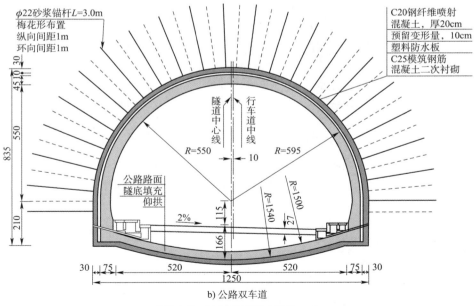

b) 公路双车道

图 2-1-2 复合衬砌（尺寸单位：cm）

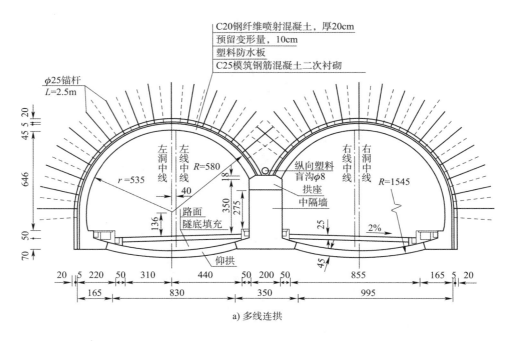

a) 多线连拱

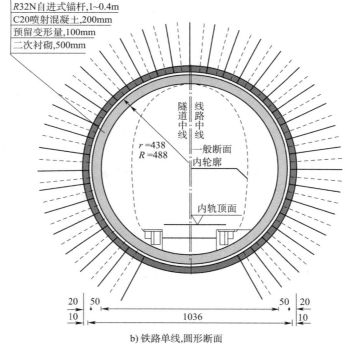

b) 铁路单线,圆形断面

图 2-1-3　复合衬砌(尺寸单位:cm)

初期支护是帮助围岩获得初步稳定,并保证隧道施工期间的安全,以便挖除坑道内岩体的一系列支护结构和工程措施。锚喷支护就是锚杆(系统锚杆和局部锚杆)加喷射混凝土(素喷射混凝土、钢筋网喷射混凝土或钢纤维喷射混凝土),有时加设钢架(型钢钢架或格栅钢架)的组合。锚喷支护是初期支护最基本的结构形式,也是在常规条件下隧道工程中使用最多的工程措施。因此,人们也常将锚喷支护称为"常规支护"。

初期支护也可以泛指包括"锚喷支护(锚杆、喷射混凝土、钢架)"等常规支护,以及"超前支护(超前锚杆、超前管棚)""注浆加固(超前小导管预注浆及超前深孔帷幕注浆)"等特殊支护的一系列支护结构和工程措施。这些支护形式和工程措施可以单独使用,也可以组合使用。组合使用时,各部分的比例可以根据实际需要选择和调整。

二次衬砌主要是承受后期围岩压力并提供安全储备,保证隧道的长期稳定和行车安全。二次衬砌一般多采用就地模筑混凝土或钢筋混凝土,也可以采用喷射混凝土或钢纤维喷射混凝土,还可以采用拼装衬砌。

2. 复合衬砌的优点

根据多年应用和研究结果表明,复合衬砌是比较合理的结构形式。具体表现在以下几个方面。

(1)复合衬砌的总体形状比较简单,二次衬砌厚度变化不大(多数在 30~50cm 之间),且多为等厚度衬砌,施工方便。

(2)复合衬砌是将整个人工支护结构分解为初期支护和二次衬砌两部分,两部分分别起不同的作用。两部分分别参与并与围岩共同工作,但其支护作用又各有侧重。因而,复合衬砌比较符合隧道——地下工程结构体系的力学变化过程和变化规律。

(3)复合衬砌主要靠初期支护来维护围岩稳定和安全,并通过调整初期支护参数来适应地质条件的变化,即适应不同的围岩级别以及围岩松弛范围和松弛程度的变化。这种适应性既能充分调动并利用围岩自我承载、自我稳定的能力,又可以充分发挥支护结构的承载能力和支护材料的力学性能。

(4)复合衬砌中的二次衬砌主要作为安全储备而设置,一般要求在施作初期支护并趋于稳定后,再施作二次衬砌,并借用防水层作为结构隔离层,使得二次衬砌的受力状态得以改善。但在必要时,还可以提前施作二次衬砌,以调用其承载能力,保障安全。

(5)与传统的等厚度模筑混凝土单层衬砌相比,复合衬砌的受力状态更好,承载能力更高。有研究资料显示,在Ⅳ~Ⅴ级围岩的隧道中,采用锚喷支护作为初期支护加上模筑混凝土二次衬砌构成的复合衬砌,与单层衬砌相比,工程投资可减少 5%~10%,极限承载能力可提高 20%~30%。

(二)初期支护(常规支护)

复合式衬砌的初期支护常见形式有喷射混凝土(有时加钢筋网或钢纤维)、锚杆和钢架三种。一般可根据地质条件和结构条件的变化组合使用。组合使用时,各部分的比例应根据各自的适应性和实际需要选择或调整,见图 2-1-4。

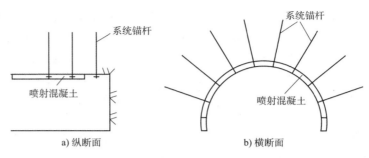

图 2-1-4　锚喷支护(系统锚杆 + 喷射混凝土)

1. 喷射混凝土

喷射混凝土是以压缩空气为动力,将掺有速凝剂等外加剂的混凝土拌合料与水混合成为浆状,喷射到坑道的岩壁上并迅速凝结而成的细石混凝土。细石混凝土喷射工艺分为干(潮)喷、湿喷和混合喷三种。以湿喷工艺较优,混凝土质量较好,实际工程中应用较多。

喷射混凝土层(简称喷层)是喷敷于坑道壁上的。为了使喷层厚度均匀、表面平顺和便于铺设防水层,无论采用什么方法开挖坑道,都要尽量使开挖后的洞壁平顺。

常用喷层厚度一般在 5~20cm 之间,有时也可达到 25cm。喷层的厚度一般最薄不应小于 5cm,这样,遇有局部岩体突出,也足以覆盖。最厚应不大于 25cm,再厚则失去了柔性衬砌的特点。喷射混凝土强度等级为 C15~C20。

在比较松散软弱的岩层中,为了加强喷层的抗剪强度和韧性,可以加金属网或钢纤维,变为钢筋混凝土薄层或钢纤维混凝土薄层,即钢筋网喷射混凝土或钢纤维喷射混凝土。钢筋网的钢筋直径一般为 6~10mm,网格孔间距为 200mm。钢筋网与岩面绑扎焊接牢固后,即可喷射混凝土。

2. 锚杆

锚杆(或锚索)是用金属或其他高抗拉性能的材料制作的一种杆状构件,并使用某些机械装置或黏结介质,通过一定的施工工艺,将其安设在隧道工程的围岩体中,利用杆端锚头的膨胀作用,或利用灌浆黏结,增加岩体的强度和抗变形能力,从而提高围岩的自稳能力,实现对围岩体或工程结构体加固的工程措施。

锚杆按其对围岩加固的区域来分,可分为:系统锚杆、局部锚杆和超前锚杆三种。常规支护中的锚杆主要指的是系统锚杆和局部锚杆。

(1)系统锚杆是指在坑道范围内的岩体被挖除后,沿横断面径向安装于围岩内部的锚杆群。系统锚杆强调的是多根锚杆的联合作用,以形成对围岩承载环的加固,即"群锚效应"。

(2)局部锚杆是指只在一定的区域和方向安装的少量锚杆,如锁脚锚杆。局部锚杆强调的是维护围岩的局部稳定或对初期支护的局部加强。有时,局部锚杆也可以用于解决洞内模板的安装和稳定问题。

(3)超前锚杆是指沿开挖轮廓线,以稍大的外插角,向开挖面前方围岩内安装的锚杆群。超前锚杆强调的是超前支护,即形成对前方围岩的预加固,使开挖作业能够在提前形成的围岩加固圈的保护下进行。

锚杆长度一般为 2.5~6.0m,锚杆间距一般不宜大于其长度的一半且不宜大于1.5m,Ⅳ~Ⅴ级围岩中的锚杆间距宜为 1.0m 左右,且不得大于规范规定的最大间距。另外,对于大跨度隧道,为节省钢材,可以采用长短相间的锚杆支护形式。

3. 钢架

钢架因其整体刚度和强度均较大,对围岩松弛变形的限制作用更强,可及时阻止有害松动,也可以承受已发生的松弛荷载,保证隧道稳定与安全,还可以作为超前支护的反支点。钢架有格栅钢架和型钢钢架两种结构形式,见图 2-1-5。

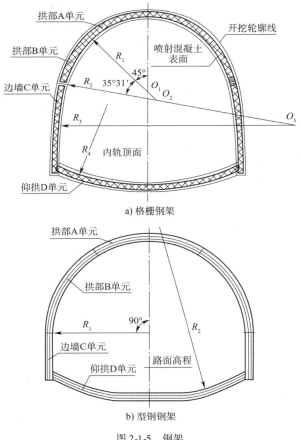

图 2-1-5 钢架

格栅钢架(或称为花钢拱架)是采用螺纹钢筋焊接而成的拱形钢桁架。格栅钢架一般在工地加工,现场拼装。由于格栅钢架与混凝土及其他材料有更好的相容性,所以在现代隧道工程中广泛用作初期支护。

型钢钢架是采用型钢(工字钢、H 形钢、U 形钢)弯制而成的拱形钢架。型钢钢架一般是在工厂加工,现场拼装。由于型钢钢架的表面积较小,与混凝土及其他材料的相容性较差,所以现代隧道工程中一般只在工程抢险和塌方处理时作为临时支撑使用。

钢架的截面高度一般为 100~200mm。当隧道断面较大或围岩压力很大时,钢架的截面高度可取 200~250mm;当隧道断面很大,围岩压力也很大时,钢架的截面高度可取 250~300mm。

(三)超前支护

在工作面不能自稳的条件下,需要先采取适宜的工程措施使工作面保持稳定,然后再开挖坑道范围内的岩体。这类针对掌子面前方围岩(包括将被挖除的岩体)而采用的一系列支护措施,称为超前支护。

超前锚杆是指沿开挖轮廓线,以稍大的外插角,向开挖面前方围岩内安装的锚杆。超前锚杆主要形成对掌子面前方围岩的预锚固;必要时,也对将被挖除的岩体临时实施加固,以暂时维持较好的纵向成拱作用,然后在提前形成的围岩锚固圈的保护下进行开挖等作业。超前锚杆强调的是支护的超前性。超前锚杆是一种最为简单的超前支护形式,主要适用于不太稳定的围岩条件。

超前管棚指沿开挖轮廓线,以较小的外插角,向开挖面前方围岩内安装长钢管,并随着开挖逐榀架设钢架而形成的承载棚架。超前管棚形成对掌子面前方围岩的预支撑,主要适用于稳定性很差的围岩条件。这种支撑作用并不改变围岩的固有特性,而只是从外部抵抗围岩变形,防止围岩坍塌。超前管棚强调的是支撑的超前性,其施工工艺较为复杂,其中长钢管的安装需要专用机械。若围岩极度软弱、易破碎,则可以在此基础上改进为深孔帷幕注浆。

(四)注浆加固

注浆加固是为了改良松散地层的工程力学性能,而将适宜的胶结材料按一定的注浆工艺注入松散地层中的工程措施,也称为"地层改良"。

胶结材料在松散地层中凝结后,一定区域内的松散岩体就变得完整而坚硬起来,使其力学性能得以改善。这部分经过改良的岩体作为隧道围岩,其稳定性就得以增强。就结构和构造而言,改良后的岩体很容易转化为隧道承载结构,相应地,就不需要采取过多的其他工程措施,便可以获得洞室的稳定。

隧道工程中常用的注浆加固措施,按工艺的不同分为"超前小导管注浆"和"超前深孔帷幕注浆"两种。此外,还有一种特殊的暂时性的注浆加固措施,即冻结法。冻结法是利用含水地层在冻结状态下的结构稳定能力获得围岩的暂时稳定,继而完成隧道开挖和衬砌施作,获得永久稳定的隧道施工方法。

(五)防水层

在有水地层条件下,为了防止地下水渗流进入隧道内,其二次衬砌一般均采用防水混凝土,并常在初期支护与二次衬砌之间敷设一层防水塑料板,构成两道洞内防水层。

（六）二次衬砌

二次衬砌一般是在施作初期支护并使围岩变形基本稳定后再施作的。二次衬砌的构造形式与单层衬砌基本相同，二次衬砌材料主要采用就地模筑混凝土或钢筋混凝土，也有采用预制钢筋混凝土衬砌块拼装二次衬砌的。在稳定性很好且无地下水的Ⅰ、Ⅱ级围岩条件下，可省略模筑混凝土二次衬砌，或改为喷射混凝土二次衬砌。

二次衬砌厚度不仅与围岩变形速度和变形量有关，更与其施作时机和建筑材料有关。二次衬砌一般均为等厚截面，变化较少，构造较简单，必要时只需将两侧边墙下部稍作加厚，以降低基底应力。《铁路隧道设计规范》(TB 10003—2016)和《公路隧道设计规范 第一册 土建工程》(JTG 3370.1—2018)都提出了二次衬砌圬工截面最小厚度要求。

"最小厚度"是一个限制性要求，而不是设计值。铁路、公路隧道混凝土及钢筋混凝土二次衬砌最小厚度一般为单线（单车道）25cm，双线（双车道）30cm。高速铁路双线隧道和公路三车道隧道断面尺寸较大，二次衬砌最小厚度值应较大。

（七）建筑材料

隧道建筑材料要求如下：

（1）一般规定。

隧道工程常用的各类建筑材料可选用下列强度等级：

①混凝土：C50、C40、C30、C25、C20、C15；
②石材：MU100、MU80、MU60、MU50、MU40；
③水泥砂浆：M25、M20、M15、M10、M7.5；
④喷射混凝土：C40、C30、C25、C20；
⑤混凝土砌块：MU30、MU20；
⑥钢筋：HPB300、HRB400、HRB500。

（2）衬砌建筑材料的强度等级应满足耐久性要求，见表2-1-1的规定。

衬砌及管沟建筑材料的强度等级　　　　表2-1-1

| 工程部位 | 材料种类 | | | |
| --- | --- | --- | --- | --- |
| | 混凝土 | 片石混凝土 | 钢筋混凝土 | 喷射混凝土 |
| 拱圈 | C20 | — | C25 | C20 |
| 边墙 | C20 | — | C25 | C20 |
| 仰拱 | C20 | — | C25 | C20 |
| 底板 | C20 | — | C25 | — |
| 仰拱填充 | C15 | C15 | — | — |
| 水沟、电缆槽 | C25 | — | C25 | — |
| 水沟、电缆槽盖板 | — | — | C25 | — |

隧道工程常用的衬砌建筑材料有以下几种。

①混凝土与钢筋混凝土。

隧道衬砌所用的混凝土强度等级,对于直墙式衬砌不低于C15,曲墙式衬砌及Ⅲ级围岩直墙式衬砌不低于C20。钢筋混凝土材料主要用在明洞衬砌及地震区、偏压、通过断层破碎带或淤泥、流沙等不良地质地段的隧道衬砌中,其强度等级不低于C20。

②片石混凝土。

片石混凝土主要用于仰拱填充及超挖回填,其他部位不允许采用片石混凝土。按施工规范规定,片石混凝土中片石应选用坚硬的石料,强度等级不应低于MU40,严禁使用风化片石。片石掺量不得超过总体积的30%,不得有空洞。

## 三、拼装衬砌

**1. 拼装衬砌的优缺点**

虽然就地模筑的混凝土衬砌在我国应用已很广泛,但是,它在浇注以后不能立即承受荷载,必须经过一个养护时期,因而施工进度受到一定的限制。随着工业化和机械化的不断发展,隧道施工也出现了拼装式的隧道衬砌,称为拼装衬砌。这种衬砌将若干在工厂或现场预先制备的构件运入坑道内,用机械将它们拼装成一环接一环的衬砌,如图2-1-6所示。

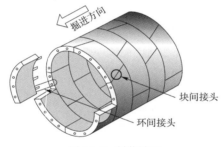

图2-1-6 拼装衬砌

国外早在19世纪就已开始使用拼装衬砌。我国在宝兰铁路线上曾使用过拱部为半圆形的拼装衬砌,在黔桂铁路线上使用过T字形镶嵌式拼装衬砌,目前在地下铁道工程中采用较多。随着其技术的不断改进和完善,拼装衬砌将是一种很有发展前途的衬砌形式。

拼装衬砌具有下列优缺点:

(1)一经拼装成环,不需养生时间,即可承受围岩压力。

(2)预制的构件可以在工厂成批生产,在洞内可以机械化拼装,从而改善了劳动条件。

(3)拼装时不需要临时支撑,如拱架、模板等,从而节省了大量的支撑材料及劳力。

(4)拼装速度因机械化而提高,缩短了工期,还有可能降低造价。

(5)拼装衬砌既可以按传统隧道工程理论作为单层衬砌设计和使用,也可以按现代隧道工程理论作为二次衬砌设计和使用。

(6)拼装衬砌的整体性较差,受力状态不太好,尤其是接缝多,防水性能较差,必须单独加设有效的防水层,在富水地层中应用时需要有较多的支持措施。

**2. 拼装衬砌的构造要求**

(1)组装后,必须具有良好的整体性,能立即承受荷载,并具有足够的强度和耐久性。

(2) 管片形状简单,尺寸统一,便于工厂预制。
(3) 管片类型少、规格少、配件少,大小和质量合适,便于机械拼装。
(4) 必须加设有效的防水层及排水设施。

# 资料二 洞门构造

## 一、洞门作用

为支挡和防护隧道洞口仰坡岩土而设置的结构物称为"洞门"。洞门有以下几方面的作用:

(1) 减少洞口土石方开挖量。洞口外一定范围内的路堑是根据边坡岩体的稳定性按一定的坡度开挖的。设置隧道洞门,既可以起到挡土墙的作用,又可以减少路堑土石开挖量。

(2) 稳定边坡、仰坡。由于边坡上的岩体不断受到风化作用,坡面松石极易脱落滚下。边坡太高时,自身难以稳定,仰坡上的石块也会沿着坡面向下滚落,有时会堵塞洞口,甚至砸坏线路轨道,对行车造成威胁。修建洞门可以减小引线路堑的边坡高度,缩小正面仰坡的坡面长度,从而使边坡及仰坡得以稳定。

(3) 引离地表流水。地表流水往往汇集在洞口,如排除不及时,将会侵害线路,妨碍行车安全。修建洞门可以把流水有组织地引入侧沟,保证洞口处于干燥状态。

(4) 装饰洞口。洞口是隧道的外露部分,是隧道正面的外观,修建洞门也可以算是一种装饰。在城市附近的隧道,尤其应当配合城市景观要求,予以美化处理。

## 二、几种常见洞门形式

洞门常见有端墙式洞门、柱式洞门、翼墙式洞门、削竹式洞门等形式。

1. 端墙式洞门

端墙式洞门只在隧道口正面设置一面能抵抗山体纵向推力的端墙。端墙的作用相当于挡土墙,主要抵抗洞口正面上的仰坡土压力;此外,还可将从仰坡流下来的地表水汇集到排水沟中去,如图 2-2-1 所示。

端墙的构造一般是采用等厚的直墙。直墙圬工体积比其他形式都小,而且施工方便。墙身微向后倾斜,斜度约为 1∶10,这样可以受到较竖直墙小的土石压力,而且对端墙的倾覆稳定有好处。

端墙构造要求如下:

(1) 端墙的高度应使洞身衬砌的上方尚有 1m 以上的回填层,以减缓山坡滚石对衬砌的冲击;洞顶水沟深度应不小于 0.4m;为保证仰坡滚石不致跳跃超过洞门落到线路上去,端墙应适当上延,形成挡渣防护墙,洞顶仰坡与洞顶回填顶面的交线至洞门墙背的水平距离不宜小于1.5m,端墙顶部应高出墙背回填面0.5m;端墙基础应设置在稳固的地基上,其埋置深度应根据地质条件和冻害程度确定,岩石地基埋深不小于0.2m,土质地基埋深不小于1.0m。

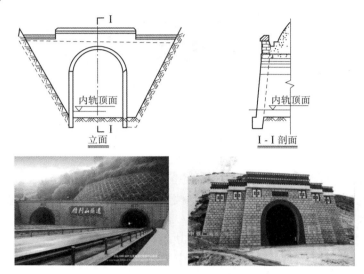

图2-2-1 端墙式洞门实例(雁列山隧道、青藏铁路柳梧隧道)

(2)端墙厚度应按挡土墙的方法计算,但不应小于:
浆砌片石——0.4m;
现浇片石混凝土——0.35m;
预制混凝土砌块——0.3m;
现浇钢筋混凝土——0.2m。

(3)端墙宽度与路堑横断面相适应。端墙下底宽度应为路堑底宽加上两侧水沟及预留的宽度,上部宽度根据边坡坡度逐渐增宽,保证端墙两侧墙体嵌入边坡以内约30cm,以增加洞门的稳定性。

2. 柱式洞门

当洞口仰坡较陡,岩体稳定性较差,山体纵向推力较大,仰坡有下滑的可能性,但受地形条件限制,不能设置翼墙时,可以在端墙中部设置两个断面较大的柱墩,以增加端墙的稳定性,如图2-2-2所示。这种洞门墙面有凸出线条,较为美观,适宜在城市附近或风景区内使用。

3. 翼墙式洞门

当洞口边仰坡稳定性较差,山体纵向推力较大时,可以在端墙式洞门以外,增加单侧或双侧的翼墙,称为翼墙式洞门。翼墙与端墙共同抵抗仰坡纵向推力,增加洞门的抗滑走和抗倾覆的能力,如图2-2-3所示。

图 2-2-2　柱式洞门实例(二郎山隧道)

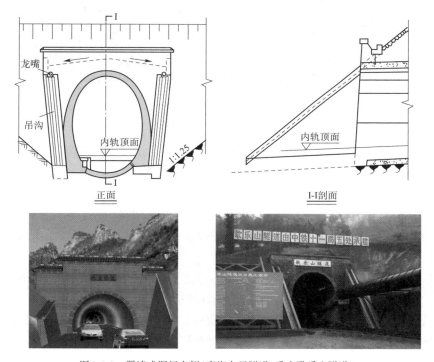

图 2-2-3　翼墙式洞门实例(青海九里隧道、重庆歌乐山隧道)

正面端墙一般采用等厚的直墙,微向后方倾斜,斜度为 1∶10。翼墙顶面斜度与仰坡坡度一致。墙顶上设排水沟,将洞顶上的水从凹槽引至路堑边沟内。翼墙基础应设在稳固的地基上,其埋深与端墙基础相同。

洞门顶上,端墙与仰坡坡脚之间的排水沟一般采用 60cm 宽、40cm 深的槽形,沟底排水坡坡度一般不小于 3%。排水沟的排水方向视洞口的地形和洞门构造形式而定,较多使用的是单向顺坡排水,把水引到洞门一侧以外的低洼山体处,或引到路堑侧沟中。当地形不允许向一侧排水时,可采用双向排水,把水引到端墙两侧,水从端墙后面沿预留的泄水孔(称为"龙嘴")流出墙外后,进入翼墙顶上的凹槽(称为"吊沟"),流入路堑边沟。若洞口外路堑较深较长,翼墙常变为挡土墙,并沿挡土墙设置泄水沟。

4. 削竹式洞门

削竹式洞门是直接将洞身衬砌接长,伸出洞外,并斜截成削竹形式,同时取消端墙。削竹式洞门在公路隧道中使用较多。我国高速铁路隧道洞门在此基础上将洞门断面加大,形成喇叭口式洞门,主要是为了缓和高速列车进洞时的气动冲击力。削竹式洞门及喇叭口式洞门如图2-2-4所示。

a) 削竹式洞门　　　　　　　　　　b) 喇叭口式洞门

图2-2-4　削竹式洞门及喇叭口式洞门

## 三、洞门设计原则

端墙式洞门、柱式洞门、翼墙式洞门主要通过端墙结构来抵挡仰坡土体推力。削竹式洞门通过上部的回填土体来抵挡仰坡土体推力。在选择洞门形式时,应遵循"早进晚出"的设计原则,根据洞口地形、地质和环境保护要求等具体情况,选择适当的洞门形式。值得注意的是,洞门的结构和构造形式已出现多样化的趋势,特别是有特殊功能性的洞门,在隧道建设中被广泛使用。

洞口段地质条件千差万别,而且洞口处于明暗交界的位置,使得洞门结构的受力状态尤其复杂。洞口段衬砌和洞门结构,除了受竖向和侧向压力以外,还受仰坡纵向推力作用。所以,在设计隧道时,洞口段范围(两车道隧道不应小于10m,三车道隧道不应小于15m)内的衬砌应比洞身衬砌有所加强,并宜与洞身衬砌整体砌筑。

## 四、洞门建筑材料

公路隧道洞门建筑材料的强度等级不应低于表2-2-1的规定。

洞门建筑材料　　　　　　　　　　　表2-2-1

| 工程部位 | 材料种类 | | | |
|---|---|---|---|---|
| | 混凝土 | 钢筋混凝土 | 片石混凝土 | 砌体 |
| 端墙 | C20 | C25 | C15 | M10水泥砂浆砌片石、块石或混凝土砌体镶面 |

续上表

| 工程部位 | 材料种类 | | | |
|---|---|---|---|---|
| | 混凝土 | 钢筋混凝土 | 片石混凝土 | 砌体 |
| 顶帽 | C20 | C25 | — | M10 水泥砂浆砌粗料石 |
| 翼墙和洞口挡土墙 | C20 | C25 | C15 | M10 水泥砂浆砌片石 |
| 侧沟、截水沟、护坡 | C15 | — | — | M7.5 水泥砂浆砌片石 |

注：1. 护坡材料可采用 C20 喷射混凝土。
    2. 最冷月平均气温低于 –15℃ 的地区，表中水泥砂浆的强度等级应提高一级。

## 五、其他形式洞门

### 1. 台阶式洞门

当洞门处于傍山侧坡地区，洞门一侧边坡较高时，可以与地形条件相适应，将端墙一侧顶部做成逐步升级的台阶形式，以减小仰坡高度及外露坡长，减少仰坡土石开挖量，如图 2-2-5 所示。

### 2. 调光洞门

公路隧道为降低"黑洞现象"和"亮框现象"给驾乘人员带来的不良影响，结合结构稳定要求将洞门设计成逐步减光的半封闭形式，也具有较好的建筑装饰作用，如图 2-2-6 所示。

图 2-2-5　台阶式洞门

图 2-2-6　调光洞门实例（左侧厦门仙岳山市政隧道、右侧深圳罗沙公路梧桐山隧道）

### 3. 洞口环框

当洞口石质坚硬、地形陡峻、坡面稳定又无排水要求时，可以将洞口段衬砌加厚，形成洞口环框。洞口环框主要对洞口段衬砌起加固作用，同时也可以减少雨水对洞口段的侵蚀作用。环框微向后倾，其倾斜度与顶上的仰坡一致。环框的宽度与洞口外观相匹配，一般不小于 70cm，突出仰坡坡面不小于 30cm，使仰坡上流下的水不致从洞口正面淌下，如图 2-2-7 所示。洞口环框其安全保障不足，目前已较少使用。

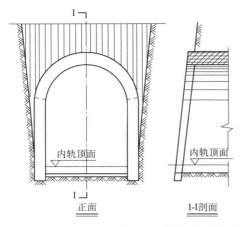

世界铁路第一高隧道——风火山隧道地处海拔4905m，分别比秘鲁铁路的海拔制高点4817m和阿根廷铁路海拔制高点4475m高88m和430m

图 2-2-7　环框式洞口实例（风火山隧道）

# 资料三　明洞构造

明洞是用明挖法修建的隧道，即当隧道埋置很浅时，先露天挖出沟槽，然后修建结构物，最后回填覆盖土石。在山岭隧道中，洞口段多为浅埋，因此，明洞多用于深路堑或隧道洞口高边坡上有落石、塌方等危及安全的洞口段。明洞是隧道洞口或线路上起到防护作用的重要建筑物，在我国山区铁路线上曾广泛采用。明洞的构造形式，常因地形、地质条件和危害程度的不同而异，采用最多的是拱式明洞和棚式明洞。

## 一、拱式明洞

拱式明洞的内轮廓和结构形式与一般隧道基本相似，也是由拱圈、边墙和仰拱或铺底组成。但是，由于明洞是采用明挖法施工，其周围土石是在结构完成后回填的，没有自然成拱作用，围岩压力比暗挖隧道要大，因而结构的截面尺寸要略大一些。拱式明洞可以抵抗较大的推力，适用范围较广。按照它所处的地形条件可以分为路堑拱式明洞和半路堑拱式明洞两种。

1. 路堑拱式明洞

路堑拱式明洞主要用在两侧都有高边坡的路堑中或洞口段。其衬砌两侧墙外填以浆砌片石透水，上面回填土，表面夯填黏性土或以浆砌片石覆盖，防止地表水下渗，并设置排水沟槽，排除地表水，如图 2-3-1 所示。

2. 半路堑拱式明洞

半路堑拱式明洞主要用在浅埋且傍山隧道地段。其靠山一侧受到压力，而外侧压力较小,因此,将外侧边墙相对地加厚、加深,基础放在稳固的基岩上,以其衬砌横断面结构轴线的不对称,来适应内外压力的不对称。

当外侧地形低,覆盖层浅薄,外墙暴露时,为减缓落石对衬砌结构的冲击作用,可以将外墙加高,形成耳墙,并在洞顶回填土石。回填土石表面夯填黏性土或以浆砌片石覆盖,并设置向外的排水坡,排除地表水,防止地表水下渗,如图2-3-2所示。

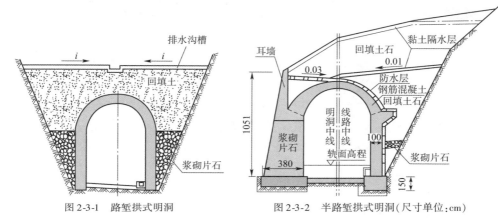

图2-3-1　路堑拱式明洞　　　　　图2-3-2　半路堑拱式明洞(尺寸单位:cm)

若外侧边坡低下,或墙下地基承载力不足,则可做成深基础,形成长腿式拱形明洞。也可以在保证结构稳定的条件下,将外墙做成连拱形式(形成侧洞),以节省圬工,降低对地基承载力的要求,使洞外光线可以射进来,空气也可以流进来,从而使洞内条件得以改善。

拱式明洞衬砌结构多采用就地模筑钢筋混凝土(拱圈、内边墙)。半路堑拱式明洞的外边墙体积大,可以用混凝土、片石混凝土或浆砌片石砌筑。

明洞顶上回填土石是为了缓冲落石对衬砌的冲击,它的厚度应视落石下坠的实际情况,通过计算而定,一般不应小于1.5m。在回填土石表面应留有坡度不小于1:1.5的排水坡。

拱式明洞应设置环向伸缩缝,其纵向间隔为6～20m,可视实际情况而定。如设置有侧洞,伸缩缝应避开侧洞位置。

## 二、棚式明洞

当外侧边坡陡峻,不能安置外墙时,可以将外墙改为纵梁加立柱的形式,或取消外墙,修建成棚式明洞(图2-3-3)。棚式明洞主要用在地形特别困难的情况下。

棚洞是一种框架结构。棚洞的顶上不是拱圈而是搁置在外墙纵梁和内墙上的棚板,或是从内墙悬挑出去的挑梁(板)。棚洞的内墙

图2-3-3　棚式明洞

一般为重力式墩台结构,抵抗山体的侧向压力。内墙的基础必须置于稳固的基岩上。棚板或挑梁(板)上也有回填缓冲层和卸载排水坡。

# 资料四 附属设施

为了使隧道能够正常使用,保证行车安全,除了上述主体建筑物以外,隧道内还要设置一些附属设施。公路隧道与铁路隧道由于结构及运行方式的不一样,附属设施略有不同。公路隧道附属设施主要有紧急停车带,行人、行车横洞和预留洞室,运营通风设施,运营照明设施,电缆槽与其他设施预留槽,防排水设施等。铁路隧道附属设施主要有安全避让设施、电力通信设备的安放设施、运营通风设施、防排水设施等。

## 一、紧急停车带

紧急停车带就是专供紧急停车使用的停车位置。在隧道中,尤其在长大隧道中,当行驶的车辆发生故障时,故障车必须尽快离开行车道,避让至紧急停车带,以减少交通阻塞,避免发生交通事故。因此,高速公路、一级公路的特长隧道和长隧道,应根据需要设置紧急停车带。对于10km以上的特长隧道,还应考虑设置方向转换场地(或称回车道设施),使车辆能在发生火灾时避难或退避。

紧急停车带的间隔主要根据故障车的可能滑行距离和人力可能推动的距离而定。一般很难断言其距离的大小,如小客车较货车滑行的距离长,人力推动也较省力;下坡方向较上坡方向滑行的距离长,推动时也省力。依据经验,隧道内紧急停车带的间距一般可取500~800m。

我国目前参照国际道路常设委员会(PIARC)的隧道委员会推荐值来确定紧急停车带的有关参数,即超过2km以上的隧道必须考虑设置宽2.5m、长25~40m的紧急停车带,间隔约为750m,见图2-4-1、图2-4-2。

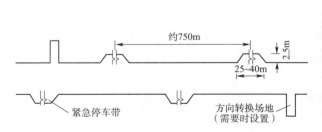

图2-4-1 紧急停车带及方向转换场设置示意图

图2-4-2 紧急停车带

## 二、隧道防水设施

隧道防水设施分为模筑混凝土衬砌结构防水、塑料板防水、止水带防水、注浆堵水（超前预注浆、围岩注浆、衬砌背后注浆、衬砌内注浆）等，以结构防水为主，塑料板防水为辅，且塑料板防水是以结构防水为依托的。

1. 模筑混凝土衬砌结构防水

二次衬砌所采用的就地模筑混凝土本身就具有较好的防水性能，称为结构防水。但由于施工工艺的原因会存在施工缝，由于施工质量问题而存在混凝土不够密实时，其防水性能就会显著降低。在防水要求较高时，一般应采取改善施工质量、提高混凝土抗渗等级或增设塑料板辅助防水层的方法。在防冻要求较高时，还应结合防水要求设置保温隔热层，避免冰水冻融对衬砌结构的破坏。

2. 塑料板防水

塑料板辅助防水是指在初期支护、二次衬砌之间敷设软聚氯乙烯薄膜、聚异丁烯片、聚乙烯片等防水卷材的辅助防水层措施。明洞衬砌结构则可在其外喷涂乳化沥青等防水剂作为防水层。塑料板辅助防水层可以很好地弥补结构防水的不足。塑料板厚度一般为1.2mm。

当喷层表面有凹凸不平时，须事先以砂浆敷面，做成找平层，使岩壁与防水层密贴。防水层接缝处，一般用热气焊接，或用电敏电阻焊接，亦可用适当的溶剂作熔解焊接，以保证其防水的质量。铺装好的防水板见图2-4-3。

图 2-4-3　隧道内铺装好的防水板

3. 分区隔离防水

隧道穿越地层范围大，地下水的埋藏条件复杂，往往在同一座隧道中的不同区段，地下水的出露情况差异很大。目前隧道工程中多采用"分区隔离防排水技术"，即在隧道长度方向将地下水分区隔离（技术），并针对富水地段，重点采取有效的防排水措施，以达到提高全隧道防水效果、降低防排水成本的目的。

4. 注浆堵水

采用超前小导管或超前长钢管将适宜的胶结材料压注到地层节理、裂隙、孔隙中，不仅可以加固围岩，同时也起到了堵水作用，更可以防止地下水大量流失，较好地保护地下水环境。在隧道二次衬砌施作完成后，若因二次衬砌混凝土质量等问题而产生渗漏，也可以向衬砌与围岩之间的缝隙压注胶结材料，以实现堵水。

5. 明洞防水

明洞建筑于露天空旷地区，一般有地表径流的影响，如不设法截拦、排走，容易引起冲刷坡面,产生坍塌或流入回填土体内部,浸泡回填料,增加明洞负荷。为了保证建筑物的安全稳定,规范规定明洞顶部应设置必要的截、排水系统。图 2-4-4 所示为明洞回填土表面隔水层示意图。

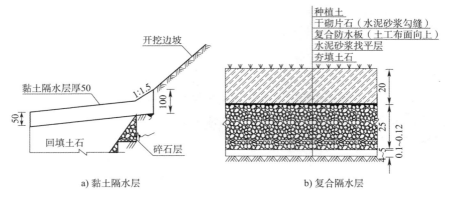

图 2-4-4　明洞回填土表面隔水层示意图(尺寸单位:cm)

当衬砌背后有地下水来源时,在靠山侧边墙顶或边墙后应设置纵向和竖向盲沟,将水引至边墙进水孔,排入洞内排水沟。衬砌外缘应敷设外贴式防水层。隧道口及明洞顶截水沟的设置按《公路隧道设计规范　第一册　土建工程》(JTG 3370.1—2018)执行。

### 三、隧道排水设施

在隧道内,若经常有地下水渗漏进来,就会使得隧道内变得潮湿,路面湿滑,或使钢轨及扣件锈蚀,木枕腐烂,设备的使用寿命缩短。水量较大时,容易发生漏电事故和金属的电蚀现象。在严寒地区,冬季渗入洞内的水结成冰凌,倒挂在衬砌上,覆盖路面或轨面,侵入限界,将危及行车安全,增加养护维修费用。

在实际隧道工程中,尤其是在有压水地层条件下,很难做到完全堵住地下水。因此,适当排放地下水,降低水压,是避免地下水渗漏到隧道内的有效措施。

除了长度在 100m 以下,且长年干燥无水的地层以外,一般水文地质条件下的隧道均应设置排水设施,汇集、引流并将其排放到洞外。

隧道内的主要排水设施有环向排水管、纵向排水管、横向排水管、侧式水沟、中央水沟(管)等。隧道内围岩的渗水,由于防水板的阻隔,会沿着防水板汇至拱脚处,局部渗水量较大的部位需要设置环向排水管,以加速渗水的排出。拱脚设置纵向排水管,排出隧道渗水。如果隧道长度较长、渗水量较大,纵向排水管的排水能力无法满足隧道排水需求,就需要每隔一定的距离设置横向排水管,将纵向排水管的渗水及时引排至侧式水沟或中央水沟,再排至洞外,见图 2-4-5。

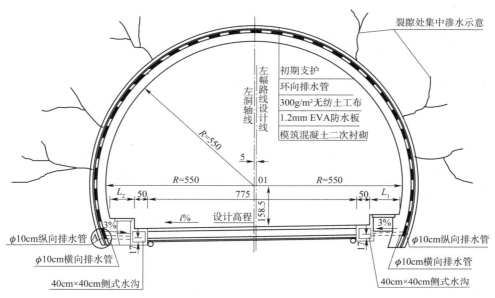

图 2-4-5 某隧道防排水布置立面图(尺寸单位:cm)

## 四、电缆槽

通信、信号以及电力等各种电缆穿过隧道时,必须有一定的保护措施,以防止因潮湿、腐烂以及人为破坏而出现漏电、触电等事故。电缆槽就是沿着衬砌边墙下方设置的用于放置和保护各种电缆的沟槽。电缆槽一般设置在排水沟的外侧紧邻边墙脚的位置。电缆槽槽身为混凝土现浇,盖板则是钢筋混凝土板,盖板起防护作用。

电缆槽又分为通信电缆槽和电力电缆槽,二者必须分开设置。通信电缆或公路、铁路信号电缆可以放在同一个电缆槽内细砂垫层面上,也可以搁置在槽内支架上,但电缆间距应不小于100mm。电力电缆必须单独放置在另外的电力电缆槽内,并且必须搁置在槽内支架上,支架的间隔按设计要求安装。此外,由于电缆转弯(半径不允许小于1.2m,以免弯曲折断)和维修接续,电缆槽每隔一定长度,还应设置电缆余长腔。

## 五、通风设施构造

隧道通风可分为施工期间的通风和运营期间的通风。施工期间的通风是临时性的,详见学习资料十。这里主要介绍运营通风设施的构造。

在运营期间,隧道内行驶的施工机械和汽车、火车,都会排出大量有害气体和烟尘,并散发出许多热量。这些有害气体和烟尘,主要是一氧化碳、二氧化碳、氮氧化物和可吸入颗粒物。如果地层中含有有毒有害气体,如天然气等,它就会从衬砌缝隙渗透出来。这些有毒有害气体,如果不能得到及时排出,长时间积聚起来,浓度就会越来越大,使隧道内的空气变得潮湿、闷热、污浊和缺氧,使过往机车、车辆的燃油发动机功效降低,人员呼吸困难,工作效率降低,健康受到威胁,洞内结构和设备也容易被腐蚀。

《公路隧道设计规范 第二册 交通工程与附属设施》(JTG D70/2—2014)和《铁路隧道设计规范》(TB 10003—2016)都明确规定了隧道内空气的卫生标准。具体见《公路隧道设计规范 第二册 交通工程与附属设施》(JTG D70/2—2014)中的"5.2 通风标准"和《铁路隧道设计规范》(TB 10003—2016)中的第11.3.1条。

要达到规范规定的标准,除了减少汽车、火车的废气排放量,提高运行速度和降低洞内风阻以外,还应采取有效的通风换气措施,及时排除隧道内积聚的有毒有害气体,保持空气新鲜和适宜温度,保证隧道内行车安全,保证司乘人员和洞内维修人员身体健康。

通风方式分为自然通风、机械通风和混合通风三种。我国公路和铁路系统总结了多年实践经验,并在隧道设计规范中规定了隧道通风方式选择的一般要求:

(1)单向行车公路隧道长度在500m以下,可不设置机械通风。

(2)铁路单线隧道,内燃机车牵引的长度在2km以上、电力机车牵引的长度在8km以上,宜设置机械通风。若行车密度较低、自然通风条件较好,可适当放宽。

(3)双向行车的公路和铁路隧道应根据行车密度、自然条件等具体情况,确定需要设置机械通风的隧道长度,并选定适宜的通风方式。双向行车的公路隧道,当 $L \cdot N \geqslant 600$ 时,应设置机械通风或混合通风,当 $L \cdot N < 600$ 时,可用自然通风。内燃机车牵引的双线铁路隧道,当 $L \cdot N \geqslant 100$ 时,应设置机械通风或混合通风。其中,$L$ 为隧道长度(km),$N$ 为行车密度(对/d)。

1. 自然通风

自然通风是利用洞口两端气压差在洞内形成的自然风流和汽车或列车运行所引起的活塞风流来达到通风换气的目的。它是一种简单而又节约能源的通风方式,在选择通风方式时,应优先考虑。利用自然通风的隧道,一般不需要增加通风设施。为保证和改善自然通风效果,一般应尽量将隧道设计成直线隧道和坡道,并将洞内衬砌表面做得平整光滑一些,以减少对风流的阻碍。

影响自然通风效果的因素很多,通风效果不稳定,目前还没有准确可靠的自然通风设计计算方法,故在实际应用中,仍然主要以实践经验为准,来确定是否需要采用更有效的通风方式。

2. 机械通风

在长大隧道中,自然通风往往不能满足洞内空气质量要求,因此,需考虑采用更有效的机械通风。

机械通风是设置一系列通风机械,送入新鲜空气和吸出污浊空气,达到通风换气、保持洞内空气新鲜的目的。通风机械一般采用纵向轴流式通风机。轴流式通风机的出口风速可达30m/s左右,对隧道内空气的纵向流动可以起到"引射作用",故也称为射流通风。轴流式通风机的特点是体积小、风力大、风向可逆、设备费用低,但噪声大。

轴流式通风机的安装位置,通常是悬吊于拱顶部位,也有设置在侧墙部位的,一般都要占用隧道断面空间,因此在确定隧道净空时,必须考虑到风机的安装位置,保证风机不侵入建筑限界。轴流式通风机的纵向布置形式有两种,一种是将风机集中布置在洞口段,但由于风机离洞口较近,"短路"现象较明显,通风效率较低,故主要只适用于中长隧道。另一种是沿隧道纵向等距离布置,其间距宜在 100～150m 之间,每个设置断面上设 1～2台风机,这种布置形式可以保证洞内风流均匀稳定,主要适用于长大隧道。

3. 混合通风

在长大隧道中,其形状也往往比较复杂,比如平面曲线、纵面人字坡。单一的自然通风或机械通风难以排除洞内污浊空气。此时可考虑在隧道中适当位置设置适当数量的竖井、斜井、横洞等辅助坑道作为通风道,并把风机安置在辅助坑道中,借助于辅助坑道的"负压作用"和风机的"引射作用",加大洞内空气流速和流量,排出污浊空气,保证空气新鲜,称为混合式通风,如图 2-4-6 所示。

实际应用中,由于行车方向的不同,以及当汽车或火车行驶到不同位置时,隧道及辅助坑道内的空气流向会发生改变,致使通风换气功效降低。对此问题,应通过通风道位置的选择,风机功率、风压和流量的选择,以及风流方向控制来加以改善。

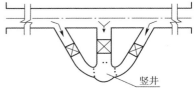

图 2-4-6 混合式通风

1. 简述以下名词的含义:
(1) 单层衬砌;
(2) 复合衬砌;
(3) 拼装衬砌;
(4) 初期支护;
(5) 二次衬砌;
(6) 锚喷支护;
(7) 超前支护;
(8) 地层改良;
(9) 锚杆;
(10) 喷射混凝土;
(11) 钢架。
2. 隧道支护结构有哪几种类型?其力学意义有何区别?
3. 隧道洞门有哪几种形式?
4. 隧道附属设施有哪几种?隧道附属设施的高程设计要求如何?

# 学习任务三
# 认识围岩的稳定性

> **学习目标**
> 1. 认识：围岩的工程性质、岩体结构类型；
> 2. 理解：岩体强度特性、岩体变形特性、围岩破坏失稳形态；
> 3. 了解：围岩稳定性分级及判定方法。

## 资料一　概述

隧道是否稳定安全，与隧道周围一定范围内的岩体（即围岩）是否稳定有很大关系。要判断围岩是否稳定，就需要从认识围岩所处的地质环境条件入手，研究围岩的工程性质，分析影响围岩稳定的因素，研究这些因素是如何影响围岩稳定的以及影响程度的大小。

### 一、岩体与围岩

**1. 岩体**

岩体是在地质作用过程中，经受过变形，遭受过破坏，由一定的岩石成分组成，具有一定的结构和赋存于一定的地质环境中的地质体。它被许多不同方向、不同规模、不同性质的地质界面切割成大小不等、形状各异的块体。工程地质学中将这些地质界面称为结构面，将这些块体称为结构体，并将岩体看作是由结构面、结构体及填充物组成的具有结构特征的地质体。在日常生活中，人们所说的岩石通常是指结构体，是岩体的组成部分。

2. 围岩

前已述及,围岩指隧道周围一定范围内,对隧道稳定有影响的那部分岩体。也可表述为:隧道周围一定范围内,受隧道工程施工和车辆荷载影响的那部分岩体。

围岩范围的大小应视具体的工程条件,即前述三类影响因素的影响程度而定。显然,围岩的内边界就是坑道的外周边。从工程应用和力学分析的角度来看,围岩的外边界应划在因隧道施工引起应力变化和位移小到可以忽略不计的地方。而从区域地质构造的角度来看,围岩的范围则更大一些。岩体力学应用弹塑性理论的分析方法,已经可以给出简化条件下围岩的范围大小和形状(定量数值——半径),它对隧道工程设计和施工有着重要的指导意义。

3. 围岩与岩体的区别

由于在地层中开挖隧道,因此将地层岩体划分为三部分:第一部分是隧道范围内将被挖除的岩体,第二部分是围岩,第三部分是围岩以外的原状岩体。围岩是岩体,但岩体不一定是围岩。

对于隧道范围内要被挖除的那部分岩体,主要研究其挖除的难易程度和开挖方式。对于围岩,主要研究其稳定能力、稳定影响因素以及为保持围岩稳定所需要的支护、加固措施等。相比之下,围岩是否稳定比隧道范围内的岩体是否易于挖除更为重要,因此,对围岩的研究应更为深入和细致。对于围岩以外的原状岩体,因其与隧道工程无直接关系,一般不予研究,但当其与隧道工程有地质关联时,也应做相应研究。

## 二、影响围岩稳定的因素

人们在长期的工程实践中发现,在开挖隧道的过程中,围岩的表现无外乎三种情形:一是不需要任何支撑就可以获得稳定的洞室;二是需要加以支撑才能获得稳定的洞室;三是由于支撑不及时或不足而导致围岩坍塌。

显然,从安全和经济的角度考虑,以上第一种情形是我们所希望的,第二种情形是经常会遇到的,第三种情形则是要尽可能避免发生的。然而,在实际隧道工程中,究竟会出现哪种情况是受多种因素影响的。这些影响因素归纳起来有以下三个方面:

(1)围岩工程地质条件:主要是指围岩所处的原始应力状态,围岩的破碎程度和结构特征,围岩的强度特性和变形特性,地下水的作用等条件。

(2)隧道工程结构条件:主要是指隧道所处的位置,隧道的形状(尤其是顶部形状),隧道的大小(跨度和高度)等条件。

(3)隧道工程施工条件:主要是指施工方法(即对围岩的扰动程度),施工速度(即围岩的暴露时间),支护的施作时间(即其发挥作用的时机),支护的力学性能及其与围岩的接触状态。

# 资料二　围岩稳定性分析

坑道开挖后,围岩稳定与否,是围岩自身能力与外界影响因素相互作用的结果。由于相互作用的复杂性,我们对于开挖坑道后围岩是否稳定这样一个问题,目前还没有从理论上建立起一个具体的判别方法或定量指标。但根据实践经验和理论分析,还是能够对围岩的稳定性(能力)做出一些定性的解释和判断,这对于隧道工程的设计和施工,无疑是有一定指导意义的。对围岩稳定性的定性解释和判断有以下几个方面。

## 一、围岩内部应力、应变对围岩稳定性的影响

实践和研究表明,当围岩的内部应力超过其强度时,就会造成围岩破坏,随之出现塑性变形和位移,但隧道围岩是高次超静定结构,有限的变形和位移并不一定导致围岩坍塌失稳。可见,二次应力的作用是导致围岩变形和位移的原因,而围岩的变形和位移是二次应力作用的结果和围岩强度破坏的外在表现。岩体的"强度破坏和有限的变形",只是围岩坍塌失稳的"必要条件"。

岩体强度破坏造成的有限变形,并不一定会导致围岩的坍塌失稳,而只是围岩坍塌失稳的前兆。除非渐进的强度破坏引起的变形积累超过其变形能力,围岩才会坍塌失稳。因此,"变形过度"才是围岩坍塌失稳的"充分条件"。

一些隧道在施工中,发生不同规模的围岩坍塌失稳,正是对变形积累没有加以有效控制的结果。因此,对于流变性岩体,尤其是流变性很强的岩体,在施工中要特别注意及时量测和掌握其变形动态,并对其变形量和变形速度加以及时、有效的控制,以保证围岩的稳定与安全。

## 二、围岩局部破坏对围岩稳定性的影响

工程实践表明,整体性较好的围岩空间效应较好,可能会因各种因素的影响而导致局部岩块塌落,但一般不会导致围岩整体坍塌失稳。镶嵌结构的块状围岩,其空间效应的可变性较强,常常由于"关键岩块"的塌落,带动邻近岩块塌落,并迅速发展为围岩整体失稳。有一定空间效应的散体结构围岩,虽然会产生比较大的变形,并长时间不能停止,但却可以保持较长一段时间不坍塌。只有完全没有空间效应的散体结构围岩,才会表现为随挖随塌,或不挖自塌,基本不能自稳。

围岩的局部稳定性与整体稳定性的关系,并不是单纯的必然关系,而是受多重因素共同影响的极其复杂的关系。开挖坑道后,围岩是否稳定,不仅取决于围岩二次应力作用与

强度、变形能力和结构特征的比较,更受到隧道工程结构条件和施工条件等多方面因素的影响。只有当岩体的"强度破坏"造成的"局部塑性变形"发展为"整体变形过度",才会导致围岩整体失稳。由此看来,在一定的工程结构条件下和一定的施工条件下,岩体的"强度破坏和整体变形过度"才是围岩整体坍塌失稳的"充要条件"。

### 三、隧道结构条件对围岩稳定性的影响

隧道结构条件对围岩稳定性的影响,主要表现在坑道横断面的形状和大小两个方面。

(1)坑道横断面形状与围岩稳定性的关系。

坑道横断面形状(尤其是顶部形状)与围岩稳定性的关系,可以用围岩的"自然成拱作用"来解释,即自然界地层中的天然洞室,其顶部形状都趋向于形成穹隆形(拱形)。工程实际中,为了符合自然成拱条件,一般将坑道横断面设计为"马蹄形"。当水平应力不大时,坑道横断面两侧可简化为直边墙。当坑道底部无上鼓力时,坑道横断面底部可简化为直底板。

(2)坑道横断面大小与围岩的稳定性的关系。

坑道横断面大小与围岩的稳定性的关系,可以用"围岩的相对稳定性"来解释,即坑道横断面越大,围岩的相对稳定性越低;反之,则相对稳定性提高。工程实际中,主要是用开挖方法即开挖成型方法来解决和协调这一关系。

### 四、施工条件对围岩稳定性的影响

在对隧道围岩进行稳定性分析时,为了方便而对其所处的建筑环境条件作了一些简化,且基本上没有考虑施工方法和施工过程(时间因素)的影响。然而,实际的隧道围岩所处的建筑环境条件要比假定的条件复杂得多,而且施工方法和施工过程的影响也是客观存在和不可避免的。

因此,在进行隧道围岩稳定性分析时,不仅要尽可能使假设条件与围岩所处的建筑环境条件相接近、与围岩的力学特性相接近、与围岩的原始应力状态等静态因素相接近,而且要充分考虑隧道施工方法、施工过程、施工速度和应力重分布等动态因素的影响。

## 资料三 围岩稳定性分级

### 一、分级的目的和原则

**1. 分级目的**

岩体所处的地质环境是千差万别的,围岩给隧道工程带来的问题也是各式各样的。

人们对地下空间的要求各不相同,但对每一种特定要求下的地质环境和工程问题,不可能都有现成的经验,也没有必要逐一进行从理论到试验的全方位研究。因此,为了工程应用的便利,有必要将围岩按其稳定性的好坏(稳定能力的强弱)划分为有限个级别,以便针对不同的级别,确定支护参数和施工方法。

2. 分级原则

由于围岩稳定与否是多种因素共同作用的结果,而且各因素之间还有一定的相互影响。因此,为了使分级合理,而分级方法又不至于太复杂,在对围岩稳定性进行分级时,不是同时将所有影响因素都考虑在分级之中,而是以几个主要影响因素作为分级指标,将围岩稳定性划分为几个基本级别。然后在此基础上,根据各次要因素和不确定因素对围岩稳定性的影响程度,对围岩稳定性的基本级别进行调整处理。

隧道工程围岩稳定性分级的原则有如下几点:

(1)分级目的明确、形式简单、级数适中。

(2)分级指标清晰、便于识别、易于区分。

(3)分级数据易得、便于定量、易于划分。

## 二、公路隧道围岩稳定性分级

《公路隧道设计规范 第一册 土建工程》(JTG 3370.1—2018)对围岩稳定性的级别划分采用两步分级:

(1)根据岩石的坚硬程度和岩体的完整程度两个基本因素的定性特征和定量的岩体基本质量指标 BQ,进行初步分级;

(2)在岩体基本质量分级基础上,考虑修正因素的影响,修正岩体基本质量指标值,得出基本质量指标修正值[BQ],再结合岩体的定性特征进行综合评判,确定围岩的详细分级。

根据调查、勘探、试验等资料,隧道岩质围岩定性特征、岩体基本质量指标 BQ 或岩体修正质量指标[BQ]、土质围岩中的土体类型、密实状态等定性特征,按表 3-3-1 确定围岩级别。当围岩岩体主要特征定性划分与根据 BQ 或[BQ]值确定的级别不一致时,应重新审查定性特征和定量指标计算参数的可靠性,并对它们重新观察、测试。

公路隧道围岩级别划分　　　　表 3-3-1

| 围岩级别 | 围岩岩体或土体主要定性特征 | 岩体基本质量指标 BQ 或岩体修正质量指标[BQ] |
|---|---|---|
| Ⅰ | 坚硬岩,岩体完整 | >550 |
| Ⅱ | 坚硬岩,岩体较完整;<br>较坚硬岩,岩体完整 | 550~451 |
| Ⅲ | 坚硬岩,岩体较破碎;<br>较坚硬岩,岩体较完整;<br>较软岩,岩体完整,整体状或巨厚层状结构 | 450~351 |

续上表

| 围岩级别 | 围岩岩体或土体主要定性特征 | 岩体基本质量指标 BQ 或岩体修正质量指标[BQ] |
|---|---|---|
| Ⅳ | 坚硬岩,岩体破碎;<br>较坚硬岩,岩体较破碎~破碎;<br>较软岩,岩体完整~较完整;<br>软岩,岩体完整~较完整 | 350~251 |
| Ⅳ | 土体:<br>1. 压密或成岩作用的黏性土及砂性土;<br>2. 黄土($Q_1$、$Q_2$);<br>3. 一般钙质、铁质胶结的碎石土、卵石土、大块石土 | — |
| Ⅴ | 较软岩,岩体破碎;<br>软岩,岩体较破碎~破碎;<br>全部极软岩和全部极破碎岩 | ≤250 |
| Ⅴ | 一般第四系的半干硬至硬塑的黏性土及稍湿至潮湿的碎石土、卵石土、圆砾、角砾土及黄土($Q_3$、$Q_4$)。非黏性土呈松散结构,黏性土及黄土呈松软结构 | — |
| Ⅵ | 软塑状黏性土及潮湿、饱和粉细砂层、软土等 | — |

注:1. 本表不适用于特殊条件的围岩分级,如膨胀性围岩、多年冻土等。
　　2. $Q_1$ 黄土与 $Q_2$ 黄土分别为早更新世黄土(老第四纪黄土,也称午城黄土)与中更新世黄土(中第四纪黄土,也称离石黄土),它们一般称为老黄土;$Q_3$ 黄土和 $Q_4$ 黄土分别为晚更新世黄土(新第四纪黄土,也称马兰黄土)和全新世黄土(也称现代黄土),它们一般称为新黄土。

## 三、其他分级方法

《铁路隧道设计规范》(TB 10003—2016)推荐的围岩稳定性分级方法是:以围岩的结构特征、完整状态、岩体强度和围岩的弹性波速度($v_p$)作为基本分级指标,将围岩划分为Ⅰ~Ⅵ共六个基本级别;然后适当考虑地下水和地应力对围岩稳定性的影响程度,对基本级别予以适当修正,见表3-3-2。

**铁路隧道围岩稳定性基本分级表**　　表3-3-2

| 围岩级别 | 围岩主要工程地质条件 | | 围岩开挖后的稳定状态(小跨度) | 围岩基本质量指标 BQ | 围岩弹性纵波速度 $v_p$(km/s) |
|---|---|---|---|---|---|
| | 主要工程地质特征 | 结构特征和完整状态 | | | |
| Ⅰ | 硬质岩,饱和单轴抗压强度 $R_c$>60MPa,受地质构造运动影响轻微,节理不发育,无软弱面或夹层,层状岩体为厚层,层间结合良好 | 呈巨块状整体结构 | 围岩稳定,无坍塌,可能产生岩爆 | >550 | A:>5.3 |

续上表

| 围岩级别 | 围岩主要工程地质条件 | | 围岩开挖后的稳定状态（小跨度） | 围岩基本质量指标BQ | 围岩弹性纵波速度 $v_p$(km/s) |
|---|---|---|---|---|---|
| | 主要工程地质特征 | 结构特征和完整状态 | | | |
| Ⅱ | 硬质岩，$R_c>30$MPa，受地质构造运动影响较重，节理较发育，有少量软弱面（或夹层）和贯通微张节理，但其产状及组合关系不致产生滑动，层状岩体为中层或厚层，层间结合一般，很少有分离现象，或为硬质岩石偶夹软质岩石 | 呈巨块状或大块状结构 | 暴露时间长，可能会出现局部小坍塌，侧壁稳定，层间结合差的平缓岩层，顶板易塌落 | 550～451 | A:4.5～5.3<br>B:>5.3<br>C:>5.0 |
| Ⅲ | 硬质岩，$R_c>30$MPa，受地质构造运动影响严重，节理发育，有层状软弱面或夹层，但其产状及组合关系尚不致产生滑动，层状岩体为薄层或中层，层间结合差，多有分离现象，或为硬、软质岩石互层 | 呈块、碎（石）状镶嵌结构 | 拱部无支护时，可产生小坍塌，侧壁基本稳定，爆破震动过大易坍塌 | 450～351 | A:4.0～4.5<br>B:4.3～5.3<br>C:3.5～5.0<br>D:>4.0 |
| | 软质岩，$R_c=15\sim30$MPa，受地质构造运动影响较重，节理较发育，层状岩体为薄层、中层或厚层，层间结合一般 | 呈大块状结构 | | | |
| Ⅳ | 硬质岩，$R_c>30$MPa，受地质构造运动影响很严重，节理很发育，层状软弱面或夹层已基本被破坏 | 呈碎石状压碎结构 | 拱部无支护时可产生较大的坍塌，侧壁有时失去稳定 | 350～251 | A:3.0～4.0<br>B:3.3～4.3<br>C:3.0～3.5<br>D:3.0～4.0<br>E:2.0～3.0 |
| | 软质岩，$R_c\approx5\sim30$MPa，受地质构造运动影响较重或严重，节理较发育或发育 | 呈块、碎（石）状镶嵌结构 | | | |
| | 土体：<br>1.具压密或成岩作用的黏性土、粉土及砂类土；<br>2.黄土（$Q_1,Q_2$）；<br>3.一般钙质、铁质胶结的碎、卵石土和大块石土 | 1、2呈大块状压密结构，3呈巨块状整体结构 | | | |
| Ⅴ | 岩体：较软岩、岩体破碎；软质、岩体较破碎至破碎；全部极软岩及全部极破碎岩（包括受构造影响严重的破碎带） | 呈角砾碎石状松散结构 | 围岩易坍塌，处理不当会出现大坍塌，侧壁经常出现小坍塌，浅埋时易出现地表下沉（陷）或坍塌至地表 | ≤250 | A:2.0～3.0<br>B:2.0～3.3<br>C:2.0～3.0<br>D:1.5～3.0<br>E:1.0～2.0 |
| | 土体：一般第四系坚硬、硬塑黏性土，稍密以上、稍湿或潮湿的碎石土、卵石土、圆砾土、角砾土、粉土及黄土（$Q_3,Q_4$） | 非黏性土呈松散结构，黏性土及黄土呈松软结构 | | | |

续上表

| 围岩级别 | 围岩主要工程地质条件 | | 围岩开挖后的稳定状态（小跨度） | 围岩基本质量指标 BQ | 围岩弹性纵波速度 $v_\mathrm{p}$（km/s） |
|---|---|---|---|---|---|
| | 主要工程地质特征 | 结构特征和完整状态 | | | |
| Ⅵ | 岩体：受构造影响严重呈碎石、角砾及粉末、泥土状的富水断层带，富水破碎的绿泥石或炭质千枚岩<br><br>土体：软塑状黏性土，饱和的粉土、砂类土等，风积沙，严重湿陷性黄土 | 黏性土呈易蠕动的松软结构，砂性土呈潮湿松散结构 | 围岩极易坍塌变形，有水时土砂常与水一起涌出，浅埋时易坍塌至地表 | — | <1.0（饱和状态的土<1.5） |

注：1. 弹性纵波速度中 A、B、C、D、E 系指岩性类型，参考表 3-3-3。
2. 关于隧道围岩分级的基本因素和围岩基本分级及其修正方法，可参照《铁路隧道设计规范》（TB 10003—2016）附录 B 的方法确定。
3. 围岩分级宜采用定性分级与定量分级相结合的方法，综合分析确定围岩级别。
4. 强膨胀岩（土），第三系富水弱胶结砂泥岩、岩体强度应力比小于 0.15 的高地应力软岩等，属于特殊围岩（T），相应工措施应进行针对性的特殊设计。

岩性类型的划分    表 3-3-3

| 岩性类型 | 代表岩性 |
|---|---|
| A | 岩浆岩（花岗岩、闪长岩、正长岩、辉绿岩、安山岩、玄武岩、石英粗面岩、石英斑岩等）；<br>变质岩（片麻岩、石英岩、片岩、蛇纹岩等）；<br>沉积岩（熔结凝灰岩、硅质砾岩、硅质石灰岩等） |
| B | 沉积岩（石灰岩、白云岩等碳酸盐类） |
| C | 变质岩（大理岩、板岩等）；<br>沉积岩（钙质砂岩、铁质胶结的砾岩及砂岩等） |
| D | 第三纪沉积岩类（页岩、砂岩、砾岩、砂质泥岩、凝灰岩等）；<br>变质岩（云母片岩、千枚岩等），且岩石单轴饱和抗压强度 $R_\mathrm{c}>15\mathrm{MPa}$ |
| E | 晚第三纪～第四纪沉积岩类（泥岩、页岩、砂岩、砾岩、凝灰岩等），且岩石单轴饱和抗压强度 $R_\mathrm{c}\leqslant 15\mathrm{MPa}$ |

除了铁路隧道分级方法外，用于隧道及地下工程的围岩分级方法，还有以下几种，需用时可查阅有关资料。

(1) 岩石坚固性系数（$f$）分类法和岩体坚固性系数（$f_\mathrm{m}$）分类法。
(2) 泰沙基岩体荷载高度（$h_\mathrm{q}$）分类法。
(3) 岩石质量（RQD）分类法和岩体质量（Q）分类法。
(4) 围岩自稳时间（$T_\mathrm{s}$）分类法。

(5)弹性波速度($v_p$)分类法。

(6)《岩土锚杆与喷射混凝土支护工程技术规范》(GB 50086—2015)中规定的围岩分级法。

需要说明的是:岩石坚固性系数($f$)分类法因不能准确反映围岩稳定性,已经不适用。岩石质量(RQD)分类法和岩体质量($Q$)分类法是在岩石坚固性系数($f$)分类法的基础上改进来的,它引入了结构面对围岩稳定性影响的概念,但只适用于石质围岩。

围岩自稳时间($T_s$)分类法因时间跨度太大也不实用。

泰沙基岩体荷载高度($h_q$)分类法虽然简单、直观、易于理解,但经验性很强,也不够精确和严密。这种分类法奠定了松弛荷载理论的基础。

弹性波速度($v_p$)分类法采用数字化分类指标,不直观,对专业性要求较高。

《岩土锚杆与喷射混凝土支护工程技术规范》(GB 50086—2015)规定围岩分级采用多因素定性与定量指标相结合的方法完成。

1. 影响围岩稳定的因素有哪些?什么是自然成拱作用?
2. 岩体力学性质的影响因素有哪些?是如何影响的?
3. 岩体的力学性质反映在哪几个方面?
4. 岩体的结构分为哪几类?其破坏特征如何?
5. 围岩的破坏失稳形态有哪几种?
6. 对围岩稳定性的定性解释有哪些?
7. 围岩的稳定性分级的目的和原则是什么?共分为多少级?

# 学习任务四
# 理解隧道设计

## ☞ 学习目标

1. 理解：隧道位置选择的基本原则、结构设计的基本原则；
2. 理解：隧道支护结构基本参数。

## 资料一　隧道横断面设计

在有关隧道设计的教材或资料中，已述及隧道在线路上的作用。铁路、公路交通线路上的隧道的作用有三个方面：穿越分水岭，缩短线路长度；降低线路拔起高度，减缓线路坡度；穿过稳定山体，避开不良地质条件地段，获得线路稳定。隧道平纵横设计原则：平面"宜直不宜弯"，纵断面"宜坡不宜平"，尽可能采用单坡型。洞口位置选择原则：早进晚出，避开沟心，避开不良地质条件，尽可能地设在山体稳定、地质较好、地下水不太丰富的地方。

前已述及，隧道设计可分为建筑设计、结构设计和施工设计。

隧道建筑设计：根据隧道在交通线上的作用，地形、地质条件以及隧道与线路之间的关系，选择隧道位置，并进行隧道平面、纵断面和横断面设计。其中，隧道横断面设计就是根据车辆限界确定隧道建筑限界。

隧道结构设计：在隧道位置选定，平面、纵断面和横断面设计已完成的基础上，根据隧道所穿越地层的工程地质条件即围岩的稳定能力的强弱，拟定相应的支护参数，并提出相应的施工方案。其中，隧道支护参数包括隧道衬砌的内轮廓（即净空）、结构轴线、截面厚度、结构形式、材料种类、施工方法（工艺）等。本部分简要介绍隧道横断面设计、隧道支护结构设计的有关内容。

隧道施工设计见学习任务一中的资料一。

## 一、隧道建筑限界和净空

### 1. 公路隧道建筑限界

隧道建筑限界指为保证隧道内各种交通的正常运行与安全,而规定在一定宽度和高度范围内不得有任何障碍物的空间限界。在进行隧道设计时,可根据实际及预测的交通量情况,确定车道数,然后参考《公路隧道设计规范》(JTG 3370.1—2018)拟定限界尺寸。公路隧道建筑限界由行车道宽度($W$)、侧向宽度($L$)、人行道($R$)或检修道($J$)等组成,当设置人行道时,含余宽($C$),如图4-1-1所示。

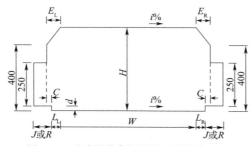

图4-1-1　公路隧道建筑限界(尺寸单位:cm)

$H$-建筑限界高度;$W$-行车道宽度;$L_L$-左侧侧向宽度;$L_R$-右侧侧向宽度;$C$-余宽;$J$-修道宽度;$R$-人行道宽度;$d$-检修道或人行道的高度;$E_L$-建筑限界左顶角宽度,包含余宽$C$;$E_R$-建筑限界右顶角宽度,包含余宽$C$

各级公路两车道隧道建筑限界宽度应不小于表4-1-1的基本宽度,并应符合下列规定:

(1)建筑限界高度:高速公路、一级公路、二级公路取5.0m;三、四级公路取4.5m。

(2)设检修道或人行道时,检修道或人行道宜包含余宽;不设置检修道或人行道时应设不小于0.25m的余宽。

(3)隧道路面横坡:隧道为单向交通时,应设置为单面坡;隧道为双向交通时,可设置为双面坡;横坡坡率可采用1.5%~20%,宜与洞外路面横坡坡率一致。

(4)路面采用单面坡时,建筑限界底边线与路面重合;采用双面坡时,建筑限界底边线应水平置于路面最高处。

(5)单车道四级公路的隧道应按双车道四级公路标准修建。

### 2. 铁路隧道建筑限界

2016年,国家铁路局发布了《铁路隧道设计规范》(TB 10003—2016),规定了铁路直线隧道建筑限界的形状和尺寸,以提供足够的设备安装空间,并作为设计隧道支护结构的依据。《铁路隧道设计规范》(TB 10003—2016)根据不同的设计时速和不同的牵引方式,对铁路隧道限界做了规定,可详见此规范附录A。图4-1-2所示为客货共线铁路隧道建筑限界($v \leq 160$km/h)内燃牵引区段的隧道建筑限界。

两车道公路隧道建筑限界横断面组成及基本宽度(单位:m)　　表 4-1-1

| 公路等级 | 设计速度 (km/h) | 车道宽度 | 侧向宽度 | | 余宽 C | 检修道宽度 J 或人行道宽度 R | | 建筑限界 基本宽度 |
| --- | --- | --- | --- | --- | --- | --- | --- | --- |
| | | | 左侧 $L_L$ | 右侧 $L_R$ | | 左侧 | 右侧 | |
| 高速公路、一级公路 | 120 | 3.75×2 | 0.75 | 1.25 | 0.50 | 1.00 | 1.00 | 11.50 |
| | 100 | 3.75×2 | 0.75 | 1.00 | 0.25 | 0.75 | 0.75 | 10.75 |
| | 80 | 3.75×2 | 0.50 | 0.75 | 0.25 | 0.75 | 0.75 | 10.25 |
| | 60 | 3.50×2 | 0.50 | 0.75 | 0.25 | 0.75 | 0.75 | 9.75 |
| 二级公路 | 80 | 3.75×2 | 0.75 | 0.75 | 0.25 | 1.00 | 1.00 | 11.00 |
| | 60 | 3.50×2 | 0.50 | 0.75 | 0.25 | 1.00 | 1.00 | 10.00 |
| 三级公路 | 40 | 3.50×2 | 0.25 | 0.25 | 0.25 | 0.75 | 0.75 | 9.00 |
| | 30 | 3.25×2 | 0.25 | 0.25 | 0.25 | 0.75 | 0.75 | 8.50 |
| 四级公路 | 20 | 3.00×2 | 0.50 | 0.50 | 0.25 | — | — | 7.50 |

注:三车道、四车道隧道除增加车道数外,其他宽度同表 4-1-1;增加车道的宽度不应小于 3.5m。

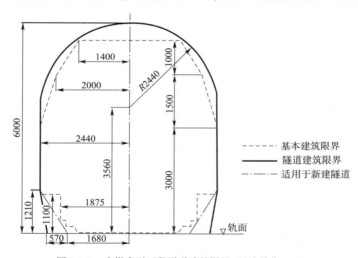

图 4-1-2　内燃牵引区段隧道建筑限界(尺寸单位:mm)

铁路隧道限界与公路隧道限界不同,铁路隧道限界在曲线段上需要加宽,加宽的方式可采用曲线内侧加宽或曲线外侧加宽,曲线上建筑限界的加宽范围包括全部圆曲线、缓和曲线和部分直线。加宽方法可采用如图 4-1-3 所示阶梯型方式,或采用曲线圆顺方式。

3. 公路、铁路隧道净空

公路(铁路)隧道净空是指路面(轨面)以上衬砌内轮廓线所包围的空间。隧道净空的大小应以不侵入隧道建筑限界为准。在此条件下,要使隧道净空有较高的面积利用率,宜小不宜大,以够用为度。而且要使隧道衬砌结构受力合理,并尽量简化断面形状,以便于施工。因此,在隧道横断面设计和施工时,实际隧道净空尺寸均比规定的建筑限界略大一些,形状也简单一些。

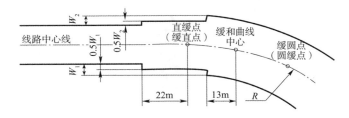

图 4-1-3　曲线段加宽示意图

$W_1$-曲线内侧加宽宽度;$W_2$-曲线外侧加宽宽度;$R$-曲线半径

高速铁路隧道横断面净空大小,是在满足隧道建筑限界和上述各项空间要求的基础上,增加考虑降低隧道内高速列车空气动力效应,适当加大隧道横断面的大小;同时考虑衬砌结构受力合理,而适当调整衬砌形状,最后获得合理的隧道横断面。

## 二、二次衬砌、单层衬砌断面的拟定

**1. 拟定原则、设计方法**

二次衬砌或单层衬砌断面的拟定原则、设计方法是相同的。二次衬砌或单层衬砌断面的形状和厚度决定着其本身结构受力的合理性;其外轮廓线的形状则决定着坑道断面的形状,并继而影响着围岩的稳定。

建筑限界确定以后,隧道二次衬砌或单层衬砌断面净空应大小适中,以够用为度,满足各项功能性构造要求,即内轮廓线应以不侵入隧道建筑限界为准;衬砌断面的形状应满足结构受力合理的要求,并尽量简化内轮廓线形状,以便于施工(模板形状简单)。

采用工程类比方法拟定隧道衬砌结构断面形状和尺寸,需要做出三个方面的选择:第一是选定衬砌(指单层衬砌或二次衬砌)断面的大小,即确定所需内轮廓(即净空)的尺寸大小,保证车辆安全通过;第二是选定衬砌断面计算轴线的形状,调整并保证衬砌结构受力合理且形状简单;第三是选定衬砌的厚度,验算并保证衬砌结构有足够的强度、刚度和稳定性。

二次衬砌按承受后期围岩压力来设计,单层衬砌按承受全部围岩压力来设计。现代隧道工程中,仍然主要采用工程类比设计法来进行二次衬砌的设计,即比照以往隧道工程的经验,先拟定一种结构断面形状和尺寸,按照这个断面尺寸来验算在围岩压力作用下的内力。如果断面强度不足,或是断面富余太多,则需要调整断面形状和尺寸,重新计算,直至合适为止,如图 4-1-4 所示。

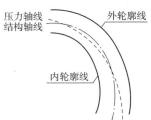

图 4-1-4　衬砌断面的拟定示意图

由于隧道衬砌是处在地下的超静定结构,加之受到工程地质条件多样性和施工因素的影响,围岩压力的大小和分布状态具有不确定性,人们在实际隧道工程的设计和施工中,不能直接用结构力学方法计算出合适的结构尺寸,也就很难满足以上要求,有时甚至相去甚远。这是传统松弛荷载理论难以解决的问题。采用现代围岩承载理论仍然存在二次衬砌受力是否合理的问题,只是由于初期支护的改进,二次衬砌的受力状态才有较大程度的改善。

2. 内轮廓线(横断面净空)

衬砌的净空必须保证车辆安全通过,即衬砌结构内轮廓的任何部位都不得侵入隧道建筑限界以内。同时又应尽量减小坑道土石的开挖量和衬砌结构的圬工量。因此,衬砌结构的内轮廓线总是在隧道建筑限界以外,贴近限界但不随着限界曲折。圆顺的内轮廓,既可以简化结构外形,使施工简单方便,又可以避免凹陷处产生应力集中,使结构受力均匀合理。

3. 结构轴线(横断面形状)

衬砌横断面的形状是用结构轴线来表示的。因此,结构轴线的形状不仅决定着衬砌横断面的形状及衬砌结构受力的合理性,也影响着坑道横断面的形状及围岩的二次应力状态和稳定状态。

前已述及,就坑道而言,工程实际中,为了符合自然成拱条件,一般将坑道横断面设计为马蹄形,这样围岩的二次应力状态最有利于稳定。相应的支护结构则为高拱形受压结构。这里所谓的高拱形受压结构,主要指以混凝土或钢筋混凝土为材料的二次衬砌或单层衬砌,也可以广义地将其理解为包括围岩在内的整个隧道"结构承载环"。

高拱形受压结构的轴线应尽可能地与荷载作用下的压力线相重合。若是两线重合,结构的各个截面都只承受压力而无拉力,这样最有利于拱形结构的稳定和混凝土材料高抗压性能的发挥。

但是,由于围岩与衬砌之间接触应力的复杂性和多变性,实际上很难做到两线完全重合。因此,只能要求结构轴线尽可能地接近于荷载压力线,使各个断面上主要承受压应力,而尽可能少地出现拉应力,即使出现,拉应力也是比较小的。

根据工程实践和以上要求可知:当衬砌承受径向分布的静水压力时,结构轴线以圆形为最合适;当衬砌主要承受竖向荷载和不大的水平荷载时,衬砌结构轴线上部宜采用圆弧形或尖拱形,两侧可以做成直线形(即直边墙);当衬砌在承受竖向荷载的同时,又承受较大的水平荷载时,衬砌结构的轴线上部宜采用圆弧形或平拱形,两侧可采用凸向外的圆弧形(即曲边墙);如果还有底鼓压力,则衬砌结构轴线底部还应有凸向下的仰拱为宜。

当然,除主要通过调整衬砌结构轴线形状来满足拱形结构的受力要求以外,还可以通过调整衬砌结构的断面厚度来满足拱形结构的受力要求(辅助性调整)。

4. 断面厚度(断面强度能力)

衬砌各断面的厚度是结构轴线确定以后的重点设计内容,要判断在设定厚度下的断面是否有足够的强度。从施工的角度出发,断面的厚度不应太薄,太薄将使施工操作困难且不易保证质量。最小厚度是一个限制性要求,而不是设计值。

关于二次衬砌截面厚度设计,可参考《公路隧道设计规范 第一册 土建工程》(JTG 3370.1—2018)关于隧道衬砌构造要求部分的规定,二次衬砌和隧道建筑物各部结构的截面最小厚度可参照表 4-1-2 执行,实际厚度应按其承受后期围岩压力的大小来确定。

隧道各部结构截面最小厚度表(mm)　　　　表 4-1-2

| 建筑材料种类 | 隧道和明洞衬砌 | | | 洞门端墙、翼墙和洞口挡土墙 |
|---|---|---|---|---|
| | 拱圈 | 边墙 | 仰拱 | |
| 混凝土 | 200 | 200 | 200 | 300 |
| 片石混凝土 | — | — | — | 500 |

# 资料二　隧道支护结构设计

## 一、支护作用和支护结构设计基本原则

在隧道及地下工程中,人们对围岩的认识是:围岩具有"三位一体"特性。所谓围岩的"三位一体"特性是指:围岩既是产生围岩压力的原因(岩体处于应力场中),又是承受压力的结构(岩体的自承载作用),而且是构成这个结构的天然材料(非人工材料)。

基于对围岩的这种认识,人们又进一步认识到围岩与支护的基本关系是:围岩是工程加固的对象,支护只是加固的手段;围岩是隧道结构体系的基本承载部分,支护是隧道结构体系的辅助承载部分;围岩是不可替代的天然结构主体,支护是可以选择的人工结构部分。这个认识,确立了"围岩"作为隧道结构体系的基本承载部分且不可替代的主体地位,同时也确立了"支护"作为隧道结构体系的辅助承载部分且可以选择的次要地位(而各种附属设施则应根据隧道的种类及功能需求配置)。在隧道结构设计和施工时,将围岩作为隧道结构的主体,首先判定其稳定能力,然后选择相应的支护加固措施。这正是用现代隧道围岩承载理论解决隧道工程问题的思路(这个思路与传统松弛荷载理论有着根本的区别)。

基于对围岩"三位一体"特性和对围岩与支护基本关系的认识,人们针对围岩稳定能力不足的工程实际,提出了利用支护来帮助围岩获得稳定的工程措施,并进一步总结出提供支护帮助的基本原则:围岩不稳,支护帮助,遇强则弱,遇弱则强,按需提供,先柔后刚,量测监控,动态调整。这就是现代围岩承载理论关于隧道支护结构设计的基本原则。

这个基本原则的含义是:在围岩稳定性很好,能够满足可靠度要求时,开挖坑道后,只需做必要的安全防护,而不需设人工支护结构。此时,围岩就是隧道支护结构,即围岩表现出完全"三位一体"特性。

在围岩稳定性不足,不能满足可靠度要求时,就必须加设人工支护结构,以帮助围岩获得稳定,保证隧道安全可靠。提供帮助的多少(支护的刚柔),主要取决于围岩稳定能力的强弱。对稳定性好的围岩,可提供少一些、弱一些的支护;而对稳定性差的围岩,则应提供多一些、强一些的支护。

提供人工支护结构的时机、过程、结构形式、材料品种、支护性能,均可以根据围岩的需要来选择和调整。提供支护的过程也可以分次施作,先柔后刚。对支护参与围岩共同工作的状态和效果,采用量测技术手段来加以监视、控制和评价,以指导提供支护的时机和支护参数的调整,并最终形成稳定的承载环或加固区。

## 二、支护结构的设计程序

现代围岩承载理论关于隧道支护结构设计的基本程序为:
(1)根据隧道使用年限及重要性,确定安全系数。
(2)在满足建筑限界要求、功能要求和构造要求,保证隧道净空大小够用的条件下,依据围岩稳定能力的强弱、岩体结构类型、围岩压力的作用和分布状态,应用工程类比方法,初步拟定支护结构的横断面几何形状和尺寸等各项支护参数。
(3)然后应用理论计算方法验算支护结构内力及围岩内应力,并调整横断面几何形状和尺寸,使支护受力状态及围岩应力分布均趋于合理。
(4)在施工过程中对"围岩-支护"结构体系的力学动态进行必要而有效的现场监控量测,以验证各项参数的合理性,发现和控制施工过程中出现的不良状况,并依据实际状况的变化对相应的支护参数乃至施工方案予以及时调整和修改。

## 三、支护结构的设计方法

现代隧道工程围岩承载理论的一个最大特点是"勘测、设计、施工一体化"。这主要是指支护的设计应做到勘测、设计、施工紧密配合,不分离。在隧道施工过程中,根据实际的围岩动态来进行支护设计是最经济、合理和有效的,也就是要将勘测、设计工作贯穿到施工的全过程中。这是人类在解决隧道及地下工程问题过程中,由传统的设计、施工概念向现代概念的一大跃进,也是在解决隧道及地下工程问题的思路上区别于地面工程的一个重要特征。这种"一体化思想"体现在设计方法上,就是多种方法并用、互相补充、互相验证,并与施工紧密相结合来完成支护结构体系设计,以使支护结构更接近隧道工程实际,更趋于经济、合理。

值得注意的是,无论是初期支护还是后期支护,它们一旦参与工作,就与围岩共同构成了一个完整的复合结构体系。只是由于要求它们发挥的作用有所侧重,两者所采用的材料不同、力学性能不同、承受荷载大小不同、参与工作的时机不同以及参与方式(融合程度)不同等,使得初期支护和后期支护两部分设计时,所建立的力学模型、力学分析方法和计算方法有些区别。

1. 工程类比设计法

工程类比设计法主要是在编制围岩分级表的基础上,比照已建类似工程的锚喷支护参数、二次衬砌参数以及施工方法和工艺流程等经验,结合拟建工程的围岩等级与工程尺寸等条件,直接确定拟建工程的初期支护参数、二次衬砌参数,并同时提出施工方法和工艺流程建议的设计方法。

工程类比设计法发展最早,在应用传统的松弛荷载理论进行隧道整体式衬砌(即单层衬砌)设计时,工程类比设计法用得最多。目前,工程类比设计法仍然是隧道支护设计中应用最广泛和最实用的设计方法。国内有关初期支护——锚喷支护的规范[如《岩土锚杆与喷射混凝土支护工程技术规范》(GB 50086—2015)]仍以此法为主,同样,后期支护——二次衬砌的设计也采用工程类比设计法。

工程类比设计法与设计者的实践经验关系很大,更与拟建隧道工程与已建类似工程在技术经济指标、工程地质条件等方面的差异关系很大。所以,要进行严格的类比也是比较困难的。

2. 现场监控设计法

现场监控设计法又称信息设计法,它是以现场量测为手段、以量测信息为设计依据,来确定支护参数、支护时机、施工方法和工艺流程的设计方法。

这种设计方法,将量测的结果反馈到设计施工中,使得支护的设计和施工工艺流程更符合或接近隧道及地下工程的现场实际,也能够更好地适应多变的地质条件和各种不同的施工条件,因而它比工程类比设计法和理论计算设计法更为实用可靠,这也是当前此法在软弱地层设计中迅速发展的原因。

然而,根据量测信息来判断围岩动态的经验性很强,且受量测地段的选择、量测数据的处理、量测技术的水平、施工条件的变动等多重因素的影响,使得对围岩动态判断的准确程度难以把握和评价,加之量测工作量大、耗资多、对施工有一定干扰,因此其推广受到一些阻碍。

3. 理论计算设计法

理论计算设计法是在测得岩体和支护力学参数的前提下,根据围岩和支护的力学特性及共同工作关系,应用弹塑性理论和有限单元分析方法建立力学模型,通过计算确定支护参数的设计方法。其力学模型见图 4-2-1。

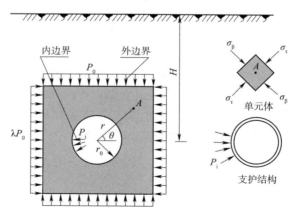

图 4-2-1 围岩-支护共同工作力学模型

其力学关系为:在支护阻力 $P_i$ 作用下,保证围岩不至于失稳的允许周边位移 $[u]$ 与支护的变形相等,即寻求一个最佳共同工作点,即最佳共同工作状态下的支护阻力 $P_E$ 和相应的支护参数。其数学表达式为:

$$[u] = F(P_E) = f(P_E) \tag{4-2-1}$$

围岩-支护的共同工作关系,可以用围岩位移特性曲线 $u = F(P_i)$ 和支护特性曲线 $u = f(P_i)$ 表达,如图 4-2-2 所示。

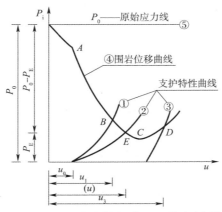

图 4-2-2　围岩-支护共同工作 $P_i$-$u$ 关系示意图

这种设计方法是基于岩体力学的发展,考虑围岩与支护共同作用而逐渐形成的。其具体的力学模型和计算方法主要是根据岩体的力学特性和结构类型而定。当前有近似的解析计算法和借助电子计算机的有限元、边界元等数值解法。后者能考虑弹性各向异性、节理裂隙等多方面因素,因而在工程设计中已逐步被采用。

但理论计算的发展尚不成熟,这主要是因为围岩地质状况复杂多变,其力学模型和岩体力学参数不易取准,支护作为边界条件的不确定性等原因,加之计算方法中很难反映施工方法、支护时机等因素的影响,使得理论计算设计法一般只作为辅助设计方法,其计算结果仅作为参考。

4.综合设计法

综上所述,隧道支护结构设计的三种方法各有利弊,单独每一种方法都有其局限性。从实际的发展情况来看,三种方法并用将是今后发展的方向,从而形成了"综合设计法"。目前正在国内外蓬勃兴起的反分析计算法,就是现场监控设计法和理论计算设计法的融合,它既较好地解决了岩体力学参数和地应力参数难以取准的问题,又进一步完善了现场监控设计法的反馈工作,当然,其初始参数的确定仍需借助于工程类比和工程设计经验。

综合设计法的设计程序是:用工程类比设计法先行初步设计(依据有关支护规范);再根据工程实际情况(主要是围岩力学特性和结构特征),选择适当的理论计算方法,分析洞室稳定性,验算初步设计的支护参数是否合理;然后在施工中对"围岩-支护"结构体系的力学动态进行必要而有效的现场监控量测,根据其提供的信息和围岩地质详勘结果(必要和可能时结合理论电算分析),把原设计和施工中与实际不符部分立即予以变更,使之与实际情况相符。

在上述综合设计法的设计程序中,三种方法的作用有所不同。工程类比设计法所确定的支护参数作为理论验算和现场监控设计的初选值,同时也作为编制工程预算和制订施工方案的初步依据;理论计算设计法作为对工程类比设计方案的理论论证,同时为分析支护的作用效果提供一些定性的或半定量的理论参考;现场监控量测作为对初选值和实际效果的现场检验,并据此对初选的支护参数加以调整,使之更合理、可靠、经济。当然在具体的设计中,根据围岩地质、力学特点的不同,三种方法的结合可以有所侧重。

## 四、支护的结构组成

前已述及,根据现代围岩承载理论关于隧道支护结构设计的基本原则,现代隧道工程设计和施工时,将隧道支护结构体系中为帮助围岩获得稳定的人工支护结构分为初期支护和二次衬砌两部分,构成复合衬砌。复合衬砌结构组成见表4-2-1。

**隧道支护的结构组成** 表4-2-1

| | | | | |
|---|---|---|---|---|
| 隧道支护<br>(复合衬砌) | 初期支护 | 锚喷支护<br>(常规支护) | 喷射混凝土<br>(加固围岩) | 素喷射混凝土 |
| | | | | 钢筋网喷射混凝土 |
| | | | | 钢纤维喷射混凝土 |
| | | | 锚杆<br>(加固围岩) | 系统锚杆 |
| | | | | 局部锚杆 |
| | | | 钢架(支护围岩) | 格栅钢架 |
| | | | | 型钢钢架 |
| | | 超前支护<br>(特殊支护) | 超前锚杆(加固前方围岩) | |
| | | | 超前小导管(支护前方围岩) | |
| | | | 超前管棚(支护前方围岩) | |
| | | 地层改良<br>(特殊措施) | 注浆加固<br>(加固围岩和堵水) | 超前小导管注浆 |
| | | | | 超前深孔帷幕注浆 |
| | | | 深层搅拌桩(加固围岩) | |
| | | | 冷冻固结法(临时固化围岩和地下水) | |
| | 二次衬砌 | 二次衬砌<br>(常规支护) | 混凝土衬砌(就地模筑) | |
| | | | 钢筋混凝土衬砌(就地模筑) | |
| | | | 喷射混凝土或钢纤维喷射混凝土 | |
| | | | 拼装衬砌 | |

## 五、初期支护的选择原则及组合形式

### 1. 初期支护的选择原则

隧道支护,仅仅是帮助围岩达成稳定的手段,隧道的稳定和可供使用才是隧道工程的直接目的。因此,无论是设计还是施工都应围绕这个目的来解决支护的有效性、安全性、经济性等问题。究竟采用何种形式的支护结构和多大的支护参数,应视实际隧道工程(围岩)地质条件、工程结构条件和工程施工条件来确定。

围岩承载理论关于"围岩不稳,支护帮助,遇强则弱,遇弱则强,按需提供,先柔后刚,监控量测,动态调整"的基本原则,也是根据围岩条件选择支护结构组合形式应遵循的基本原则。

一般而言,开挖坑道后,若围岩完全能够自稳,则无须人工支护。若围岩不能满足工程稳定和安全的要求,则必须加以人工支护结构,才能使其进入基本稳定状态。围岩自稳能力强的,支护就要弱,围岩自稳能力差的,支护就要强;且应优先采用柔性支护,以充分利用围岩固有的自稳能力。若能达成围岩稳定,就不必增加支护强度和刚度;若不能达成围岩稳定,就必须及时增加支护强度和刚度,甚至采用混凝土或钢筋混凝土等刚性衬砌。支护的强度和刚度大小应与围岩的稳定能力相适应,且应与围岩的变形动态相适应。

表4-2-2所示为在不同围岩条件下隧道初期支护结构类型的选择原则。

**初期支护结构类型的选择参考表**　　表4-2-2

| | 结构类型 | | 构造形式 | 适用条件 | | | | |
|---|---|---|---|---|---|---|---|---|
| | | | | 围岩稳定性好 | 围岩稳定性较好 | 围岩稳定性一般 | 围岩稳定性较差 | 围岩稳定性极差 |
| 初期支护 | 锚喷支护(常规支护) | 喷射混凝土(加固围岩) | 素喷射混凝土 | | | | | |
| | | | 钢筋网喷射混凝土 | | | | | |
| | | | 钢纤维喷射混凝土 | | | | | |
| | | 锚杆(加固围岩) | 系统锚杆 | | | | | |
| | | | 局部锚杆 | | | | | |
| | | 钢架(支护围岩) | 格栅钢架 | | | | | |
| | | | 型钢钢架 | | | | | |
| | 超前支护(特殊支护) | 超前锚杆(加固前方围岩) | 全长黏结锚杆 | | | | | |
| | | 超前小导管(支护前方围岩) | 超前小导管 | | | | | |
| | | 超前管棚(支护前方围岩) | 超前管棚 | | | | | |
| | 改良地层(特殊措施) | 注浆(加固围岩和堵水) | 超前小导管注浆 | | | | | |
| | | | 超前深孔帷幕注浆 | | | | | |
| | | 深层搅拌桩(加固围岩) | | 饱和软黏土及粉细砂地层 | | | | |
| | | 冷冻固结法(临时固化围岩和地下水) | | 适用于饱和含水地层 | | | | |

### 2. 初期支护的组合形式

各种单一支护材料和结构,各有其性能特点,尤其混凝土、锚杆、钢筋网和钢架四种基本支护材料和结构具有很强的兼容性,因此,在实际隧道工程中,为适应地质条件和结构条件的变化,常将各种单一支护材料和结构,按照适当的施工工艺进行恰当组合,共同构成较为合理的、有效的和经济的初期支护结构体系。这种组合形式的初期支护结构体系也是一种复合结构形式,可以称为"联合支护"。组合使用时,各部分的比例应根据各自的适应性和实际需要选择和调整。

对稳定性较好的坚硬完整围岩,一般采用喷射混凝土支护或锚喷支护。对层状围岩,宜采用锚喷支护或喷射混凝土支护;对于有可能失稳的层状岩体及软硬互层岩体,则必须以锚杆为主。对块状岩体,宜采用锚杆钢筋网喷射混凝土或钢筋网喷射混凝土支护。

对稳定能力很差的散体状和软弱围岩,则应在以上常规支护的基础上,增设钢架和临时仰拱,必要时,还可以增加采用"超前锚杆或超前小导管技术(必要时注浆)""超前管棚技术(必要时注浆)"等特殊技术措施,来构成有效的初期支护。

不同围岩条件下初期支护的结构组合见表4-2-3。

**不同围岩条件下初期支护的组合形式参考表**　　　　　表4-2-3

| 围岩条件 | 支护作用和主要目的 | 常规的支护 | 必要时增加 |
| --- | --- | --- | --- |
| 裂隙少的硬岩,围岩强度应力比大的软岩 | 防止围岩剥落,使围岩保持永久稳定 | ①喷射混凝土;<br>②局部锚杆 | 金属网(仅限于锚杆时) |
| 裂隙多的硬岩(裂隙缝明显,一般为块状) | ①承受部分初期围岩压力,防止坍塌;<br>②作为永久结构物,提高二次衬砌安全度 | ①喷射混凝土;<br>②有时采用局部锚杆 | ①钢架;<br>②超前支护 |
| 裂隙多的硬岩(裂隙缝内夹有黏土或极小的小块),围岩强度应力比比较小的软岩 | ①承受部分初期围岩压力,防止塌方冒顶;<br>②承受部分后期围岩压力(取决于初期支护构件的承载能力),提高二次衬砌安全度 | ①喷射混凝土;<br>②系统锚杆或局部锚杆; | ①钢架;<br>②超前支护 |
| 围岩强度应力比比较小的软岩或膨胀性围岩 | ①承受部分初期围岩压力,防止塌方冒顶;<br>②需要初期支护构件承受部分后期围岩压力,以控制围岩变形,且必须提供二次衬砌 | ①喷射混凝土;<br>②系统锚杆;<br>③钢架 | ①钢架;<br>②锚杆加固开挖面;<br>③注浆加固 |
| 土砂(覆盖层小) | ①承受部分初期围岩压力,防止塌方冒顶;<br>②需要初期支护构件承受部分后期围岩压力,且必须提供二次衬砌,以控制围岩变形、地表沉陷和隧道下沉 | ①喷射混凝土;<br>②有时边墙部位也设置系统锚杆 | ①钢架;<br>②超前支护;<br>③注浆加固 |

## 六、锚喷支护工程特点、作用和效果

### （一）锚喷支护工程特点

锚喷支护是在洞壁表面上先喷射一层混凝土，有时也同时施加锚杆，凝固以后形成一个薄层的柔性支护结构。它允许围岩产生有限的变形，充分发挥出围岩自身的承载能力，并与围岩共同构成基本稳定的结构体系。因而，锚喷支护与传统的钢木构件临时支撑相比较，在工程材料、施工工艺和受力的合理性等方面表现出明显的特点和优越性能。

1. 灵活性

锚喷支护是由喷射混凝土、锚杆、钢筋网等支护部件进行适当组合的支护形式，它们既可以单独使用，也可以组合使用。其组合形式和支护参数可以根据围岩的稳定状态、施工方法和进度、隧道形状和尺寸等加以选择和调整。它们既可以用于局部加固，也易于实施整体加固；既可一次完成，也可以分次完成。充分体现了"先柔后刚，按需提供"的原则。

2. 及时性

锚喷支护能在施作后迅速发挥其对围岩的支护作用。这不仅表现在时间上，即喷射混凝土和锚杆都具有早强性能，需要它时，它就能起作用；而且表现在空间上，即喷射混凝土和锚杆可以最大限度地紧跟开挖而施工，甚至可以利用锚杆进行超前支护。虽然构件支撑的最大优点是即时承载，而锚喷支护同样具有即时支护甚至超前支护作用，且能容纳必要的支撑构件（如格栅钢架）参与工作。

3. 密贴性

喷射混凝土能与坑道周边的围岩全面、紧密地黏结，使锚杆和钢筋网的点约束作用得以分配和改善，使其发挥协同作用；更可以填补洞壁的凹穴，使洞壁变得圆顺，减少应力集中，抵抗岩块之间沿节理的剪切和张裂，增强支护对围岩的有效约束，体现出"围岩-支护"一体化的力学分析和结构设计思想。

4. 深入性

锚杆能深入围岩体内部一定深度，对围岩起约束作用。这种作用尤其以适当密度的径向锚杆群（称为系统锚杆）的效果最为明显。系统锚杆在围岩中形成一定厚度的锚固区，锚固区内的岩体强度和整体性得以提高和加强，应力分布状态也得以改善，承载能力和稳定能力显著增强。此时，隧道的稳定性实际上就是指锚固区的承载能力和稳定能力。

另外，沿隧道轴线方向有一定外插角的超前锚杆或钢管，同样具有深入岩层内部对围岩起预支护的作用。它们也经常与系统锚杆、喷射混凝土一起发挥协同作用，这对于处理一般的工作面不稳定的问题颇有效果。

5. 柔韧性

锚喷支护具有"既能允许围岩产生有限变形，又能限制围岩过度变形且自身不被破坏"的特性——柔韧性。这主要是由于其施工工艺上的原因：一方面，钢筋网、锚杆具有很好的延展性，喷射混凝土也能喷得很薄，而且它们是分批次安装、分层次喷射的，因此表现出很好的柔性，从而与围岩协同变形，允许围岩塑性区产生适度变形，使围岩发挥出其自承能力。另一方面，锚杆可以深入围岩内部，将钢筋网与之连接，并通过喷射混凝土使之相互联合，进而与围岩紧密结合，表现出很好的韧性，即使产生较大的变形，也不会遭到破坏（协同作用），避免隧道因变形过度而导致坍塌。

6. 封闭性

喷射混凝土能全面及时地封闭围岩，这种封闭不仅阻止了洞内潮气和水对围岩的侵蚀作用，减少了膨胀性岩体的潮解、软化和膨胀，这是一种空间意义上的封闭。锚喷支护能从围岩表面到内部与围岩紧密结合，及时方便地对坑道周围薄弱部位的围岩进行加固处理，能够有效地阻止围岩变形过度，使围岩较早地进入变形收敛状态，形成无薄弱部分的承载环（加固区），这是一种力学意义上的封闭。

（二）锚喷支护的作用和效果

目前，对于锚喷支护作用机理的试验和理论分析还有待进一步探索和完善，但至少可以明确锚喷支护具有以下作用和效果，这也是进行锚喷支护设计的原理和依据。

锚杆、喷射混凝土、钢筋网及钢纤维、钢架的作用和效果见表 4-2-4 ~ 表 4-2-7。

**锚杆的作用和效果**      表 4-2-4

| 锚杆的作用和效果 | 概念图 |
| --- | --- |
| ①加固围岩，形成承载环<br>由于系统锚杆能限制约束围岩变形，并向围岩施加压力，使岩尤其是松动区岩体的节理裂隙、破裂面等得以联结，使松动区的破碎岩体形成整体，使之保持和恢复三轴应力状态，从而阻止围岩受力状态的恶化，保持和增强锚固区围岩的强度（即 $c$、$\varphi$ 值），提高围岩的稳定性，称为锚杆的"加固作用"；被加固区域称为"加固带"或"加固区" | （加固带示意图） |
| ②提高层间摩阻力，形成"组合梁"<br>对于水平或缓倾斜的层状围岩，用锚杆群能把数层岩层连在一起，增大层理间的摩阻力，从结构力学观点来看，就是形成"组合梁" | （组合梁示意图） |
| ③"悬吊"作用<br>所谓"悬吊"作用是指为防止个别危岩的掉落或滑落，用锚杆将其同稳定围岩连接起来，这种作用主要表现在加固局部失稳的岩体 | （悬吊作用示意图） |

**喷射混凝土的作用与效果** 表 4-2-5

| 喷射混凝土的作用与效果 | 概念图 |
|---|---|
| ①填平补强围岩,减缓围岩松动<br>喷射混凝土可以填补围岩表面的凹穴,降低坑道周边围岩的集中应力,减缓围岩松动和强度恶化;还可以黏结岩块,增强岩块之间的摩阻力,阻止不稳定块体的滑塌 | |
| ②"卸载作用"和变形观察<br>由于喷射混凝土具有一定的柔性,能使围岩在受控状态下,产生一定程度的变形,但不出现有害变形,同时喷层也不至于因应力过大而遭到破坏,称为"卸载作用";<br>若围岩变形过大,就会使喷射混凝土开裂,则可以直观地检查、发现和报警 | |
| ③融合锚杆、钢筋网、钢架,传递支护内应力<br>通过喷射混凝土把应力传给锚杆、钢筋网、钢架,使其包裹融合在一起,使支护结构受力均匀 | |
| ④覆盖围岩表面,防止围岩风化<br>喷层直接粘贴岩面,形成风化和止水的防护层,并阻止节理裂隙中充填物流失 | |

**钢筋网及钢纤维的作用及效果** 表 4-2-6

| 钢筋网及钢纤维的作用及效果 | 概念图 |
|---|---|
| ①改善喷层的变形性能,增强喷层的韧性,减少喷射混凝土开裂 | |
| ②提高喷层抗剪能力、抗弯能力和抗拉能力,增强对围岩裂隙变形的限制能力 | |
| ③使喷层应力均匀分布,增强锚喷支护的整体性,提高支护的抗震能力 | |

**钢架的作用和效果** 表 4-2-7

| 钢架的作用和效果 | 概念图 |
|---|---|
| ①限制围岩有害变形<br>因钢架的刚度较大,它对围岩松弛变形的限制作用更强,可及时阻止有害松动 | |
| ②承受部分松弛荷载<br>因钢架的强度较大,它可以承受已发生的松弛荷载,保证坑道稳定与安全 | |
| ③作为超前支护的反支点 | |

思考题

1. 隧道在线路上的作用表现在哪几个方面？
2. 隧道总体平面、纵断面、横断面设计的原则有哪些？
3. 为什么要进行曲线隧道净空加宽？铁路曲线隧道净空加宽的方法有哪些？
4. 简述隧道衬砌断面的拟定方法。
5. 简述隧道支护设计原则、设计程序、结构类型。

# 学习任务五
# 认识隧道施工方法

☞ **学习目标**

1. 认识:隧道的基本(常规)施工方法、基本程序和技术要领;
2. 熟悉:隧道施工技术工作的基本内容;
3. 了解:隧道施工组织和管理的基本原则;
4. 了解:特殊地质条件下隧道施工的基本准则。

## 资料一　隧道施工方法的分类、适用条件及选择原则

### 一、隧道施工方法分类

隧道施工方法是开挖和支护等工序的组合。或者定义为,为达到规定的使用目的、设计要求、技术标准,选用一定的人员、资金、机械、材料,运用一定的技术措施和管理措施,遵循一定的作业程序,修建隧道的方法。

按照开挖成型方法、破岩掘进方式、支护结构施作方式或空间维护方式的不同,以及隧道穿越地层的不同,目前一般可以将隧道施工方法分为如下几类:

(1)矿山法,又称为钻爆法;
(2)新奥法,又称为"锚喷构筑法";
(3)明挖法;
(4)盾构法;

(5)掘进机法；

(6)沉管法，又称为沉埋法；

(7)顶管法。

本书以现代隧道工程"围岩承载理论"为主要线索，重点介绍现代隧道"新奥法"施工的基本原则、基本程序、技术措施。其他的施工方法只作简要介绍。

## 二、隧道施工方法适用条件

以上各种方法与地层条件、埋深条件、建筑环境条件的适应性见表 5-1-1。

**隧道施工方法适用条件**　　　　　　　表 5-1-1

| 地层条件 | 隧道施工方法 | | | | | | |
|---|---|---|---|---|---|---|---|
| | 矿山法（钻爆法） | 新奥法（锚喷构筑法） | 明挖法 | 盾构法 | 掘进机法 | 沉管法（沉埋法） | 顶管法 |
| 山岭隧道 | 适用 | 适用、最常用 | 浅埋段适用 | 软岩段适用 | 适用 | | |
| 浅埋隧道（软岩、土质） | 可用 | 加特殊措施适用 | 适用 | 适用 | | | 适用 |
| 水底隧道（水下地层中） | | 硬岩段适用 | | 软岩段适用 | | | |
| 水底隧道（水下河床上） | | | | | | 适用 | |

## 三、隧道施工方法选择原则

隧道围岩工程地质条件，即隧道所处的地下建筑环境条件，主要表现为围岩的自稳能力和抗扰动能力、被挖除岩体的抗破坏能力、地下水储藏条件、地应力大小、地温、易燃易爆有害物质以及这些条件的变化情况。隧道工程结构条件主要表现为隧道长度、隧道断面大小、形状，洞室的组合形式以及支护结构类型等情况。隧道工程施工条件主要表现为施工对围岩的扰动、支护对围岩提供帮助或限制的有效性、施工作业对空间的要求、提高施工速度的要求、控制施工成本的要求、保证工程质量的要求、保证施工安全的要求、减少环境污染的要求、施工队伍技术水平、施工人员素质、施工队伍的管理水平。

从工程技术的角度来看，隧道围岩工程地质条件是影响施工方法选择的最关键因素。针对具体的隧道工程，采用何种施工方法，不仅取决于围岩工程地质条件，也受到隧道工程结构条件和隧道工程施工条件的影响。

隧道施工方法选择的原则是：应根据实际隧道工程上述三个方面的条件，尤其是围岩工程地质条件，充分研究、综合考虑，选择适当的施工方法，并根据各方面条件的变化及时调整和改变施工方法。

所选施工方法必须与围岩的自稳能力和被挖除岩体的坚硬程度相适应，并尽量减少对围岩的扰动、保持围岩的自稳能力不显著降低、利用围岩自稳能力、保证围岩稳定。所选施工方法必须与围岩工程地质条件的变化相适应。所选施工方法必须与隧道断面大小、形状以及洞室的组合情况相适应。所选施工方法必须与施工技术水平相适应,并能够满足施工安全、作业空间、施工速度、施工成本控制、工程质量、环境保护、施工组织和管理方面的要求。

应当指出的是,隧道工程施工是在应力岩体中开拓地下空间。由于地质条件的复杂性和多变性,以及地质勘探技术、施工技术和人们对工程问题认识的局限性,人们在隧道施工过程中不可避免地会遇到预料之外的地质条件,甚至发生如流变、塌方、流沙、突泥、涌水、岩爆等工程事故。所以,隧道施工人员,一方面应当根据隧道工程各方面的具体条件加以综合考虑、反复比较,选择最经济、最合理的施工方法,一般是多种方法、多种技术的综合应用;另一方面应密切关注施工过程中的各种因素变化,及时根据实际情况调整施工方案、施工方法、施工技术和施工进度等各项计划。这是一个受多种因素影响的动态的择优过程。

在长大山岭隧道工程中,采用小直径掘进机(TBM,直径 3~4m),先行完成导坑开挖,然后再采用钻爆法扩大为正洞,已成为推荐的组合型施工方法。

# 资料二 矿山法

## 一、矿山法概述

"矿山法"因其最早应用于坑道采矿而得名。因其采用"钻眼爆破"方式破岩,故隧道工程中也称之为"钻爆法"。它是采用纵向分段、横向全断面或分部开挖,每一部分开挖成型后即对暴露围岩加以适当的支撑或支护,继而提供必要的永久性人工结构,以保持隧道长期稳定的施工方法。矿山法由于支撑或支护结构和材料的不同,人们习惯上将采用钢、木构件作为临时支撑的施工方法称为"传统矿山法"。

早期的传统矿山法主要采用木构件作为临时支撑,施作后的木构支撑只是作为维护围岩稳定的临时措施,待隧道开挖成型后,再逐步地将其拆除,并代之以砌石或混凝土衬砌。由于木构支撑的耐久性差和对坑道形状的适应性差,尤其是支撑撤换工作既麻烦又不安全,且对围岩有进一步扰动,因此已很少采用。

后来,由于材料的改进和钢材产量的增加,传统矿山法发展为主要采用钢构件承受早期围岩压力,以维护围岩的临时稳定,然后在此基础上再施作衬砌,以承受后期围岩压力,并提供安全储备。钢构件支撑具有较好的耐久性和对坑道形状的适应性等优点,施作后的钢构件支撑无需拆除和撤换,也更为安全。至今,这种方法仍在沿用。

## 二、矿山法施工基本程序

矿山法是采用木构件或钢构件作为临时支撑,抵抗围岩变形,承受围岩压力,获得坑道的临时稳定,待隧道开挖成型后,再逐步地将临时支撑撤换下来,而代之以永久性单层衬砌的施工方法。它是人们在长期的施工实践中逐步自然发展起来的一种传统施工方法。矿山法施工的基本程序可用图 5-2-1 所示的框图表示。

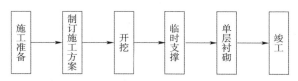

图 5-2-1　传统矿山法施工程序

## 三、矿山法优缺点

矿山法将围岩与单层衬砌之间的关系等同于地上工程的"荷载(围岩)-结构(衬砌)"力学体系。它作为一种维持坑道稳定的措施,是很直观和奏效的,也容易被施工人员理解和掌握。

但由于衬砌的实际工作状态很难与设计工作状态达成一致,以及存在临时支撑难以撤换等一些问题,矿山法的发展和应用在一定程度上受到了限制。

## 四、矿山法施工基本原则

矿山法施工的基本原则可以归纳为"少扰动、早支撑、慎撤换、快衬砌"。

**少扰动**,是指在进行隧道开挖时,要尽量减少对围岩的扰动次数、扰动强度、扰动范围和扰动持续时间,这与新奥法施工的要求是一致的。采用钢支撑,可以增大一次开挖断面跨度,减少分部次数,从而减少对围岩的扰动次数。

**早支撑**,是指开挖后应及时施作临时构件支撑,使围岩不致因变形松弛过度而产生坍塌失稳,并承受围岩松弛变形产生的压力,即早期松弛荷载。定期检查支撑的工作状况,若发现变形严重或出现损坏征兆,应及时增设支撑予以加强。作用在临时支撑上的早期松弛荷载大小可比照设计永久衬砌时的围岩压力大小来确定。临时支撑的结构设计亦采用类似于永久衬砌的设计方法,即结构力学方法。

**慎撤换**,是指拆除临时支撑而代之以永久性模筑混凝土衬砌时要慎重,即要防止撤换过程中围岩坍塌失稳。每次撤换的范围、顺序和时间要视围岩稳定性及支撑的受力状况而定。若预计到不能拆除,则应在确定开挖断面大小及选择支撑材料时就予以研究解决。使用钢支撑作为临时支撑,则可以避免拆除支撑的麻烦和危险。

**快衬砌**,是指拆除临时支撑后要及时修筑永久性混凝土衬砌,并使之尽早承载参与工作。当采用的是钢支撑,又不必拆除,或无临时支撑时,亦应尽早施作永久性混凝土衬砌。

# 资料三　新奥法

## 一、新奥法及其施工基本程序

"新奥法"是奥地利隧道学家腊布希维兹教授在总结锚喷支护技术的基础上首先提出的,简称为 NATM(New Austrian Tunnelling Method)。它是采用锚杆和喷射混凝土作为初期支护,达成围岩的基本稳定,待隧道开挖成型后,再逐步施作二次衬砌作为安全储备,以保持隧道长期稳定的施工方法。

新奥法主要采用锚杆和喷射混凝土作为维护围岩稳定的初期支护,以帮助围岩获得初步稳定,施作后的锚喷支护即成为永久性承载结构的一部分而不予拆除,然后,在此基础上再施作二次衬砌作为安全储备。初期支护、二次衬砌与围岩三者共同构成了永久的隧道结构体系。

新奥法施工的基本程序可用图 5-3-1 所示的框图表示。

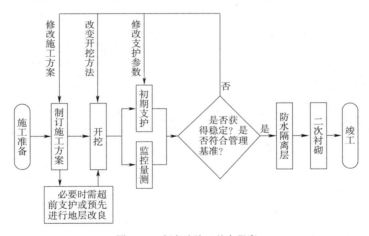

图 5-3-1　新奥法施工基本程序

(1)隧道开挖

隧道所处的位置原本有岩体充塞其中,必须将这些岩体全部挖出,才能开拓出地下空间,这种开拓地下空间的活动称为开挖,如图 5-3-2 所示。开挖是隧道施工中最为重要的施工步骤,只有通过开挖得到地下空间,才能进行后续的工序环节。

(2)初期支护

隧道开挖后,经常会出现围岩变形、不稳定的情况,为了施工和结构物的安全,就需要辅以人工支护,帮助不稳定的围岩达到稳定。刚开挖之后立即进行的支护形式称之为初期支护,常见形式有喷射混凝土、锚杆、钢架、钢筋网等,如图 5-3-3 所示。

图 5-3-2　隧道机械开挖

图 5-3-3　隧道初期支护

(3) 监控量测

通过对地下工程的现场量测来监视围岩和支护的稳定性,并根据现场量测结果修正支护参数,调整施工措施,称为监控量测,如图 5-3-4 所示。监控量测贯穿隧道施工的整个过程并与施工同时进行,是判断围岩稳定状态的主要依据。

(4) 防水层

因隧道位于地下,则必然会有水的存在。水会影响隧道正常施工和后期运营,因此,在隧道初期支护达到稳定后,需要施作隧道防水层(图 5-3-5),防止地下水进入隧道,影响施工和运营安全。

图 5-3-4　隧道监控量测

图 5-3-5　隧道防水板施工

(5) 二次衬砌

铺设防水板完成之后,就要开始施作二次衬砌,如图 5-3-6 所示。二次衬砌指在隧道已经进行初期支护的条件下,用混凝土等材料修建的二次衬砌,以达到加固支护,优化路线防排水系统,美化外观,方便设置通信、照明、监测等设施的作用。

值得注意的是:虽然新奥法和传统矿山法都是采用钻眼爆破方式掘进,但二者的支

图 5-3-6　隧道二次衬砌施工

护方式有着显著的不同，且二者的施工原则和理论解释也不同。这种差异反映了人们对隧道及地下工程问题认识的进步和工程理论的发展。新奥法是目前我国山岭隧道工程中广泛使用的施工方法，从隧道工程的发展趋势来看，新奥法仍将是今后隧道工程最常用的施工方法。

## 二、新奥法施工基本原则

根据对隧道及地下工程基本问题——"开挖与支护关系"的认识，对围岩的"三位一体"特性的认识，以及对支护的"加固和维护作用"的认识，现代围岩承载理论认为"围岩是工程加固的对象，是不可替代的；支护是加固的手段，是可以选择的。"

围岩承载理论在新奥法成功应用的基础上，运用岩体力学分析方法，充分考虑围岩在施工过程中的动态变化，逐步形成了"以维护和利用围岩的自承能力为基本出发点、以锚杆和喷射混凝土为主要支护措施、以量测围岩和支护的变形和应力为监视控制手段，来指导隧道和地下工程设计、施工"的基本思路，并进一步总结出提供支护帮助的基本原则，即"围岩不稳，支护帮助，遇强则弱，遇弱则强，按需提供，先柔后刚，量测监控，动态调整"。

根据以上解决问题的基本思路和支护设计的基本原则，作为一种施工方法，新奥法施工的基本原则可以归纳为"少扰动、早锚喷、勤量测、紧封闭"。这四项基本原则的具体含义解释如下：

（1）少扰动，是指在进行隧道开挖时，要尽量减少对围岩的扰动次数、扰动强度、扰动范围和扰动持续时间。因此，隧道施工应根据围岩级别，选择合理的开挖方法、掘进进尺和作业循环。

具体措施是：能用机械开挖的就不用钻爆法开挖；采用钻爆法开挖时，要严格进行控制爆破；尽量采用大断面开挖，以减少对围岩的扰动次数；对自稳性差的围岩，宜采用分部开挖、小循环作业，并且掘进进尺应短一些；最好采用机械开挖，必要时可采用松动爆破；支护要尽量紧跟开挖面，以缩短围岩应力松弛时间。

（2）早锚喷，是指开挖后及时施作初期锚喷支护，使围岩的变形进入受控制状态。这样做一方面是为了使围岩不致因变形过度而产生坍塌失稳；另一方面是使围岩变形适度发展，以充分发挥围岩的自承能力。必要时，可采取超前预支护，甚至注浆加固（地层改良）措施。

具体措施是：根据围岩级别采用喷射混凝土、锚杆、钢架和模筑混凝土衬砌等不同组合形式的初期支护，并及时调整支护时机、支护参数，以求达到最佳支护效果。

（3）勤量测，是指以直观、可靠的量测方法获得量测数据来判断围岩（或围岩＋支护）的稳定状态及动态发展趋势，评价支护的作用和效果，以便及时调整支护时机、支护参数、开挖方法、施工速度，确保施工安全和顺利进行。

具体措施是：在隧道施工中，对围岩进行地质素描、拱顶下沉观测、水平收敛观测、仰拱隆起观测及锚杆抗拔力测试等。量测是掌握围岩动态变化过程的手段和修改支护参数、调整施工措施的依据,也是现代隧道及地下工程理论的重要标志之一。

(4)紧封闭,一方面是指采取喷射混凝土等防护措施,避免围岩因长时间暴露而致强度和稳定性衰减,尤其是对于易风化的软弱围岩。另一方面,更为重要的是指要适时对围岩施作封闭形支护,使之形成"力学意义上的封闭承载环",即围岩+支护=无薄弱部位且整体稳定的环状(筒状)结构物。这样做不仅可以及时阻止围岩的过度变形,保证隧道的稳定,而且可以使支护和围岩能进入良好的共同工作状态,以有效发挥支护体系的作用。

具体措施是:在一般破碎围岩地段的施工中,及时加固薄弱部位;在软弱破碎围岩地段的施工中,采用短台阶或超短台阶法开挖,及时修筑仰拱,使初期支护尽早形成封闭的承载环。

值得注意的是,在一般围岩条件下,模筑混凝土二次衬砌,原则上是在初期支护与围岩共同工作并已达成基本稳定(变形收敛)的条件下修筑的。因而二次衬砌的作用是承受围岩后期压力和提供安全储备。但在围岩自稳能力很弱并具有较强流变特性时,及时采用刚度较大的强支护措施就显得非常必要。

### 三、新奥法优缺点

(1)各工序的组合和调整的灵活性很大,尤其是当地质条件发生变化时,它依然表现出很强的适应性。长期的实践已使人们积累了丰富宝贵的施工经验,已形成了较为科学合理、完整成熟的施工方案,这些是普遍认同的优势。

(2)与传统矿山法的钢木构件临时支撑相比较,新奥法的锚喷初期支护具有显著的灵活性、及时性、密贴性、深入性、柔韧性、封闭性等工程特点。

(3)施工机械和设备的配套比较灵活,且多数是常规设备,其组装简单、转移方便,重复利用率高。

(4)现代隧道工程使用的钢架和二次衬砌是力学意义上的承载环,其设计计算方法仍沿用并改进了传统松弛荷载理论的设计计算方法。

但值得注意的是,就功效而言,钢架、超前管棚、混凝土或钢筋混凝土等刚性构件,其作用简明直观、行之有效,且具有较好的耐久性。而锚喷初期支护的支撑能力和功效虽然并不亚于刚性构件,但其理论需要专门的培训,对其实施准则的认识和掌握还需要在实践中加以总结和积累。就耐久性而言,因为锚喷支护毕竟是一种松散结构,其耐久性并非是最理想的,而且在不同的围岩条件下,其功效大小也不尽相同,还需要用时间来检验。

## 资料四 明挖法

当隧道埋置较浅时,可将上覆一定范围内的岩体及隧道内的岩体逐层分块挖除,再从隧底开始从下往上分段施作隧道衬砌结构,待结构达到一定的强度后回填覆土。这种施工方法称为"明挖法",常用于隧道洞口及浅埋段施工。

明挖法的优点是施工程序简单、明确,容易理解,便于掌握,按照对边坡维护方式的不同,明挖法可分为放坡明挖法、悬臂支护明挖法、围护结构加支撑明挖法。应当注意的是,当采用悬臂支护明挖法或围护结构加支撑明挖法时,工程的重点和难点就转化为深基坑的围护问题,主要用于城市地铁车站施工。明挖法施工的隧道,其施工顺序与地上工程相似,故不再赘述。

## 资料五 盾构法

### 一、盾构法概述及其工作原理

盾构法是以盾构这种施工机械在地面以下暗挖隧道的施工方法。盾构是一种集推进、挖土、衬砌等多种作业于一体的大型暗挖隧道施工机械,如图5-5-1所示。目前,在软弱地质条件下的浅埋隧道工程中,盾构法已经得到很普遍的应用。

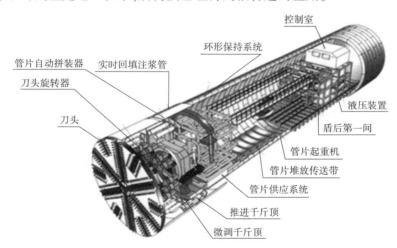

图 5-5-1 盾构结构示意图

盾构法的工作流程大致可分为以下两个步骤:

1. 盾构掘进

液压马达驱动刀盘旋转,同时开启盾构推进油缸,将盾构向前推进,随着推进油缸的向前推进,刀盘持续旋转,被切削下来的渣土充满泥土仓,此时开动螺旋输送机将切削下来的渣土排送到皮带输送机上,后由皮带输送机运输至渣土车的土箱中,再通过竖井运至地面。

2. 衬砌管片拼装

盾构完成掘进后,需要对围岩进行支护。盾构施工的衬砌类型为拼装衬砌,拼装衬砌是将衬砌分解为管片,进行工厂预制,然后运送到施工现场,通过盾构的管片拼装系统进行拼装,快速成环,承载围岩压力。盾构每推进一环距离,就在盾尾支护下拼装一环衬砌。

盾构工作示意见图5-5-2。

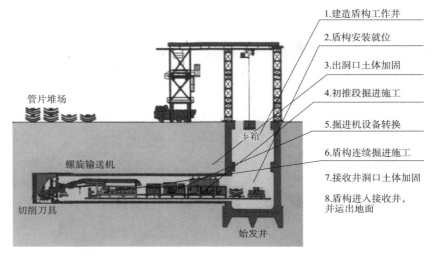

图5-5-2　盾构工作示意图

## 二、盾构法优缺点

由于有护盾的保护,挖掘和衬砌等工作比较安全,这是盾构法的最大特点。其安全性不仅表现为工作人员的安全,更表现为能够有效避免围岩坍塌和涌水、流沙等工程事故。盾构的推进、出土、拼装衬砌等全过程可实现机械化、自动化作业,施工速度快,工人劳动强度低。穿越城市地层时,施工噪声和振动很小,对地面环境影响较小。穿越水下地层时,不影响河道航运。施工本身基本上不受季节、风雨等气候条件影响。因此,在松软含水地层中修建长隧道时,盾构法具有技术和经济方面的优势。

但盾构法也存在一些不足,如在隧道曲线半径过小时,盾构转向控制比较困难;地层软硬不均匀时,盾构姿态控制较困难;洞顶覆盖土层太薄且为有压含水松软土层时,需要采取一些辅助技术措施防止地表沉陷,完全防止地表沉陷还比较困难;拼装式衬砌的整体防水性能较差,要采用较多的辅助防水措施,才能达到防水要求;当采用全气压盾构法施工时,工人在高气压条件下作业,须采取特别的劳动保护措施。这些缺点还有待在今后实践中进一步研究解决。

## 三、盾构种类及适用的地层条件

盾构的类型很多,可按盾构断面形状、挖掘方式、盾构前部构造以及排除地下水与稳定开挖面的方式进行分类。

按盾构断面形状可分为:圆形、拱形、矩形、马蹄形和复圆形等。圆形盾构因抵抗地层中的土压力和水压力较好,衬砌拼装简便,可采用通用构件,易于更换,因而应用较广泛。

按挖掘方式可分为:手工挖掘式、半机械挖掘式和机械挖掘式三种。

按盾构前部构造可分为:敞胸式和闭胸式两种。

按排除地下水与稳定开挖面的方式可分为:人工井点降水、泥水加压、土压平衡式的无气压盾构;局部气压盾构;全气压盾构等。

随着隧道与地下工程的发展,盾构的种类越来越多,适用性也越加广泛。一般而言,盾构法主要适用于在软弱地质条件下进行暗挖法施工,最适于在松软含水地层中修建隧道,如在江河中修建水底隧道,在城市中修建地下铁道及各种市政设施。常用盾构的性能和适用的地层条件见表 5-5-1。

**常用盾构的性能和适用的地层条件** 表 5-5-1

| 构造类型 | 挖掘方式 | 盾构名称 | 出土措施及开挖面稳定措施 | 适用的地层条件 | 备注 |
|---|---|---|---|---|---|
| 敞胸式盾构 | 手工挖掘 | 普通盾构 | 临时挡板支撑千斤顶 | 稳定性尚可的松散地层 | 根据需要加以气压、人工井点降水及其他地层加固等辅助措施 |
| | | 棚式盾构 | 将开挖面分成几层,利用砂的内摩擦角和棚的摩擦阻力使开挖面稳定 | 无压水砂性土地层 | |
| | | 网格式盾构 | 利用土和钢制网状格栅的摩擦阻力使开挖面稳定 | 硬塑性黏土、淤泥 | |
| | 半机械挖掘 | 反铲式盾构 | 手掘式盾构装上反铲式挖土机出土 | 稳定性较好的硬土地层 | |
| | | 旋转式盾构 | 手掘式盾构装上软岩掘进机出土 | 石质软岩 | |
| | | 旋转刀盘式盾构 | 面板加单刀盘或多刀盘破岩 | 较稳定的软岩、硬土地层 | |
| | | 插刀式盾构 | 千斤顶顶推插板,机械或人工挖土 | 稳定性尚可的硬土地层 | |

续上表

| 构造类型 | 挖掘方式 | 盾构名称 | 出土措施及开挖面稳定措施 | 适用的地层条件 | 备注 |
|---|---|---|---|---|---|
| 闭胸式盾构 | 手工挖掘 | 半挤压盾构 | 胸板局部开孔,依靠千斤顶推力使土砂从开孔中挤出或自然流出 | 软塑状黏土、淤泥 | 需要时可增加辅助措施 |
| | | 全挤压盾构 | 盾构胸板无孔,不进土,完全挤入淤泥地层中 | 流塑状软土、淤泥 | |
| | 半机械挖掘 | 局部气压盾构 | 面板与隔板间加气压 | 有压水松软地层 | 不再加设其他辅助措施 |
| | | 泥水加压盾构 | 面板与隔板间加有压泥水 | 有压水冲积层、洪积层 | |
| | | 土压平衡盾构 | 面板与隔板间充满土砂,产生的压力和开挖处的地层压力保持平衡 | 软塑状淤泥、淤泥夹砂 | 需要时可增加辅助措施 |
| | | 网格式挤压盾构 | 胸板为网格,土体通过网格孔挤入盾构 | 软塑状~流塑状淤泥 | |

## 四、我国盾构的发展及现状

2008年之前,盾构技术仅被美国、日本、德国的几家企业垄断,中国购买一台就要7个亿,堪称是工程界的光刻机,如果出现故障了,也只能请外国工程师来修,维修现场还拉着警戒线:中国人不得入内。昂贵的进口成本,低效的设备维护,耗时的跨国沟通,中国在盾构的应用上处处受制于人,严重影响着中国基建的效率和发展。这也让中国坚定了攻克盾构技术的决心。

2009年开始,以中国铁建和中国中铁为主要牵头企业,开始了盾构的攻坚之路。2010年,铁建重工自主研制的首台土压平衡盾构"开路先锋19号"横空出世,国产化率达到87%,创造了当时国产盾构的最高纪录,让"洋盾构"在中国市场被迫降价30%,从此在中国的市场份额开始大幅度缩水。

2015年11月14日,铁建重工和中铁十六局集团合作研发的中国国产首台铁路大直径盾构下线,拥有完全自主知识产权,打破了国外近一个世纪的技术垄断,这个时候,中国也开始在全球市场和欧美企业对垒。中国最大直径泥水平衡盾构、世界首台马蹄形盾构、世界最大直径硬岩掘进机等创新性产品,都是中国研发。这些盾构能够涵盖软土、硬岩等多类型复杂工况,单模式、双模式等多种掘进模式,能够开挖圆形、异形等多类型截面形状,直线、曲线、斜井、竖井多种隧道形式。

2021年,中国产的盾构占到全球市场份额的65%,国内市场的90%以上。至此,中国也并没有停止盾构研制的步伐,中国的工程师们正在拓展盾构的更多可能性,比如,能够适用更大直径的公路隧道、更大的城市地下空间,以及能够进行无人、无氧的智能化隧道掘进等。

## 资料六　掘进机法

### 一、掘进机法概述及其工作原理

隧道掘进机(Tunnel Boring Machine,简称TBM),是一种隧道掘进的专用工程机械,如图5-6-1所示。欧美将全断面隧道掘进机统称为TBM,日本一般统称为盾构,中国则一般习惯将硬岩隧道掘进机简称为TBM,将软地层掘进机称为盾构。

图 5-6-1　隧道掘进机 TBM

TBM的工作原理是:利用立足于洞壁上的支撑提供顶推反力,在顶推反力作用下旋转刀盘,带动盘刀在岩面上滚动,并以静压方式切削破岩,并在循环掘进过程中同步完成对已暴露围岩的初期支护。

在硬岩隧道掘进时,以开敞式TBM隧道掘进机较为常见,其工作流程大致可分为两个步骤:

1. TBM 的掘进

在推进油缸的推力作用下,主驱动带动刀盘刀具对岩石进行滚压,岩石达到破裂极限,逐步开裂剥落成片状岩渣,掉落到刀盘下部,再由刀盘铲斗将岩渣铲起装入皮带机中,转运到出渣车列车或连续皮带机运送到洞外。

2. 隧道支护

开敞式TBM隧道掘进机完成掘进后,通过TBM的支护系统进行初期支护,支护形式与新奥法施工隧道相似,主要有锚杆、钢筋网、钢架、喷射混凝土等。待初期支护稳定后,由后续模板台车完成隧道二次衬砌施工。

## 二、掘进机法优缺点

钻爆法仍是当前山岭隧道施工最普遍的方法，掘进机法不能取代，但随着掘进机技术的发展和机械性能的改进，掘进机法也表现出钻爆法不可比拟的优点。与矿山法等其他施工方法相比，掘进机法的特点是其掘进、出渣、初期支护、管片衬砌可以同步进行，施工过程是连续的，具有"工厂化"的特点。因此，掘进机法具有施工速度快、机械化程度高、工序简化紧凑、对地层扰动小、超欠挖量最小、洞内作业环境条件好、施工安全度高、工人劳动强度较小等优点。

但掘进机法受地质条件的限制较大，它主要适用于岩体完整性较好的地层中；隧道断面形状限制为圆形；一次性设备投资大；一台掘进机能够开挖的断面尺寸（直径）固定，不可改变；整套机械的使用寿命有限；需要在现场组装、拆卸，转移不便；需要有熟练的技术工人，对管理水平的要求也较高。

## 三、掘进机种类及适用的地层条件

山岭隧道全断面掘进机按护盾形式分为开敞式、单护盾和双护盾三种。目前使用较多的主要是开敞式和单护盾全断面掘进机，且主要应用于硬岩地层的隧道掘进。

开敞式掘进机主要适用于围岩稳定性较好的坚硬完整石质岩体地层的隧道中。开敞式掘进机只在机械前端设置刀盘定位支撑系统，不设护盾；在掘进中，依靠撑于岩壁上的支撑提供反力，使刀盘获得破岩推力和扭矩；开挖后的坑道周边只需做必要的局部锚喷支护。

单护盾掘进机主要适用于围岩稳定性不太好的一般破碎的软岩地层或硬土地层的隧道中。单护盾掘进机在机械前端设置护盾可对围岩起临时防护作用和对前端主机部分起保护作用；在掘进中，利用安装在其尾部的顶推系统（千斤顶）顶推已安装好的衬砌管片，使刀盘获得破岩的推力和扭矩；开挖过程中，在护盾长度范围内的围岩不暴露，在护盾与管片之间的围岩短时间暴露，并在此期间施作喷射混凝土或钢筋网喷射混凝土初期支护。

双护盾掘进机在硬岩及软岩中都可以使用，尤其在围岩稳定性较差的破碎的软岩地层或硬土地层的隧道中，其优越性更突出。它是在单护盾掘进机的基础上增加了一个后护盾。在软岩中施工时，也可以利用尾部的顶推系统顶推已安装好的衬砌管片，提供支撑反力，使刀盘获得破岩推力和扭矩。衬砌管片安装可与破岩掘进循环进行，因此，双护盾掘进机施工速度仍然较高。

总之，开敞式全断面掘进机法主要适用于中硬以上石质地层条件，尤其要求岩体具有较好的完整性，已被许多长大隧道工程作为主要施工方案进行比选。双护盾式全断面掘进机在适应性方面仍有待改进。

## 四、掘进机法发展及现状

1997年年底,原铁道部斥巨资首次引入德国维尔特(WIRTH)公司TB880E型掘进机(TBM)2台套,进行西安至安康铁路工程秦岭I线隧道施工。当时,掘进机技术国内研究尚浅,关键技术一直被国外垄断,引进价格高昂,维修困难。

2014年12月27日,拥有自主知识产权的国产首台大直径全断面硬岩隧道掘进机(敞开式TBM),在湖南长沙铁建重工总装车间顺利下线。它的成功研制打破了国外的长期垄断,填补了我国大直径全断面硬岩隧道掘进机的空白。

2017年8月20日,采用中国自主研制的首台硬岩掘进机TBM施工的国家"十三五"水利建设重点项目——吉林省中部城市引松供水工程总干线22.6km引水隧洞贯通。

在过去的20年里,我国TBM在铁路、水利、水电、公路、地铁、矿业等领域都得到了应用,特别是水利、水电、铁路行业应用规模更大。在大量世界级工程施工中,大小直径敞开式、双护盾、单护盾TBM,以及超长隧洞、超大埋深隧洞集群TBM、斜井TBM施工都有了很多工程经验和技术积累,取得了日进尺70.4m,敞开式和护盾式TBM最高月进尺1226m和1868m,平均月进尺超过600m,掘进作业利用率超过40%的掘进技术水平,可成功穿越大量断层破碎带、软弱变形、岩爆、突涌水等复杂地质洞段,积累了一系列TBM应对不良地质的施工技术。然而,在质量、安全、工期、成本等方面,TBM施工仍然存在很大的风险。虽然应对极硬岩、强岩爆、软弱大变形、突泥突水、高地热等不良地质难题已有一些技术方案和对策,但是这些预案还需大量实际工程的实践验证、优化和改进,需要不断积累和创新TBM设计与施工新技术。

# 资料七  沉管法

## 一、沉管法概述及其主要施工程序

沉管法(Immersed Tube Tunnelling)又称沉埋法,是修筑水底隧道的方法。采用沉管法施工的水底隧道又叫沉管隧道。沉管隧道不同于其他通过开挖地层土体得到的隧道,它是先在隧址附近修建的临时干坞内或利用船厂的船台预制管段,同时在设计的隧道位置挖好水底基槽,然后将管段浮运到隧道位置的上方,下沉到水底基槽内,再将相邻管段在水下连接起来并作防水处理,最后进行基础处理并回填覆土,即成为沉管隧道,如图5-7-1所示。

沉管法施工可以划分为三大部分:一是干坞内的管段预制,二是管段的浮运与沉放,三是隧址的基础处理与回填。

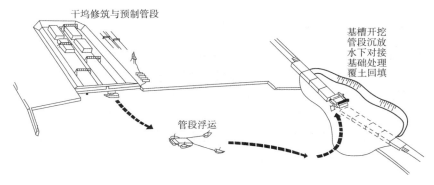

图 5-7-1　沉管法施工布置图

**1. 管段预制**

沉管隧道管段是隧道主体结构的施工单元,要经过预制、浮运、沉放、对接、内部施工等工序,并最终投入运营,管段结构除需满足受力要求以外,对其防水、抗渗性能都有较高要求。管段的预制在干坞内完成,如图 5-7-2 所示。干坞的位置除了要考虑施工因素外,还要考虑管段的出坞和浮运。干坞的大小取决于管段节数及管段尺寸,结合工期可以采取一批制作全部管段或者分批制作。

**2. 管段浮运与沉放**

管段在干坞内制作完成并通过检验后,便可以进行浮运。封闭管段两端,将水引入干坞,使管段浮于水面,使用拖船拖运或者在岸边牵引等方式将管段运至隧址位置,如图 5-7-3 所示。通过测量确定管段沉放位置,往管段内注水,通过浮箱或船只控制下沉速度,确保管段沉放到设计位置。然后,通过水下连接装置与相邻管段完成连接。

图 5-7-2　干坞内管段预制

图 5-7-3　管段浮运

**3. 隧址的基础处理与回填**

在管段浮运沉放前,应完成隧址的河底浚挖。浚挖可采用挖泥船完成。为保证管段沉放到设计位置后不发生沉降或者滑移,会在基槽底铺垫粗砂或碎石作为管段基础。管段沉放到设计位置后,还需要对管段底部与基础之间的缝隙进行喷砂或压浆,确保基础稳定。然后分层回填,完成管段覆盖,完成后的整体结构如图5-7-4所示。

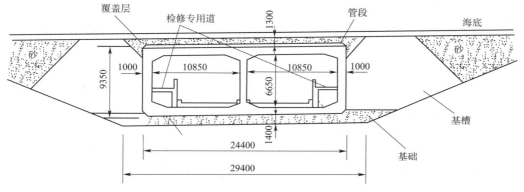

图5-7-4　沉管隧道整体结构(尺寸单位:mm)

## 二、我国沉管法发展及现状

我国应用沉管法修筑水底隧道起步较晚,最早是台湾于1984年首先建成了高雄海底沉管隧道,1984年广州和宁波也开始进行采用沉管法修建珠江和甬江水底隧道的论证,对沉管法的各项关键技术进行了大量的基础理论研究,并对沉管法关键工序的施工工艺进行了研究。1993年在广州珠江建成我国第一条沉管隧道(地铁、公路市政管道共用,长1.23km),1995年又在宁波甬江建成我国第二条沉管隧道。这两座沉管隧道的建成为我国进一步在长江、黄河、海峡修建沉管隧道积累了丰富的经验。

2017年7月7日,港珠澳大桥贯通,其中海底隧道段采用沉管法施工,隧道全长5.6km,是世界最长的公路沉管隧道,也是我国第一条外海沉管隧道。港珠澳大桥海底沉管隧道是当时世界上埋深最大、综合技术难度最高的沉管隧道,中国工程师在建设过程中克服了难以想象的巨大困难。首先,海底工程地质条件增加了隧道的施工难度。海底基本上全是软土,在软土上要想将沉管和6000t的接头结构固定根本是不可能的。因此,在施工隧道前,要将海底的软土加固到可以承受沉管和接头结构重量的程度,还要保证日后不会出现下陷的问题。对此,中国基建工程人员使用了一个国内从来没有用过的方法,将许多砂桩打入海底40m之下的硬土里面,解决了海底软土无法固定沉管和接头结构的问题,为之后隧道的继续建设打下了坚实的基础,使得后续工程得以顺利开展。其次,每节标准管段长180m、质量为8万t,是当时世界上最长、单个沉管体量最大的沉管,无论是管段的制作,还是浮运、测量定位、水下连接,每一个工序对中国的工程师都是巨大的考验,一旦出现拼接失误,都会造成无法挽回的损失。在历时7年,中国千余名专家及技术人员呕心沥血,突破数个世界级难题后,最终在海底成功打造了一段"金城汤池"。

## 三、沉管法的适用条件及优点

（1）沉管法施工条件好。沉管隧道施工时，除接缝防水处理需要少数潜水工进行水下作业外，管段预制在岸上或船坞上作业，其余基槽开挖、管段浮运、管段沉放、基础处理、覆土回填等主要工序都属于水上或水中作业，无需气压作业，因此施工条件好，施工较为安全，从而避免了在水下地层中进行坑道开挖和支护作业等，这一点是其他施工方法不可比拟的。

（2）沉管隧道可浅埋，与两岸道路衔接容易。由于沉管隧道可浅埋，与埋深较大的盾构法施工的隧道相比，沉管隧道路面高程可抬高，这样，与岸上道路很容易衔接，无须做较长的引道，纵断面线形较好，线路条件也好。

（3）对河床地质条件、水文条件适应能力强。由于沉管受到水浮力，作用于地基的荷载较小，因而对各种地质条件适应能力较强。因此，采用沉管法施工的隧道所需的基槽深度较浅，相应的基槽开挖和基础处理的施工技术比较简单。

（4）沉管隧道可做成大断面多车道结构。由于采用先预制后浮运沉放的施工方法，故可将隧道横向尺寸做大，一个公路隧道横断面可同时容纳4~8条车道，而采用盾构施工时，受盾构尺寸的影响，不可能将隧道横断面做得很大，一般为公路双车道隧道或铁路单线隧道。

（5）沉管隧道防水性能好。由于每节预制管段很长，一般约100m（而盾构隧道预制管片每一环长度仅为1m左右），管段接缝数量很少，漏水的可能性与盾构管片相比成百倍地减少。而且沉管接头采用水力压接法后，可达到滴水不漏的程度，这一特点对水底隧道的运营至关重要。

（6）沉埋隧道施工工期短。由于岸上管段预制和水下基槽开挖可同时进行；每节预制管段很长，管段数量少，一条沉管隧道只用几节预制管段（广州珠江隧道只用5节预制管段，每节长22~120m不等）；管段浮运沉放也较快，对水上航运的干扰较小，这就使沉管隧道的施工工期与其他施工方法相比要短得多。特别是在水上航运繁忙的河道上建设水底隧道，即使管段预制地点离隧道位置较远时，仍具有优势。

（7）沉管隧道造价低。由于沉管隧道水底挖基槽的土方数量少，而且比地下挖土单价低；管段整体预制，与盾构隧道管片预制相比所需费用也低；管段接缝少，接缝处理费用就低。因此，沉管隧道与盾构隧道相比，每延米综合单价低。而且由于沉管隧道埋置较浅，隧道总长比深埋地下的隧道要短得多，这样工程总造价可大幅度降低，运营费用也较低。

# 资料八　顶管法

## 一、顶管法及优缺点

### 1. 顶管法概述

顶管法是指隧道或地下管道穿越铁路、道路、河流或建筑物等各种障碍物时，采用的一种依靠顶管机及顶进装置将预制管节在地下逐节顶进的暗挖式施工方法。

顶管法施工时，通过传力顶铁、导向轨道以及支承于基坑后座上的顶进液压千斤顶将预制管节压入土层中，同时挖除并运走顶管机正面的岩土体。当第一节预制管节全部顶入土层后，接着将第二节预制管节接在第一节管节后继续顶进，这样将一节节预制管节顶入，最后作好预制管节的接口连接与防水，即可完成隧道或地下管道施工，如图 5-8-1、图 5-8-2 所示。

图 5-8-1　顶管法施工现场图片

图 5-8-2　顶管法主顶设备

### 2. 顶管法适用条件及特点

顶管法特别适于从已成建筑物、河流、湖泊、交通线下方穿过的隧道或地下管道的修建。按挖土方式可分为机械开挖顶进、挤压顶进、水力机械开挖和人工开挖顶进等。

顶管法施工无需中断地面交通，对社会交通影响小；施工噪声低、振动小，对周围环境影响小；可在埋深较大的地层中施工，相比其他施工方法对埋深的敏感性较低；可以顺利从已成建筑物、河流、湖泊、交通线下方穿过，且对上方影响较小。

## 二、我国顶管法发展及现状

顶管技术在我国已得到大量地实际工程应用，且保持着高速的增长势头，无论在技术上、顶管设备还是施工工艺上取得了很大的进步，在某些方面甚至已达到了世界领先水平。2001 年上海隧道股份有限公司在江苏省常州完成了长 2050m、直径 2m 的钢筋水泥管顶管工程,是已完成的我国最长的顶管工程。2001年8—12月嘉兴市污水处理排海工程一次顶进2050m超长距离钢筋混凝土顶管,由于选择了合理的顶管机具形式,成功地解决了减阻泥浆运用和轴线控制等技术难题,仅用约5个月就完成全部顶进施工,创造了新的顶管施工纪录。全长3600m、管径为1.8m的钢管从23~25m深的地下于2002年9月成功横穿黄河,无论从顶进长度、埋深、地质条件,还是钢管直径在国内尚属首次。其中最长的一段位于黄河主河床上,长达1259m,还要穿越较厚的砾砂层与黄河主河槽,既是我国西气东输项目的关键工程,也是世界上复杂地质条件下大直径钢管一次性顶进距离最长的顶管工程。2001年的上虞区污水处理工程中,玻璃纤维夹砂管首次成功地应用于顶管。2008年在无锡长江引水工程中中铁十局十公司采用国产设备直径2200mm钢管双管同步顶进2500m。以上工程均标志着我国的顶管施工水平达到一个新的高度,与世界先进水平日益靠近。

1. 新奥法(NATM)施工的基本程序是什么?基本原则有哪些?
2. 需要采用超前支护或预先进行地层改良的情形有哪些?
3. 明挖法分为哪几种?适用条件如何?
4. 试述盖挖法的种类、优点、施作顺序及其适用条件。
5. 试述盾构的种类、优缺点及其适用的地层条件。
6. 掘进机法的工作原理、优缺点是什么?
7. 简述掘进机的种类及其适用的地层条件。
8. 简述沉管法的主要施工程序、适用条件及优点。
9. 简述顶管法的基本程序及适用条件。

# 模块二

## 案例实训

# 学习任务六
# 超前地质预报及监控量测

### ☞ 学习目标
1. 认识:超前地质预报方法;
2. 理解:超前地质预报意义;
3. 掌握:监控量测方法。

### ☞ 能力目标
1. 会认读超前地质预报报告;
2. 能用水准仪进行下沉量测;
3. 能记录量测数据并进行数据整理。

## 资料一　超前地质预报

现代隧道工程施工要求将超前地质预测、预报纳入正常的施工工序中,并根据预测、预报的地质、水文条件及其变化,实时调整各项施工技术措施。

我国《公路隧道设计规范　第一册　土建工程》(JTG 3370.1—2018)要求:隧道设计应根据地质条件、施工方法、支护形式及周边环境等因素,提出隧道施工过程中的监控量测和超前地质预报方案。《公路隧道施工技术规范》(JTG/T 3360—2020)提到:做好隧道超前地质预报工作,可以为各类突发地质灾害发生提供预警,以便采取积极措施,降低地质灾害发生概率。

自20世纪50年代以来,由于对地下工程结构受力特点及其复杂性认识的加深,国际上开始通过对地下工程的现场量测来监视围岩和支护的稳定性,并根据现场量测结果修正支护参数,调整施工措施,称为量测与监控。量测是监控的手段,监控是量测的目的。量测除在初始设计阶段进行地质初勘和各项静态测试外,更重要的是在施工阶段进行地质详勘和各项动态测试。因此,可以理解为设计修正是贯穿在整个施工过程中并与施工同时进行的,它是对初始设计的完善和修正,也是对施工的指导和调整。

近年来,随着岩体力学和测试技术的进步,现场量测又与工程地质、力学分析紧密配合,逐渐形成监控设计的原理和方法,较好地反映和适应了地下工程的动态变化规律。尽管这种方法目前还很不完善,但无疑是今后发展的方向。监控设计充分体现了地下工程中设计和施工一体化的思想,也是区别于地上工程设计与施工相对分离的一个重要特征。因此,它要求设计和施工人员在技术、施工组织和工程管理等方面进行更为广泛密切的合作。

## 一、地质预测、预报内容

超前地质预报的主要内容可包括地层岩性、地质构造、不良地质与特殊性岩土、地下水、岩溶、煤层瓦斯、围岩分级等。

(1)地层岩性预报宜包括下列内容:
①隧道掌子面前方一定范围内各岩土层、接触关系、完整程度、风化程度、软硬程度等;
②隧道掌子面前方一定范围内软弱夹层、破碎地层、煤层等特殊岩土体的位置、范围。
(2)地质构造预报宜包括下列内容:
①隧道掌子面前方一定范围内断层破碎带的性质、产状、位置、范围、物质组成等;
②隧道掌子面前方一定范围内节理密集带的分布位置、影响范围;
③隧道掌子面前方一定范围内褶皱核部的性质、破碎情况、分布位置、影响范围。
(3)不良地质预报宜包括下列内容:
①隧道掌子面前方一定范围内可能出现的涌水、突泥及有害物质等的范围、规模、性质;
②隧道掌子面前方一定范围内可能出现的采空区、空洞的范围、规模、性质;
③隧道掌子面前方一定范围内可能出现的不利结构面及组合的范围、规模、性质。
(4)地下水预报宜包括下列内容:
①隧道掌子面前方一定范围内可能出现的富水断层、富水褶皱、富水地层等富水地质体的范围、规模、性质、发育情况等;
②隧道掌子面前方一定范围内可能出现的涌水、突泥等水文地质灾害地段的位置、规模、物质组成、水量、水压等。
(5)岩溶预报宜包括下列内容:
①隧道掌子面前方一定范围内可能出现的岩溶水的分布情况;
②隧道掌子面前方一定范围内可能出现的溶洞的位置和规模。
(6)煤层瓦斯预报应探明隧道掌子面前方一定范围内可能出现的煤层的分布位置和厚度。当确定隧道前方存在煤层时,应测定瓦斯含量、瓦斯压力、瓦斯放散初速度等指标,

并预测瓦斯突出的危险性等。

（7）隧道超前地质预报宜包括隧道围岩级别划分。

## 二、地质预测、预报方法

目前，超前地质预测、预报常用的方法有：工程地质调查法、地球物理探测法、超前地质钻探与取样试验、超前导洞法等。工程地质调查法包括地表地质调查、隧道洞内地质调查及导洞洞内地质调查。地球物理探测包括弹性波反射法、地质雷达法、瞬变电磁法、红外探测法、激发极化法等。超前地质钻探包括地表钻探和洞内钻探。超前导洞可采用平行导洞或正洞导洞。

### 1. 工程地质调查法

工程地质调查法是爆破开挖后及时查看掌子面地质状况（包括支护状况），描绘地质图，通常称为地质素描，并通过与设计资料的对比提供地质情况预报，地质素描图应归入竣工资料。若设有平行导坑，先行提供的地质资料对施工更有指导作用。工程地质调查法适用于为近期开挖、支护提供预报。

工程地质调查法是隧道设计和施工过程中不可缺少的一项重要地质详勘工作，是对围岩工程地质特性和支护措施合理性最直观、最简单、最经济的描述和评价。配合量测工作对代表性断面的地质素描，应详细准确，如实反映情况。

洞内地质调查应包括洞壁和掌子面地质调查，且应包括下列内容：

（1）地层层序、成因、时代、厚度、岩土名称、胶结物、岩石风化破碎的程度和厚度等；

（2）岩层产状，接触关系，节理、裂隙等的发育及其组合关系；

（3）地下水补给排泄条件、地下水类型、含水地层岩性、储水构造、水压、涌水量等；

（4）特殊性岩土的类型、性质、分布范围及危害程度等；

（5）岩土的成分及其密实程度、含水情况、水理与化学性质等；

（6）隧道的围岩稳定、变形、支护情况。

### 2. 地球物理探测法

地球物理探测法是用爆破、激振装置发生并向围岩内发射弹性波或电磁波，同时用仪器接收从围岩不同界面反射回的波，通过专业分析，判断并预报隧道前方的工程地质、水文地质情况。地球物理探测法主要用于探测掌子面前方和周围较大范围内的地质构造、洞穴、隐伏含水体等工程地质、水文地质条件。

但地球物理探测法要求被探测对象与周围介质之间具有明显的物理性质差异；被探测对象具有一定的规模。因此，应根据被探测对象的埋深、规模及其与周围介质的物性差异，选择有效的物理勘探方法。判断物理勘探成果时，区分有用信息与干扰信号，应注意考虑其多解性。必要时，应采用多种方法探测，进行综合判断，并应有已知物探参数或一定数量的钻孔验证。

隧道工程中常用的地球物理探测法及适用的探测内容见表6-1-1。

常用的地球物理探测法及适用范围　　　　　表 6-1-1

| 方法名称 | 适用范围 |
| --- | --- |
| 弹性波反射法 | 适用于断层破碎带、岩溶、软弱夹层等不良地质体探测及地层界线划分。在完整的硬岩地层,预报距离宜不大于 200m;在软弱破碎地层或岩溶发育区,预报距离宜不大于 100m |
| 地质雷达法 | 适用于断层破碎带、岩溶、软弱夹层及含水不良地质体的探测。地质雷达预报距离宜为 20~30m;在软弱破碎地层、岩溶发育区等,每次预报距离宜为 10~20m |
| 瞬变电磁法 | 适用于公路隧道含水体的探测。瞬变电磁法预报距离宜为 50~100m |
| 红外探测法 | 适用于公路隧道含水不良地质体的定性预报。红外探测法预报距离宜小于 30m |
| 激发极化法 | 适用对公路隧道含水不良地质体进行探测。激发极化法预报距离宜小于 30m |

**3. 超前地质钻探法**

超前地质钻探法是在工程建筑物的设计位置钻孔探查,来分析、判断地层变化、岩性差异、地层含水率等信息,进而预报工程地质条件,指导建筑设计和施工方案的制订。超前地质钻探适用于各种地质条件下的隧道超前地质预报。

当掌子面前方可能存在断层破碎带、岩溶区、物探异常区等可能发生突水、突泥、流沙等工程地质条件复杂地段,或存在煤层瓦斯发育区、高应力区等危险地段时,应采用超前地质钻探方法进行超前地质预报。

采用超前地质钻探法时,钻孔的类型、数量、角度、深度应根据现场地质情况、钻进效率、施工进度等综合确定。一般掌子面中心钻孔要沿隧道轴线、保持水平方向钻进,靠近掌子面边缘钻孔要保持一定的倾角,往洞壁外呈放射状延伸。图 6-1-1 是典型的钻孔角度示意图。

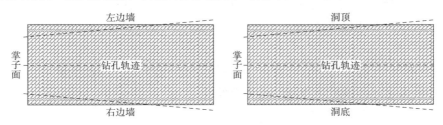

图 6-1-1　超前地质钻探钻孔角度示意图

超前地质钻探钻孔数量、孔位布置多种多样,比较常见的钻孔布置形式如图 6-1-2 所示。单车道、两车道断面常常采用垂直布置钻孔和水平布置钻孔,两车道加宽、三车道、四车道断面常常采用环形布置钻孔、十字状布置钻孔,必要时还可以加密探钻孔。

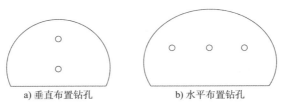

a) 垂直布置钻孔　　　　b) 水平布置钻孔

图 6-1-2

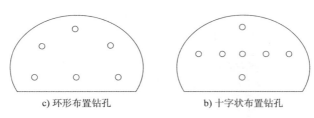

c) 环形布置钻孔　　　　b) 十字状布置钻孔

图 6-1-2　常见的钻孔布置形式图

# 资料二　量测目的、仪器、内容和方法

## 一、量测目的和仪器

**1. 量测目的**

(1) 提供监控设计的依据和信息,包括:①掌握围岩力学形态的变化和规律;②掌握支护的工作状态。

(2) 指导施工,预报险情,包括:①作出工程预报,确立施工对策;②监视险情,安全施工。

(3) 校核工程理论,完善工程类比方法,包括:①为理论解析、数值分析提供计算数据与对比指标;②为工程类比提供参考指标;③为地下工程设计与施工积累经验资料。

(4) 工程运营期间的监控目的,包括:①掌握工程运营中的安全状况;②及时发现险情,并采取相应的补救措施。

**2. 量测仪器**

现场量测项目,有的可以直接量测,有的则需要通过物理量的转换量测。根据转换的物理效应不同,量测仪器可分为以下几种类型:

(1) 机械式:如百分表,千分表,挠度计,测力计等;

(2) 电测式:电阻型,电感型,电容型,差动型,振弦型,压电型,电磁型;

(3) 光弹式:光弹应力计,光弹应变计;

(4) 物探式:超声波,红外线,形变电阻等。

## 二、量测内容

(1) 现场观察,包括:①开挖面附近的稳定性;②围岩构造情况;③支护变形与稳定情况;④校核围岩分类。

(2) 岩体(岩石)力学参数测试,包括:①抗压强度 $R_b$;②变形模量 $E$;③黏聚力 $c$;④内摩擦角 $\varphi$;⑤泊松比 $\mu$。

(3) 应力、应变测试,包括:①岩体原始应力;②围岩应力、应变;③支护结构的应力、应变;④围岩与支护及各种支护之间的接触应力。

(4)压力测试,包括:①支撑上的围岩压力;②地下水渗透压力(包括水量、水质测试)。

(5)位移测试,包括:①围岩位移及地表沉降;②支护结构位移及变形。

(6)温度测试,包括:①岩体(围岩)温度;②洞内气温;③洞外气温。

(7)物理探测,包括:①弹性波(声波)测试,包括纵波速度 $v_p$、横波速度 $v_s$、动弹性模量 $E_d$、动泊松比 $\mu_d$;②视电阻率测试 $P_s$。

### 三、隧道施工技术规范规定的量测项目、方法及频率

在工程实际中,常将以上量测内容按其重要性划分为必测项目和选测项目。《公路隧道施工技术规范》(JTG/T 3360—2020)对此做了明确规定,见表6-2-1。

隧道现场量测项目及量测方法  表6-2-1

| 项目分类 | 序号 | 项目名称 | 方法及工具 | 布置 | 精度 | 量测间隔时间 | | | |
|---|---|---|---|---|---|---|---|---|---|
| | | | | | | 1~15d | 16d~1个月 | 1~3个月 | 大于3个月 |
| 必测项目 | 1 | 洞内、外观察 | 现场观测、地质罗盘等 | 开挖后及初期支护后进行 | — | — | | | |
| | 2 | 周边位移 | 各种类型收敛计、全站仪或其他非接触量测仪器 | 每5~100m一个断面,每个断面2~3对测点 | 0.5mm(预留变形量不大于30mm时);1mm(预留变形量大于30mm时) | 1~2次/d | 1次/2d | 1~2次/周 | 1~3次/月 |
| | 3 | 拱顶下沉 | 水准仪、钢钢尺、全站仪或其他非接触量测仪器 | 每5~100m一个断面 | | 1~2次/d | 1次/2d | 1~2次/周 | 1~3次/月 |
| | 4 | 地表下沉 | 水准仪、钢钢尺、全站仪 | 洞口段、浅埋段($h \leq 2.5b$),布置不少于2个断面,每断面不少于3个测点 | 0.5mm | 开挖面距量测断面前后 <2.5b 时,1~2次/d;开挖面距量测断面前后 <5b 时,1次/2~3d;开挖面距量测断面前后 ≥5b 时,1次/3~7d | | | |
| | 5 | 拱脚下沉 | 水准仪、钢钢尺、全站仪 | 富水软弱破碎围岩、流沙、软岩大变形、含水黄土、膨胀岩土等不良地质和特殊性岩土段 | 0.5mm | 仰拱施工前,1~2次/d | | | |

续上表

| 项目分类 | 序号 | 项目名称 | 方法及工具 | 布置 | 精度 | 量测间隔时间 | | | |
|---|---|---|---|---|---|---|---|---|---|
| | | | | | | 1~15d | 16d~1个月 | 1~3个月 | 大于3个月 |
| 选测项目 | 6 | 钢架内力及外力 | 支柱压力计或其他测力计 | 每代表性地段1~2个断面,每个断面钢架内力3~7个测点,或外力1对测力计 | 0.1MPa | 1~2次/d | 1次/2d | 1~2次/周 | 1~3次/月 |
| | 7 | 围岩内部位移(洞内设点) | 洞内钻孔中安设单点、多点杆式或钢丝式位移计 | 每代表性地段1~2个断面,每个断面3~7个钻孔 | 0.1mm | 1~2次/d | 1次/2d | 1~2次/周 | 1~3次/月 |
| | 8 | 围岩内部位移(地表设点) | 地表钻孔中安设各类位移计 | 每代表性地段1~2个断面,每断面3~5个钻孔 | 0.1mm | 同地表下沉要求 | | | |
| | 9 | 围岩压力 | 各种类型岩土压力盒 | 每代表性地段1~2个断面,每断面3~7个测点 | 0.01MPa | 1~2次/d | 1次/2d | 1~2次/周 | 1~3次/月 |
| | 10 | 两层支护间压力 | 压力盒 | 每代表性地段1~2个断面,每断面3~7个测点 | 0.01MPa | 1~2次/d | 1次/2d | 1~2次/周 | 1~3次/月 |
| | 11 | 锚杆轴力 | 钢筋计、锚杆测力计 | 每代表性地段1~2个断面,每断面3~7锚杆(索),每根锚杆2~4个测点 | 0.01MPa | 1~2次/d | 1次/2d | 1~2次/周 | 1~3次/月 |
| | 12 | 支护、衬砌内应力 | 各类混凝土内应变计及表面应力解除法 | 每代表性地段1~2个断面,每断面3~7个测点 | 0.01MPa | 1~2次/d | 1次/2d | 1~2次/周 | 1~3次/月 |

续上表

| 项目分类 | 序号 | 项目名称 | 方法及工具 | 布置 | 精度 | 量测间隔时间 | | | |
|---|---|---|---|---|---|---|---|---|---|
| | | | | | | 1~15d | 16d~1个月 | 1~3个月 | 大于3个月 |
| 选测项目 | 13 | 围岩弹性波速度 | 各种声波仪及配套探头 | 在有代表性地段设置 | — | | | | |
| | 14 | 爆破振动 | 测振及配套传感器 | 邻近建(构)筑物 | — | 随爆破进行 | | | |
| | 15 | 渗水压力、水流量 | 渗压计、流量计 | — | 0.01MPa | — | | | |
| | 16 | 地表下沉 | 水准测量的方法,水准仪,钢钢尺 | 有特殊要求段落 | 0.5mm | 开挖面距量测断面前后 <2.5b 时,1~2次/d;开挖面距量测断面前后 <5b 时,1次/2~3d;开挖面距量测断面前后 ≥5b 时,1次/3~7d | | | |
| | 17 | 地表水平位移 | 经纬仪、全站仪 | 有可能发生滑移的洞口段高边坡 | 0.5mm | — | | | |

注：$b$ 为隧道开挖宽度；$h$ 为隧道埋深。表中 1~5 项为必测项目，6~17 项为选测项目。选测项目应根据围岩地质条件、隧道结构、隧道施工及环境条件进行选择。另外，对于特殊地质条件，应提出特殊量测要求，如底鼓量测。

# 资料三 量测项目

通过表 6-2-1 又可以将隧道监控量测项目大致划分为位移量测和应力量测，位移量测主要分为下沉量测（拱顶下沉、地表下沉、拱脚下沉等）和收敛量测（洞内周边位移收敛量测），主要量测仪器有水准仪、收敛仪、钢钢尺等；应力量测主要分为围岩应力量测（围岩压力、渗水压力）和支护结构的应力量测（锚杆轴力、钢架内力等），主要量测仪器有压力盒、测力计等。下面对隧道施工过程中必测项目和几项选测项目的量测方法进行介绍。

## 一、必测项目

（一）使用水准仪量测拱顶下沉、地表下沉、拱脚下沉

隧道开挖后，围岩位移是围岩动态的最显著表现，其最能反映出围岩（或围岩加支

护)的稳定状态和动态发展趋势。因此,对坑道周边位移进行量测,并据以判断围岩(或围岩加支护)的稳定状态,是最直接、最直观、最经济、最常用和最有意义的方法。

1. 量测方法

由已知高程的临时或永久水准点(通常借用隧道高程控制点),使用较高精度的水准仪,就可观测出隧道拱顶或隧道上方地表各点的下沉量(绝对位移值)及其随时间的变化情况,如图 6-3-1 所示,拱顶下沉、地表下沉及底鼓量测也可用此法观测。

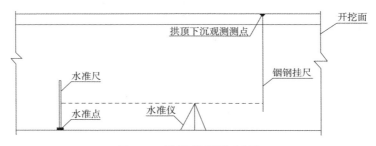

图 6-3-1　拱顶下沉量测示意图

近年来,出现了使用全站仪进行隧道净空变化量测和拱顶下沉量测的方法,其方法包括自由设站和固定设站两种。与传统接触量测的主要区别在于,非接触量测的测点多采用一种反射膜片作为测点靶标,该膜片正面由均匀分布的微型棱镜和透明塑料薄膜构成,反面涂有压敏不干胶,它可以牢固地黏附在构件表面上。这种反射膜片,大小可以任意剪裁,价格低廉。反射膜片贴在隧道测点处的预埋件上,在开挖面附近的反射膜片,应采取一定的措施对其进行保护,以免施工时反射膜片表面被覆盖或污染,同时施工单位应和监控量测单位加强协调工作,保证预埋件不被碰歪和碰掉(图 6-3-2)。通过对比不同时刻测点的三维坐标,可获得该测点在该时段的三维位移变化量(相对于某一初始状态)。在三维位移矢量监控量测时,必须保证后视基准点位置固定不动并定期校核,以保证测量精度。与传统接触式监控量测方法相比,该方法能够获取测点更全面的三维位移数据,有利于结合现行的数值计算方法进行监控量测信息的反馈,同时具有快速、省力、数据处理自动化程度高等特点。

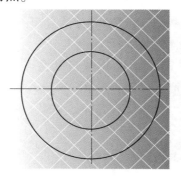 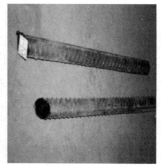

图 6-3-2　反射膜片及预埋件

## 2. 数据整理

量测数据整理包括数据计算、列表或绘图表示各种关系。

(1) 拱顶下沉计算式为：

$$\Delta_i = h_0 - h_i \tag{6-3-1}$$

式中：$h_0$——拱顶点初始观测值，即拱顶点与基点之间的高差；

$h_i$——第 $i$ 次观测值；

$\Delta_i$——第 $i$ 次观测时，拱顶点相对于基点的沉降值，向下为正。

(2) 数据记录采用表格进行处理，表 6-3-1 是常见拱顶下沉量测记录表。

**隧道拱顶下沉量测记录表**　　　　　　表 6-3-1

| 桩号 | | 施工方法 | | | 施工部位 | | | 埋设日期 | | | |
|---|---|---|---|---|---|---|---|---|---|---|---|
| 测线编号 | 测量时间 | 第一次 | 第二次 | 第三次 | 平均值 | 温度修正值 | 修正后测点高程 | 相对上次下沉值（mm） | 累计下沉值（mm） | 下沉速率（mm/d） | 备注 |
| | | | | | | | | | | | |
| | | | | | | | | | | | |
| | | | | | | | | | | | |
| | | | | | | | | | | | |
| | | | | | | | | | | | |
| | | | | | | | | | | | |
| | | | | | | | | | | | |
| | | | | | | | | | | | |
| | | | | | | | | | | | |

(3) 量测过程中应及时计算出拱顶下沉值、下沉速率，并列表或绘图，以直观表示，必要时应观测、记录拱顶下沉与开挖断面之间的距离，并绘制相应关系曲线。常用的几种关系曲线图形式如图 6-3-3、图 6-3-4 所示。

## 3. 注意事项

(1) 开挖后尽快埋设测点，并测取初始值，要求 12h 内完成。

(2) 测点（测试断面）应尽可能靠近开挖面，不受爆破影响范围内尽快安设。

(3) 读数应按精密水准仪操作说明进行。

(4) 量测频率应视围岩条件、工程结构条件及施工情况而定，一般应按表 6-2-1 的要求来定。

（5）整个量测过程中,应做好详细记录,并随时检查有无错误。记录内容应包括测点所在断面桩号、前后视读数、当时温度以及开挖面距量测断面的距离等。

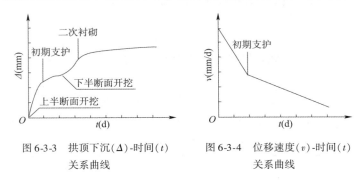

图 6-3-3　拱顶下沉($\Delta$)-时间($t$)关系曲线　　图 6-3-4　位移速度($v$)-时间($t$)关系曲线

(二)使用收敛计量测坑道水平相对位移

1.量测方法

为量测简便起见,一般均用收敛计量测坑道侧壁两点之间的水平相对位移值。对于典型倾斜围岩隧道和小净距隧道,水平相对位移值能很好地反映坑道侧壁围岩位移动态。

2.收敛计

(1)收敛计一般由带孔钢尺、数显测微千分表、张力调节器、测点连接器组成。测点连接器常采用单向挂钩式。

(2)测点常用长度为 20～30cm 的 $\phi 10$ 钢筋锚固于岩壁内,外设挂钩,其位移即可代表岩壁测点的位移。

(3)图 6-3-5 为某数显收敛计示意图。

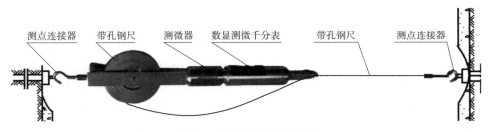

图 6-3-5　某数显收敛计示意图

(4)量测方法及注意事项按仪器使用说明进行。数据整理同拱顶下沉。

3.数据整理

(1)水平相对位移计算式为:

$$u_i = R_i - R_0 \tag{6-3-2}$$

式中:$R_0$——初始观测值;

$R_i$——第 $i$ 次观测值;

$u_i$——第 $i$ 次量测时,两测点之间的相对位移值。

(2)若持续观测时间较长,温差较大,要进行温度修正。其计算式为:

$$\Delta ut_i = \alpha L(t_i - t_0) \qquad (6\text{-}3\text{-}3)$$

式中:$\alpha$——钢尺的线膨胀系数(一般取 $\alpha = 1.2 \times 10^{-5}\ \text{℃}^{-1}$);

$L$——量测基线长;

$t_0$、$t_i$——初始量测时的温度和第 $i$ 次量测时的温度。

(3)其他同拱顶下沉量测。

## 二、选测项目

(一)使用位移计量测围岩内部位移

1. 量测方法

围岩内部各点的位移同坑道周边位移一样是围岩动态的表现。它不仅反映了围岩内部的松弛程度,而且更能反映围岩松弛范围的大小,这也是判断围岩稳定性的一个重要参考指标。

在实际量测工作中,使用位移计量测围岩内部位移的方法是,先向围岩钻孔,然后安装位移计,用位移计量测钻孔内(即围岩内部)各点相对于孔口(岩壁)一点的相对位移。

2. 位移计

(1)位移计有两种类型,一类是机械式,另一类是电测式。位移计构造由定位装置、位移传递装置、孔口固定装置、百分表或读数仪等部分组成。

(2)定位装置负责将位移传递装置固定于钻孔中的某一点,则所测得的位移代表围岩内部该点位移。定位装置多采用机械式锚头,其形式有楔缝式、支撑式、压缩木式等。

(3)位移传递装置负责将锚固点的位移以某种方式传递至孔口外,以便测取读数。机械式位移计和电测式位移计就是根据位移传递装置的传递方式分类的。其中,机械式位移传递构件有直杆式、钢带式、钢丝式;电测式位移传感器有电磁感应式、差动电阻式、电阻式。

(4)孔口固定装置。一般测试的是孔内各点相对于孔口一点的相对位移,故需在孔口设固定点或基准面。

(5)直杆式位移计结构简单,安装方便,稳定可靠,价格低廉;但观测精度较低,观测不太方便,一般只能观测 1~2 个测点,见图 6-3-6。钢带式和钢丝式位移计则可单孔观测多个测点,如 DWJ-1 型深孔钢丝式位移计可同时观测到单孔中不同深度的 6 个点位,见图 6-3-7。

(6)电测式位移计的传感器需有读数仪来配合输送、接收电信号,并读取读数。电测式位移计多用于进行深孔多点位移测试,其观测精度较高,测读方便,且能进行遥测,但受外界影响较大,稳定性较差,费用较高,见图 6-3-8。

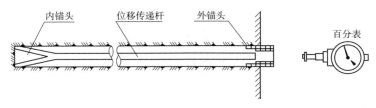

图 6-3-6　单点直杆式位移计示意图

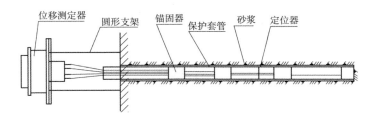

图 6-3-7　DWJ-1 型深孔钢丝式位移计示意图

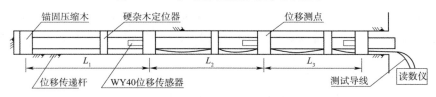

图 6-3-8　电阻式多点位移计

**3. 测试方法及注意事项**

围岩内部位移测试方法及注意事项基本上与坑道周边相对位移测试方法相同。

**4. 数据整理**

数据整理方法基本同前,可整理出:

(1) 孔内测点($L_1,L_2,\cdots$)位移($u$)-时间($t$)关系曲线。

(2) 不同时间($t_1,t_2,\cdots$)位移($u$)-深度($L_1,L_2,\cdots$)关系曲线。

(二) 使用钢筋计量测锚杆内应力

**1. 量测原理**

系统锚杆的主要作用是限制围岩的松弛变形。这个限制作用的强弱,一方面受围岩地质条件的影响,另一方面受锚杆工作状态的影响。锚杆工作状态的好坏主要以其受力后的应力来反映。因此,如果能采用某种手段测试锚杆在工作时的应力值,就可以知道其工作状态,也可以由此判断其对围岩松弛变形的限制作用。

实际量测工作中,是采用与设计锚杆强度相等,且刚度基本相等的各式钢筋计来观测锚杆的应力-应变。

这里要特别说明的是,如果将观测锚杆的刚度设计为与围岩的刚度相等,则其观测结果就是围岩的应变值,所以围岩的应变观测亦用此法,此处不再重复。

2. 钢筋计

（1）钢筋计多采用电测式，其传感器有电磁感应式、差动电阻式、电阻片式几种。

（2）根据测试要求，可将几只传感器连接或粘贴于锚杆的不同区段，观测出不同区段的应力-应变。

（3）读数仪可自动率定接收到的电信号，并显示应力-应变值。

电磁感应式钢筋计又称钢弦式钢筋计，它需要使用电脉冲发生器（周期仪）测试，这种钢筋计的构造不太复杂，性能亦较稳定，耐久性较好，其直径接近设计锚杆直径，经济性较好，是一种比较有发展前途的钢筋计（图6-3-9）。

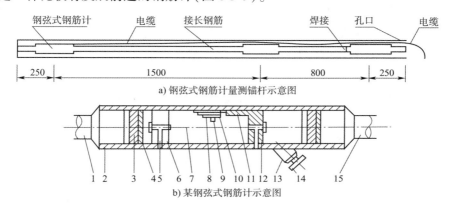

a) 钢弦式钢筋计量测锚杆示意图

b) 某钢弦式钢筋计示意图

图6-3-9　钢筋计（尺寸单位：mm）

1-拉杆；2-壳体；3-端封板；4-橡皮垫；5-定位螺栓；6-夹线柱；7-钢弦；8-线圈架；9-铁芯；10-线圈；11-支架；12-支承堵头；13-密封圈；14-引线嘴；15-拉杆

差动电阻式钢筋计性能较稳定，耐久性也较好，但其直径较大，且构造复杂，价格较高，因此使用较少。

电阻片式钢筋计实际上是将传感用的电阻片粘贴于实际的锚杆上，并做好防潮处理。其构造简单，安装、测试方便，价格低，故工程测试中常应用。

3. 测试方法及注意事项

（1）电磁感应式和差动电阻式钢筋计，需用接长钢筋（设计锚杆用钢筋）将其对接于测试部位（区段），制成测试锚杆，并测取空载读数。对接可采用电弧对接，操作中应注意不要烧坏和损伤引出导线，并注意减少焊接温度对钢筋计的影响。

（2）电阻片式钢筋计是取设计锚杆，在测试部位两面对称车切、磨平后，粘贴电阻片，做好防潮处理，制成测试锚杆，并测取空载读数。

（3）测试锚杆安装及钻孔均按设计锚杆的同等要求进行，但应注意安装过程中不得损坏电阻片、防潮层及引出导线等。

（4）测试频率及抽样的比例、部位应按表6-2-1执行。

（5）做好各项记录，并及时整理。

### 4. 数据整理

(1)不同时间锚杆轴力 $N$(或应力 $\sigma$)与深度 $l$ 之间的关系曲线。

(2)不同深度各测点锚杆轴力 $N$ 与时间 $t$ 之间的关系曲线。

### (三)采用压力盒量测支护与围岩之间的接触应力

#### 1. 量测原理

支护(喷射混凝土或模筑混凝土衬砌)的内应力及其与围岩之间的接触应力大小,既反映了支护结构的工作状态,又反映了围岩施加于支护的形变压力情况,因此,应对支护的内应力及其与围岩的接触应力进行必要的量测。

这种量测可采用盒式压力传感器(称压力盒)进行测试。将压力盒埋置于混凝土内的测试部位及支护-围岩接触面的测试部位,则压力盒所受压力即为该部位(测点)应力。

#### 2. 压力盒

压力盒有两种传感方式,一种是变磁阻调频式,另一种是液压式。

(1)变磁阻调频式压力盒的工作原理是:当压力作用于承压板上时,通过油层传到传感单元的二次膜上,使之产生变形,改变了磁路的气隙,即改变了磁阻,当输入一振荡电信号,即发生电磁感应时,其输出信号的频率发生改变,这种频率改变因压力的大小而变化,据此可测出压力的大小[图6-3-10a)]。

变磁阻调频式压力盒的抗干扰能力强,灵敏度高,适于遥测,但在硬质介质中应用,存在着与介质刚度匹配的问题,效果不太理想。

(2)液压式压力盒又称格鲁茨尔(Glozel)压力盒,其传感器为一扁平油腔,通过油压泵加压,由油泵表可直接测读出内应力或接触应力[图6-3-10b)]。

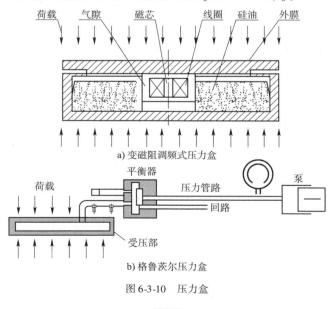

a) 变磁阻调频式压力盒

b) 格鲁茨尔压力盒

图 6-3-10 压力盒

液压式压力盒减少了应力集中的影响,其性能比较稳定可靠,是较理想的压力盒,国内已有单位研制出机械式油腔压力盒。液压式压力盒的液压系统较复杂,故较少使用。

3．测试方法及注意事项

(1)将压力传感器按测试应力的方向埋设于测试部位。在喷射混凝土或模筑混凝土的振捣过程中,应注意不要损伤导线或导管。

(2)液压式压力盒系统还应在适当部位安设管路连接头及阀门。

(3)测试频率应按表6-2-1的要求执行。

4．数据整理

测试过程中,应随时做好各项记录,并及时整理出有关图表,如接触应力分布图。

(四)使用声波测试方法量测围岩的弹性波速度

1．量测原理

声波测试是地球物理探测方法的一种。它是在岩体的一端激发弹性波,而在另一端接收通过岩体传递过来的波,弹性波通过岩体传递后,其波速、振幅、频率均发生改变。对于同一种激发弹性波,穿过不同的岩层后,发生的改变各不相同,这主要是由于岩体的物理力学性质各不相同。因此,弹性波在岩体中的传播特征就反映了岩体的物理力学性质,如动弹性模量、岩体强度、完整性或破碎程度、密实度等。据此可以判别围岩的工程性质,如稳定性,并对围岩进行工程分类。声波测试方法的原理见图6-3-11。

目前,在工程测试中,普遍应用声波在岩体中传播的纵波速度($v_p$)来作为评价岩体物理力学性质的指标。其一般有以下规律:

(1)岩体风化、破碎、结构面发育,则波速低、衰减快、频谱复杂。

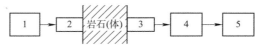

图6-3-11　声波测试原理示意图

1-振荡器;2-发射换能器;3-接收换能器;4-放大器;5-显示器

(2)岩体充水或应力增加,则波速高、衰减慢、频谱简化。

(3)岩体不均匀和各向异性,则其波速与频谱也相应表现出不均一和各向异性。

2．测试方法及注意事项

(1)声波测试方法较多,从换能器的布置方式、波的传播方式、换能器的组合形式三个方面可分为:

①按换能器的布置方式分为 $\begin{cases} 表面观测 \begin{cases} 共面观测 \\ 不共面观测(相对平面观测、正交平面观测) \end{cases} \\ 内部观测 \begin{cases} 钻孔(单孔测试、双孔测试) \\ 埋设 \end{cases} \end{cases}$

②按波的传播方式分为 $\begin{cases} 直透法——直达波法 \\ 平透法(折射波法、反射波法) \end{cases}$

③按换能器组合分为 $\begin{cases} 一发一收 \\ 一发多收 \\ 多发多收 \end{cases}$

(2) 声波测试方法应注意以下几点：

①探测区域的选择要有典型性和代表性；

②测点、测线、测孔的布置要有明确的目的性，要根据实际工程地质情况、岩体力学特性及建筑形式等进行布设；

③声波测试一般以测纵波速度（$v_p$）为主，但应根据实际要求，可测其横波速度（$v_s$），记录波幅，进行频谱分析。

3. 数据整理

隧道工程中多采用单孔平透折射波法测试围岩在拱顶、拱脚、墙腰几个部位的径向纵波速度。根据测试记录，应及时整理出每个测孔的 $v_p$-$L$ 曲线。常见的曲线形式可以归纳为以下四种类型（图6-3-12）。

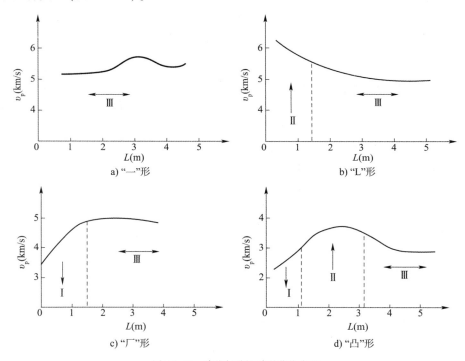

图6-3-12　波速与孔深关系曲线类型

(1) "一"形，无明显分带，表示围岩较完整。

(2) "L"形，无松弛带，有应力升高带，表示围岩较坚硬。

(3) "厂"形，有松弛带，应当区别是由于爆破引起的松动还是围岩进入塑性后的松动。

(4)"凸"形,松弛带、应力升高带均有。

以上所述只是一般情形,但有时波速高并不反映岩体完整性好,如有些破碎硬岩的波速就高于完整性较好的软岩,因此,国家标准《岩土锚杆与喷射混凝土支护工程技术规范》(GB 50086—2015)中还采用了岩体完整性系数 $K_v = (v_{mp}/v_{rp})^2$ 来反映岩体的完整性($v_{mp}$ 为岩体的纵波速度,$v_{rp}$ 为岩块的纵波速度)。$K_v$ 越接近1,表示岩体越完整。

另外,在软岩与极其破碎的岩体中,有时无法取出原状岩块,不能测出其纵波速度,这时可用相对完整系数 $K_x$ 来代替 $K_v$。

# 资料四 量测计划

现场量测是现代隧道及地下工程中的一项重要工作,它必须是在初步调查的基础上,依据实际工程地质条件、施工方法、环境要求、经济条件等编制有明确量测目的的现场量测实施计划。现场量测实施计划应包括:量测项目的选择,测试断面、测线、测点、测孔的布设,量测频率及量测期间的确定。

1. 测试断面的布置

测试断面有两种,一是单一测试断面,二是综合测试断面。把单项量测内容布设在一个测试断面,了解围岩和支护在这个断面的动态变化情况,这种测试断面称为单一测试断面。另外一种,把几项量测内容组合布设在一个测试断面,使各项量测结果、各种量测手段互相校验,对该断面的动态变化进行综合分析和判断,这种测试断面称为综合测试断面。

隧道工程现场量测的测试断面一般均沿隧道纵向间隔布设。由于各量测项目的要求不同,则其测试断面的间距亦不相同。测试断面的间距规定大致有以下三种情况。

(1)拱顶下沉和周边位移一般布设在同一断面,其测试断面间距可按《公路隧道施工技术规范》(JTG/T 3660—2020)规定,见表6-4-1。

拱顶下沉、周边位移量测断面布置间距　　　　　　　　表6-4-1

| 围岩级别 | 断面间距(m) | 围岩级别 | 断面间距(m) |
| --- | --- | --- | --- |
| Ⅴ～Ⅵ | 5～10 | Ⅲ | 20～50 |
| Ⅳ | 10～20 | Ⅰ～Ⅱ | 50～100 |

(2)地表下沉量测与埋深关系很大,其测试断面间距可参照表6-4-2执行,$b$ 为开挖宽度,$h$ 为隧道埋深。

地表下沉量测断面纵向间距　　　　表6-4-2

| 隧道埋深 | 纵向测点间距(m) | 隧道埋深 | 纵向测点间距(m) |
| --- | --- | --- | --- |
| $h > 2.5b$ | 视情况布设量测断面 | $h \leq b$ | 5~10 |
| $b < h \leq 2.5b$ | 10~20 | | |

(3)其他量测项目一般都可布置在综合测试断面上,称为代表性测试断面,其断面间距和数量视具体需要而定。在一般围岩条件下,200~500m设一个综合测试断面。

2. 周边位移的测线布置

坑道周边位移测点布置应符合下列规定:

(1)全断面法宜设置1条水平测线,如图6-4-1a)所示。

(2)台阶法每个台阶宜设置一条水平测线,如图6-4-1b)所示。

(3)中隔壁法或交叉中隔壁法等分部开挖法,每开挖分部宜设置1条水平测线,如图6-4-1c)所示。

(4)双侧壁导坑法,每开挖分部宜设置一条水平测线,如图6-4-1d)所示。

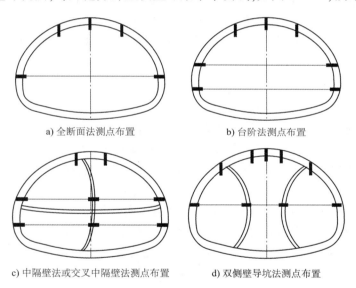

a) 全断面法测点布置　　　　b) 台阶法测点布置

c) 中隔壁法或交叉中隔壁法测点布置　　　　d) 双侧壁导坑法测点布置

图6-4-1　围边位移测线布置

(5)偏压隧道或者小净距隧道可加设斜向测线。

(6)同一断面测点宜对称布置。

(7)不同断面测点应布置在相同部位。

3. 围岩内部位移的测孔布置

围岩内部相对位移的测孔,一般与周边位移测线相应布置,以便使两项测试结果能够互相验证,协同分析和应用(图6-4-2)。

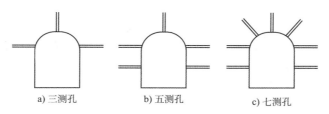

a) 三测孔　　　b) 五测孔　　　c) 七测孔

图 6-4-2　围岩内部位移测孔布置

**4. 轴力量测锚杆的布置**

轴力量测锚杆在断面上的布置位置,要根据工程设计的支护锚杆位置来确定,一般可参照围岩内部位移测孔布置。

**5. 支护-围岩接触应力的测点布置**

一般情况下,支护-围岩接触应力量测应在有代表性的部位布置测点,如拱顶、拱腰、拱脚、墙顶、墙腰、墙脚等部位,并应考虑与锚杆应力量测作对应布置(图 6-4-3)。另外,在有偏压、底鼓等特殊情况下,应视具体情形调整测点位置和数量。

a) 三测点　　　b) 六测点　　　c) 九测点

图 6-4-3　支护-围岩接触应力的测点布置

**6. 地表、地中沉降的测点布置**

地表、地中沉降的测点,主要应布置在洞室中轴线上方的地表或地中(钻孔中),在主点的横向上也应布置必要数量的测点。应当注意的是,在沉降区以外还应设置不受隧道施工影响的固定点作为参照(图 6-4-4)。

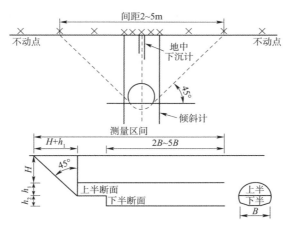

图 6-4-4　地表下沉量测范围及地中沉降测点布置

### 7. 声波测孔布置

声波测孔宜布置在有代表性的部位(图6-4-5)。另外,还要考虑到围岩层理、节理的方向与测孔方向的关系。可采用单孔、双孔两种测试方法;或在同一部位,呈直角相交布置三个测孔,以便充分掌握围岩结构对声波测试结果的影响。

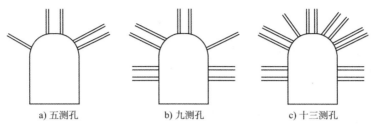

a) 五测孔　　　　　b) 九测孔　　　　　c) 十三测孔

图6-4-5　声波测孔布置

# 资料五　量测数据分析与反馈

完成隧道量测数据的采集之后,需要对数据进行分析与反馈,并得出指导性的建议,用于指导施工。

## 一、监控量测控制基准

监控量测控制基准包括隧道内位移、地表沉降、爆破振动等,应根据地质条件、隧道施工安全性、隧道结构的长期稳定性,以及周围建(构)筑物特点和重要性等因素制定。

一般会综合地质条件、结构条件等设计出合理的隧道初期支护极限相对位移,若没有设计极限位移值可参照表6-5-1选用。

**隧道初期支护极限相对位移**(跨度7m<$B$≤12m)　　　　表6-5-1

| 围岩级别 | 隧道埋深 $h$(m) | | |
|---|---|---|---|
| | $h$≤50 | 50<$h$≤300 | 300<$h$≤500 |
| 拱脚水平相对净空变化(%) | | | |
| Ⅱ | — | 0.01~0.03 | 0.01~0.08 |
| Ⅲ | 0.03~0.10 | 0.08~0.40 | 0.30~0.60 |
| Ⅳ | 0.10~0.30 | 0.20~0.80 | 0.70~1.20 |
| Ⅴ | 0.20~0.50 | 0.40~2.00 | 1.80~3.00 |

续上表

| 围岩级别 | 隧道埋深 $h$(m) | | |
|---|---|---|---|
| | $h \leq 50$ | $50 < h \leq 300$ | $300 < h \leq 500$ |
| | 拱顶相对下沉(%) | | |
| Ⅱ | — | 0.03~0.06 | 0.05~0.12 |
| Ⅲ | 0.03~0.06 | 0.04~0.15 | 0.12~0.30 |
| Ⅳ | 0.06~0.10 | 0.08~0.40 | 0.30~0.80 |
| Ⅴ | 0.08~0.16 | 0.14~1.10 | 0.80~1.40 |

注：1. 本表适用于复合式衬砌的初期支护，硬质围岩隧道取表中较小值，软质围岩隧道取表中较大值。表列数值可在施工中通过实测资料积累作适当修正。

2. 拱脚水平相对净空变化指两拱脚测点间净空水平变化值与其距离之比，拱顶相对下沉指拱顶下沉值减去隧道下沉值后与原拱顶至隧底高度之比。

位移控制基准应根据测点距离开挖面的距离，由初期支护极限相对位移按表6-5-2要求确定。

位移控制基准　　　　　　　　　　　　　　　　　表6-5-2

| 类别 | 距开挖面 $1B(U_{1B})$ | 距开挖面 $2B(U_{2B})$ | 距开挖面较远 |
|---|---|---|---|
| 允许值 | 65% $U_0$ | 90% $U_0$ | 100% $U_0$ |

注：$B$ 为隧道宽度；$U_0$ 为极限相对位移值。

## 二、量测数据处理与应用

1. 量测数据处理的目的

由于现场量测所得的原始数据，不可避免具有一定的离散性，其中包含着测量误差甚至测量错误。不经过整理和数学处理的量测数据难以直接利用。数学处理的目的是：

（1）将同一量测断面的各种量测数据进行分析对比、相互印证，以确认量测结果的可靠性。

（2）探求围岩变形或支护系统的受力随时间变化规律、空间分布规律，判断围岩和支护系统稳定的状态。

2. 量测数据处理的内容和方法

量测数据的整理尽量采用计算机管理，可用 Excel 软件进行管理。其主要内容包括：

（1）绘制位移、应力、应变随时间变化的曲线。

（2）绘制位移速率、应力速率、应变速率随时间变化的曲线。

（3）绘制位移、应力、应变随开挖面推进变化的曲线。

（4）绘制位移、应力、应变随围岩深度变化的曲线。

（5）绘制接触压力、支护结构应力在隧道横断面上的分布图。

如果位移曲线正常,说明围岩处于稳定状态,支护系统是有效、可靠的,如果位移出现反常的急骤增长现象(出现了反弯点),表明围岩和支护已呈不稳定状态,应立即采取相应的工程措施(图6-5-1)。

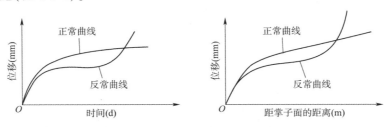

图6-5-1 时间-位移曲线和时间-距离曲线

3.量测数据的应用

(1)初期支护阶段围岩稳定性的判定和施工管理

①按变形管理等级指导施工。《公路隧道施工技术规范》(JTG/T 3660—2020)将位移管理等级分为三等,见表6-5-3。

位移管理等级　　　　　　　　　　　　　　　表6-5-3

| 管理等级 | 管理位移(mm) | 施工状态 |
| --- | --- | --- |
| Ⅲ | $U < (U_0/3)$ | 可正常施工 |
| Ⅱ | $(U_0/3) \leq U \leq (2U_0/3)$ | 应加强支护 |
| Ⅰ | $U > (2U_0/3)$ | 应采取特殊措施 |

注:$U$为实测位移值;$U_0$为极限相对位移值。

②根据位移速率进行施工管理:

a.当位移速率大于1mm/d时,表明围岩处于急剧变形阶段,应密切关注围岩动态。

b.当位移速率为1~0.2mm/d时,表明围岩处于缓慢变形阶段。

c.当位移速率小于0.2mm/d时,表明围岩已达到基本稳定,可进行二次衬砌作业。

③根据位移-时间曲线进行施工管理:

a.每次量测后应及时整理数据,绘制位移-时间曲线。

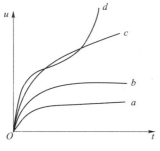

图6-5-2 位移-时间曲线

b.当位移速率很快变小时,曲线很快平缓,如图6-5-2a线所示,表明围岩稳定性好,可适当减弱支护。

c.当位移速率逐渐变小,即$d^2u/dt^2 < 0$时,曲线趋于平缓,如图6-5-2b线所示,表明围岩变形趋于稳定,可正常施工。

d.当位移速率不变,即$d^2u/dt^2 = 0$时,曲线直线上升,如图6-5-2c线所示,表明围岩变形急剧增长,无稳定趋势,应及时加强支护,必要时暂停掘进。

e.当位移速率逐步增大,即$d^2u/dt^2 > 0$时,曲线出现反弯点,如图 6-5-2d 线所示,表明围岩已处于不稳定状态,应停止掘进,及时采取加固措施。

（2）二次衬砌的施作条件

①各测试项目的位移速率明显收敛,围岩基本稳定。

②已产生的各项位移已达预计总量的 80% ~ 90%。

③周边位移速率小于 0.1 ~ 0.2mm/d 或拱顶下沉速率小于 0.07 ~ 0.15mm/d。

# 某高速公路隧道施工监控量测

## 一、工程概况

该隧道为上、下行分离的四车道一级公路分离式隧道,隧道左、右洞路线设计线间距进口 29.9m、出口 53.3m、洞身最大 53.3m。隧道左洞起讫里程桩号为 ZK1910 + 886 ~ ZK1911 + 401,长 515m,最大埋深约 99m;隧道右洞起讫里程桩号为 YK1910 + 883 ~ YK1911 + 345,长 462m,最大埋深 84m。隧道进口采用削竹式洞门、出口采用端墙式洞门,本隧道采用自然通风,电光照明。

隧道左、右洞全范围位于一平曲线半径为左洞 $R$-1070m、右洞 $R$-1150m 的右偏圆曲线上。隧道路基全范围设置超高,超高值为 3%,路面排水沟仅在隧道路面最低处设置。隧道纵面线形左、右洞均采用单向坡。

## 二、监控量测方案

1. 监控量测的必要性和目的

为了保证隧道的安全和顺利施工,掌握围岩和支护的动态信息,使其既安全,又经济合理,对重点和特殊地段进行监控量测有着重要意义。隧道监控量测主要目标为：

（1）掌握围岩动态和支护结构的工作动态,利用量测结果修改设计,指导施工；

（2）预见事故和险情,以便及时采取措施,防患于未然；

（3）积累资料,为以后的工程设计、施工提供经验；

（4）为确定隧道安全提供可靠的信息；

（5）量测数据经分析处理与必要的计算判断后,进行预测和反馈,以保证施工安全和隧道稳定。

2. 监控量测编制依据

本项目的隧道监控量测按照国家有关工程建设标准强制性条文和交通运输部关于公路勘察设计以及公路隧道监控量测方面现行的标准、规范、规程、定额、办法、示例进行；同时符合招标项目所在地关于公路工程勘察设计以及公路隧道监控量测方面的文件、规定

等,本项目监测依据如下:

《公路工程技术标准》(JTG B01—2014);
《公路建设项目环境影响评价规范》(JTG B03—2006);
《公路环境保护设计规范》(JTG B04—2010);
《公路工程地质勘察规范》(JTG C20—2011);
《公路土工试验规程》(JTG E40—2007);
《公路隧道设计规范》(JTG D70—2004);
《公路隧道施工技术规范》(JTG F60—2009);
《工程测量规范》(GB 50026—2007);
《公路工程质量检验评定标准 第一册 土建工程》(JTG F80/1—2017);
本项目的施工图设计图纸;
《公路隧道施工技术细则》(JTG/T F60—2009);
《工程岩体分级标准》(GB/T 50218—2014);
《公路隧道施工地质预报技术规程》(DB42/T 561—2009)。

**3. 监控量测控制标准**

本隧道施工变形监控量测采用多参数综合评判,主要通过以下三个方面进行评价:

(1)按围岩变形最大位移值评判

根据《公路隧道设计规范》(JTG D70—2004)锚喷衬砌和复合式衬砌初期支护的允许洞内周边相对位移值和允许洞内周边收敛变化及拱顶下沉控制值 $A$(mm)主要参考分别见表6-6-1、表6-6-2。

**隧道周边允许相对位移值** 表6-6-1

| 围岩级别 | 允许相对位移值(%) | | |
| --- | --- | --- | --- |
| | 埋深<50m | 埋深50~300m | 埋深>300m |
| Ⅲ | 0.1~0.3 | 0.2~0.5 | 0.4~1.2 |
| Ⅳ | 0.15~0.5 | 0.4~1.2 | 0.8~2.0 |
| Ⅴ | 0.2~0.8 | 0.6~1.6 | 1.0~3.0 |

注:1.水平相对收敛值系指收敛位移累计值与两测点间距离之比。
2.硬质围岩隧道取表中较小值,软质围岩隧道取表中较大值。
3.本表所列数值,可在施工过程中通过实测和资料积累作适当修正。
4.拱顶下沉允许值,一般按本表数值的0.5~1.0倍采用。

**允许洞内周边收敛变化及拱顶下沉控制值 $A$(mm)** 表6-6-2

| 围岩级别 | 埋深(m) | | | | | |
| --- | --- | --- | --- | --- | --- | --- |
| | <50 | | 50~300 | | 301~500 | |
| | 周边收敛变化 | 拱顶下沉 | 周边收敛变化 | 拱顶下沉 | 周边收敛变化 | 拱顶下沉 |
| Ⅲ | 30 | 30 | 45 | 30 | 120 | 60 |

续上表

| 围岩级别 | 埋深(m) | | | | | |
|---|---|---|---|---|---|---|
| | <50 | | 50~300 | | 301~500 | |
| | 周边收敛变化 | 拱顶下沉 | 周边收敛变化 | 拱顶下沉 | 周边收敛变化 | 拱顶下沉 |
| Ⅳ | 45 | 45 | 120 | 60 | 210 | 100 |
| Ⅴ | 50 | 50 | 160 | 80 | 300 | 150 |

注:本表所列数值,可在施工过程中通过实测和资料积累作适当修正,取控制值的80%作为本隧道监测项目的警戒值。

(2)按围岩变形速率值评判

①当围岩位移速率值(回归速率值或3~5d平均速率值)小于0.2mm/d时可判断围岩达到基本稳定;

②当围岩位移速率值(回归速率值或3~5d平均速率值)在1~0.2mm/d范围内表明围岩仍处于缓慢变形增长阶段,应观注围岩动态,检查支护裂纹状态;

③当围岩位移速率值(回归速率值或3~5d平均速率值)连续大于1mm/d时,表明围岩处于急剧变形阶段,应加强观测;

④当围岩位移速率值(回归速率值或3~5d平均速率值)连续大于5.0mm/d时,应立即通知施工管理人员和现场监理,检查围岩状态和支护状态,发现裂纹扩大应立即加固,严重时应停止掘进。

(3)按变形曲线形态判断围岩稳定标准

①当变形曲线(二阶导数)$d^2U/dt^2<0$时,表明曲线变形速率下降,变形曲线趋于平缓,表明围岩变形向稳定方向发展;

②当变形曲线(二阶导数)$d^2U/dt^2=0$时,表明曲线变形速率匀速变化,变形曲线直线上升,表明围岩不稳定。应立即通知施工管理人员和现场监理,检查围岩状态和支护状态,发现裂纹扩大应立即加固,严重时可停止掘进;

③当变形曲线(二阶导数)$d^2U/dt^2>0$时,表明曲线变形速率出现拐点,即变形速率逐步增大,表明围岩即将失稳。应立即通知施工管理人员和现场监理,暂停施工。

隧道监控量测工作的核心工作就是准确预警,其中预警的价值有两点:

①保证安全,即通过提前预警,避免潜在的人员安全事故发生;

②降低损失,即各方努力,形成一个完善并可操作的应急方案,争取达到及时采取措施,有效避免塌方等情况发生,从而减少经济损失。

4.监测项目及监测方法

《公路隧道施工技术规范》(JTG F60—2009)规定采用复合式衬砌和锚喷衬砌隧道开工前,应制定施工全过程监控量测方案;在复合式衬砌和锚喷衬砌隧道施工时,必须进行必测项目的量测;应根据设计要求、隧道断面形状和断面大小、埋深、围岩条件、周边环境条件、支护类型和参数、施工方法等综合选择选测项目。

根据招标文件的要求,参照相关技术规范选取洞内外观察、周边收敛、拱顶下沉、地表下沉作为必测项目(表6-6-3)。

隧道监控量测项目及仪器表　　　　　　　　　表6-6-3

| 序号 | 量测项目 | 仪器设备 | 布置 | 测试精度 | 测试目的 |
|---|---|---|---|---|---|
| 1 | 洞内、外观察 | 地质罗盘、卷尺等 | 开挖及初期支护后进行 | — | 判断围岩类别，推断前方围岩变化，以及支护稳定状态的初判 |
| 2 | 周边收敛 | 收敛计 | Ⅴ级围岩每15m一个，Ⅳ级围岩每25m一个，Ⅲ级围岩每40m一个 | 0.1mm | 判断围岩的稳定性，确定二次衬砌的施作时间 |
| 3 | 拱顶下沉 | 全站仪/水准仪 | Ⅴ级围岩每15m一个，Ⅳ级围岩每25m一个，Ⅲ级围岩每40m一个 | 0.1mm | 及时掌握隧道整体的稳定情况 |
| 4 | 地表下沉 | 全站仪 | 洞口浅埋段 | 0.5mm | 获得隧道洞口、浅埋段地表下沉值，为控制地表沉降提供信息 |

## 5. 周边收敛

（1）目的

①周边位移是隧道围岩应力状态变化的最直观反映，量测周边位移可为判断隧道空间的稳定性提供可靠的信息；

②根据变形速率判断隧道围岩的稳定程度，为二次衬砌提供合理的支护时机；

③判断初期支护设计与施工方法选取的合理性，用以指导设计和施工；

④防止初期支护沉降侵入二次衬砌空间。

（2）测点布设

周边收敛量测根据围岩类别、隧道埋深、开挖方法等，沿隧道纵向在隧道墙中布设测点，在地质条件良好，采用全断面开挖方式时，可设一条水平测线。当采用台阶开挖方式时，可在拱腰和边墙部位各设一条水平测线。测点间距Ⅴ级围岩为5m，Ⅳ级围岩为10～20m，Ⅲ级围岩为20～40m，测点布置见图6-6-1（其中测点$F$为拱顶下沉量测点，其余点为周边位移量测点）。中隔壁法开挖时，测点布设可参考图6-6-2。

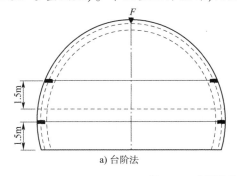 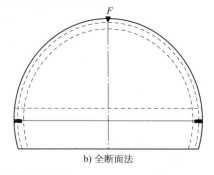

a) 台阶法　　　　　　　　　　　　　　　b) 全断面法

图6-6-1　台阶法及全断面法断面布置图

各测点在避免爆破作业破坏的前提下,尽可能靠近工作面埋设,一般为 0.5~2m,并在下一次爆破循环前获得初始读数。初始读数在开挖后 12h 内读取,最迟不超过 24h,而且在下一循环开挖前,完成初期变形值的读数。

埋设测点时,先在测点处用小型钻机在待测部位成孔,然后将带膨胀管的收敛预埋件敲入,旋上收敛钩后即可量测。

(3) 量测

采用收敛计对收敛量进行测量,每次测量至少完成三次读数,取平均值作为本次测量读数值,周边收敛的最终值需考虑温度的修正值。

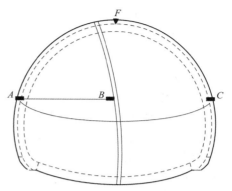

图 6-6-2 中隔壁法断面布置图

(4) 量测数据整理

量测原始记录应呈表格形式,注明断面编号、测点设置时间,量测内容并填写具体量测数值,以便记录施工情况,另外还应有签名。

每次量测后,将原始记录及时整理成正式记录,对每一测量断面内的每条测线,整理后的量测资料包括:

①原始记录及实际测点布置图。

②位移随时间以及与开挖面距离的变化图。

③位移速度、位移加速度随时间以及与开挖面距离的变化图。

这三条曲线,不一定每条测线都要绘制,一般情况下有第一条即可。当位移-时间曲线趋于平缓时,应进行数据处理或回归分析,推算最终位移和掌握位移变化曲线,可选用对数、指数和双曲线函数等。根据这些函数关系可判断位移趋势值。区别位移与时间关系正常与反常曲线。其中反常曲线是指非工序变化所引起的位移急剧增长现象,此时应加密监测,必要时应立即停止开挖并进行施工处理。

(5) 注意事项及监测

①净空收敛量测可采用高精度全站仪或数显式收敛仪;

②在施工初期阶段,或地质条件较差,或位移变形量及速度较大时,应适当增加量测断面及量测频率;

③测点设置应可靠,并应妥善保护,量测仪器使用前应严格标定;

④各量测项目应尽可能布置在同一断面,量测点应尽可能选择具有代表性的地方,以便量测数据的分析及为以后的工作提供经验。

6. 拱顶下沉

(1) 目的

①拱顶位移也是隧道围岩应力状态变化最直观的反映,量测拱顶位移也可为判断隧道空间的稳定性提供可靠的信息;

②根据变形速率判断隧道围岩的稳定程度,为二次衬砌提供合理的支护时机;
③判断初期支护设计与施工方法选取的合理性,用以指导设计和施工;
④通过拱顶位移量测,了解断面的变化状态,判断隧道拱顶的稳定性;
⑤防止初期支护沉降侵入二次衬砌空间。

(2)测点布设

与周边位移量测点布置在同一断面,拱顶下沉量测主要用于确认围岩的稳定性,及时掌握隧道整体的稳定情况。一般在隧道拱顶轴线处设 1 个带钩的测桩(为了保证量测精度,常常在左右各增加一个测点,即埋设三个测点),吊挂钢卷尺,用精密水准仪量测隧道拱顶绝对下沉量。可用 φ6 钢筋弯成三角形钩,用砂浆固定在围岩或混凝土表层。测点的大小要适中,过小量测时不易找到,过大爆破时易被破坏。支护结构施工时要注意保护测点,一旦发现测点被埋掉,要尽快重新设置,以保证数据不中断。

隧道开挖后应及时进行拱顶下沉量测。通常情况下,隧道拱顶下沉是判断围岩是否稳定的重要标志。隧道拱顶下沉测点的布设见图 6-6-1、图 6-6-2。拱顶下沉量测断面间距定为 V 级围岩 15~20m,其余地段 25~50m 一个断面。

(3)量测

采用高精度全站仪或水准仪进行数据采集,后视点设置 3 倍洞径范围以外稳定的区域。观测方法采用精密水准测量方法。基点和附近水准点联测取得初始高程。观测时各项限差宜严格控制,每测点读数高差不宜超过 0.3mm,读数时应先读后视点读数,算出仪器高,再照准拱顶垂挂下的钢尺,读出钢尺读数,两次读数相加就是拱顶相对于基点的高程。测量数次后,取平均值作为初始值。施工前,由基点通过水准测量测出沉降测点的初始高程 $H_0$,在施工过程中测出的高程为 $H_n$,则高差 $H = H_n - H_0$,即为沉降值。

(4)量测数据整理

同周边位移的数据处理方法一致。

(5)注意事项

①拱顶下沉量测可采用高精度全站仪或高精度水准仪及其标尺;
②在施工初期阶段,或地质条件较差,或位移下沉量及速度较大时,应适当增加量测断面及量测频率;
③测点设置应可靠,并应妥善保护,量测仪器使用前应严格标定;
④各量测项目应尽可能布置在同一断面,量测点应尽可能选择具有代表性的地方,以便测量数据的分析及为以后的工作提供经验。

7. 地表下沉

为判定开挖地面的影响程度和范围,需要进行地表下沉量测。当隧道埋深小于洞跨的 3 倍时必须进行地表下沉量测。

(1)量测目的

隧道洞口浅埋段地形、地质条件复杂,围岩基本为软弱破碎岩层,稳定性差,在隧道开挖时地表会产生下沉。

①通过地表下沉监测,了解地面的变化状态,判断隧道拱顶的稳定性;
②根据下沉速度判断隧道围岩的稳定程度;
③指导现场设计与施工。

(2)测点布设

按监测项目的具体要求进行测点布设。隧道洞顶地表下沉量测点在隧道尚未开挖前就开始布置,以求获得开挖过程中测点全位移曲线。地表下沉量测采用高精度全站仪或精密水准仪进行。测点和拱顶下沉布置在同一断面上,监测断面测点从拱顶中央向两侧左右间隔测点。横断面布置7个测点,两测点间的距离为2~5m,在隧道中线附近布置应密些。单洞地表沉降测点布置如图6-6-3所示,平面布置图如图6-6-4所示。对于石质较差和特殊浅埋段应加强此项量测工作,并及时反馈信息,以便正确指导施工和调整施工方法,确保安全施工。

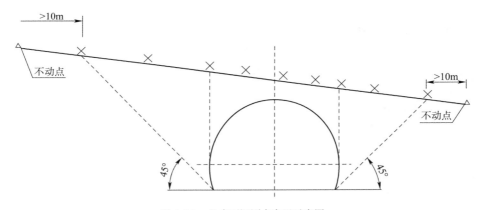

图6-6-3 地表下沉测点布置示意图

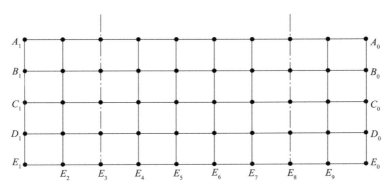

图6-6-4 地表下沉测点平面布置示意图

浅埋地表下沉量测断面间距:洞口30m范围内10m一个断面,洞口平缓、埋深较浅处可加密至5m。

监测频率:开挖面后<30m,2次/d;

开挖面后>30m,1次/2d;

开挖面后30~80m,1次/2d;

开挖面后>80m,1次/7d。

(3)量测方法

采用高精度全站仪,或精密水准仪、铟钢尺监测。

在施工过程中可能产生的地表坍塌之处设置观测点,并在预计下沉断面以外4倍洞径处设水准基点,作为各观测点高程测量的基准,从而计算出各观测点的下沉量。

(4)量测数据整理

每次测量后,将原始记录及时整理成正式记录,整理后的地表下沉量测资料如下:

①绘制每一横断面最大沉降量随时间的变化关系图;

②绘制每一横断面最大沉降量与距开挖面距离的关系图;

③对横断面沉降槽垂直位移进行回归分析;

④对纵断面沉降槽垂直位移进行回归分析;

⑤根据隧道拱部地表沉降及拱顶下沉值对土体垂直位移进行回归分析;

⑥根据回归分析数据求出每一横断面沉降稳定值。

(5)注意事项

①施工前应作好监测准备工作:如设置测点,引入高程控制点,必须配备高精度测量仪器和专业的测量工程师;

②在布置测点时,应注意在位移量较大的地段加密测点;

③地表沉降监测应与地下洞室各项监测同步进行,以利于资料的相关分析;

④量测数据及分析结果全部纳入竣工资料,以供备查。

(6)其他事项

①在整理资料时,若发现地表位移量过大或下沉速度无稳定趋势时,对下部结构应采取补强措施:

    a. 增加混凝土喷射厚度,或加长加密锚杆,或加挂更密更粗的钢筋网;

    b. 提前施作二次衬砌,要求通过反分析校核二次衬砌强度;

    c. 提前施作仰供。

②在整理资料时,若发现地表下沉速度具有稳定趋势时,应据此求出隧道结构初期支护及二次衬砌上的最终荷载,以便对结构的安全度作出正确的判断。

③若经过对地表及隧道内的量测数据联合反分析后,发现初期支护和二次衬砌结构安全系数较大,在经过设计人员同意后,可对下一段与此地质围岩级别相近的支护参数作适当调整。

### 三、监控量测数据

隧道拱顶下沉、周边收敛变形监测数据见表6-6-4。

### 隧道拱顶下沉、周边收敛变形监测数据表

表 6-6-4

| 日期 | 拱顶下沉 ZK1911+195 断面 | | 周边收敛 | | | |
|---|---|---|---|---|---|---|
| | | | 周边收敛测线 | | | |
| | | | 左边墙测点 | | 右边墙测点 | |
| | 后视 | 前视 | X 坐标 | Y 坐标 | X 坐标 | Y 坐标 |
| 1月18日 | 142.8492 | 166.5004 | 18783.1375 | 21016.3433 | 18781.7583 | 21005.3135 |
| 1月19日 | 142.9338 | 166.5822 | 18783.0195 | 21016.2838 | 18781.5992 | 21005.2621 |
| 1月21日 | 143.0184 | 166.6642 | 18781.9041 | 21017.4473 | 18780.4535 | 21006.4322 |
| 1月23日 | 143.103 | 166.7463 | 18783.5985 | 21017.5459 | 18782.1389 | 21006.5344 |
| 1月25日 | 143.1876 | 166.8286 | 18783.2887 | 21017.7699 | 18781.8114 | 21006.7629 |
| 1月27日 | 143.2722 | 166.9112 | 18782.9789 | 21017.9939 | 18781.4839 | 21006.9911 |
| 1月29日 | 143.3568 | 166.9939 | 18782.6691 | 21018.2179 | 18781.1564 | 21007.2189 |
| 1月31日 | 143.4414 | 167.0768 | 18782.3593 | 21018.4419 | 18780.8289 | 21007.4467 |
| 2月2日 | 143.526 | 167.1599 | 18782.0495 | 21018.6659 | 18780.5014 | 21007.6742 |
| 2月4日 | 143.6106 | 167.2433 | 18781.7397 | 21018.8899 | 18780.1739 | 21007.9015 |
| 2月6日 | 143.6952 | 167.3268 | 18781.4299 | 21019.1139 | 18779.8466 | 21008.1287 |
| 2月8日 | 143.7798 | 167.4105 | 18781.1201 | 21019.3379 | 18779.5189 | 21008.3559 |
| 2月16日 | 143.8644 | 167.4941 | 18780.8103 | 21019.5619 | 18779.1914 | 21008.5831 |
| 2月18日 | 143.949 | 167.5779 | 18780.5005 | 21019.7859 | 18778.8641 | 21008.8104 |
| 2月20日 | 143.0336 | 166.6619 | 18780.1907 | 21020.0099 | 18778.5366 | 21009.0375 |
| 2月22日 | 144.1182 | 167.7460 | 18779.8809 | 21020.2339 | 18778.2089 | 21009.2645 |
| 2月24日 | 144.2028 | 167.8303 | 18779.5711 | 21020.4579 | 18777.8814 | 21009.4919 |
| 2月26日 | 144.2874 | 167.9148 | 18779.2613 | 21020.6819 | 18777.5541 | 21009.7191 |
| 2月28日 | 144.372 | 167.9992 | 18778.9515 | 21020.9059 | 18777.2264 | 21009.9463 |
| 3月2日 | 144.4566 | 168.0837 | 18778.6417 | 21021.1299 | 18776.8990 | 21010.1733 |
| 3月4日 | 144.5412 | 168.1682 | 18778.3319 | 21021.3539 | 18776.5717 | 21010.4003 |
| 3月6日 | 144.6258 | 168.2528 | 18778.0221 | 21021.5779 | 18776.2439 | 21010.6273 |
| 3月9日 | 144.0585 | 167.6855 | 18777.7123 | 21021.8019 | 18775.9164 | 21010.8543 |
| 3月10日 | 143.795 | 167.4220 | 18777.4025 | 21022.0259 | 18775.5891 | 21011.0813 |
| 3月12日 | 144.1796 | 167.8066 | 18777.0927 | 21022.2499 | 18775.2614 | 21011.3083 |

续上表

| 日期 | 拱顶下沉 ZK1911+195 断面 | | 周边收敛 | | | |
|---|---|---|---|---|---|---|
| | | | 周边收敛测线 | | | |
| | | | 左边墙测点 | | 右边墙测点 | |
| | 后视 | 前视 | X 坐标 | Y 坐标 | X 坐标 | Y 坐标 |
| 3月14日 | 144.0642 | 167.6911 | 18776.7829 | 21022.4739 | 18774.9339 | 21011.5353 |
| 3月17日 | 142.9797 | 166.6066 | 18776.4731 | 21022.6979 | 18774.6064 | 21011.7623 |
| 3月19日 | 142.9375 | 166.5644 | 18776.1633 | 21022.9219 | 18774.2789 | 21011.9893 |
| 3月20日 | 143.218 | 166.8449 | 18775.8535 | 21023.1459 | 18773.9514 | 21012.2164 |
| 3月22日 | 143.4985 | 167.1254 | 18775.5437 | 21023.3699 | 18773.6239 | 21012.4435 |
| 3月24日 | 143.779 | 167.4059 | 18775.2339 | 21023.5939 | 18773.2964 | 21012.6706 |
| 3月26日 | 144.0595 | 167.6864 | 18774.9241 | 21023.8179 | 18772.9689 | 21012.8978 |
| 3月28日 | 144.34 | 167.9669 | 18774.6143 | 21024.0419 | 18772.6413 | 21013.1250 |
| 3月30日 | 144.6205 | 168.2474 | 18774.3045 | 21024.2659 | 18772.3137 | 21013.3522 |
| 4月1日 | 144.901 | 168.5278 | 18773.9947 | 21024.4899 | 18771.9861 | 21013.5795 |
| 4月3日 | 145.1815 | 168.8083 | 18773.6849 | 21024.7139 | 18771.6585 | 21013.8069 |
| 4月5日 | 145.462 | 169.0888 | 18773.3751 | 21024.9379 | 18771.3309 | 21014.0343 |
| 4月7日 | 145.7425 | 169.3691 | 18773.0653 | 21025.1619 | 18771.0036 | 21014.2617 |
| 4月9日 | 146.023 | 169.6495 | 18772.7555 | 21025.3859 | 18770.6757 | 21014.4891 |
| 4月11日 | 146.3035 | 169.9300 | 18772.4457 | 21025.6099 | 18770.3481 | 21014.7165 |
| 4月13日 | 146.584 | 170.2105 | 18772.1359 | 21025.8339 | 18770.0207 | 21014.9441 |
| 4月15日 | 146.8645 | 170.4910 | 18771.8261 | 21026.0579 | 18769.6929 | 21015.1716 |
| 4月17日 | 147.145 | 170.7715 | 18771.5163 | 21026.2819 | 18769.3653 | 21015.3991 |
| 4月19日 | 147.4255 | 171.0520 | 18771.2065 | 21026.5059 | 18769.0375 | 21015.6267 |
| 4月21日 | 147.706 | 171.3325 | 18770.8967 | 21026.7299 | 18768.7101 | 21015.8542 |
| 4月23日 | 147.9865 | 171.6130 | 18770.5869 | 21026.9539 | 18768.3825 | 21016.0818 |
| 4月25日 | 148.267 | 171.8935 | 18770.2771 | 21027.1779 | 18768.0546 | 21016.3095 |

## 四、监控量测数据处理与绘图

(1)隧道拱顶下沉变形监测数据处理表见表6-6-5。隧道拱顶下沉变形与监测时间关系曲线见图6-6-5。

### 隧道拱顶下沉变形监测数据处理表

表 6-6-5

| 日期 | ZK1911+195 断面 | | 净高（基准点到拱顶）（m） | 拱顶下沉增量（+增-减）（mm） | 累积拱顶下沉增量（+增-减）（mm） | 累积拱顶下沉增量变形量（+增-减）（mm/d） |
|---|---|---|---|---|---|---|
| | 后视 | 前视 | | | | |
| 1月18日 | 142.8492 | 166.5004 | 23.6512 | 0.0 | 0.0 | 0.0 |
| 1月19日 | 142.9338 | 166.5822 | 23.6484 | 2.8 | 2.8 | 2.8 |
| 1月21日 | 143.0184 | 166.6642 | 23.6458 | 2.6 | 5.4 | 1.3 |
| 1月23日 | 143.103 | 166.7463 | 23.6433 | 2.5 | 7.9 | 1.2 |
| 1月25日 | 143.1876 | 166.8286 | 23.641 | 2.3 | 10.2 | 1.1 |
| 1月27日 | 143.2722 | 166.9112 | 23.639 | 2.0 | 12.2 | 1.0 |
| 1月29日 | 143.3568 | 166.9939 | 23.6371 | 1.9 | 14.1 | 1.0 |
| 1月31日 | 143.4414 | 167.0768 | 23.6354 | 1.7 | 15.8 | 0.8 |
| 2月2日 | 143.526 | 167.1599 | 23.6339 | 1.5 | 17.3 | 0.8 |
| 2月4日 | 143.6106 | 167.2433 | 23.6327 | 1.2 | 18.5 | 0.6 |
| 2月6日 | 143.6952 | 167.3268 | 23.6316 | 1.1 | 19.6 | 0.6 |
| 2月8日 | 143.7798 | 167.4105 | 23.6307 | 0.9 | 20.5 | 0.4 |
| 2月16日 | 143.8644 | 167.4941 | 23.6297 | 1.0 | 21.5 | 0.1 |
| 2月18日 | 143.949 | 167.5779 | 23.6289 | 0.8 | 22.3 | 0.4 |
| 2月20日 | 143.0336 | 166.6619 | 23.6283 | 0.6 | 22.9 | 0.3 |
| 2月22日 | 144.1182 | 167.7460 | 23.6278 | 0.5 | 23.4 | 0.2 |
| 2月24日 | 144.2028 | 167.8303 | 23.6275 | 0.3 | 23.7 | 0.2 |
| 2月26日 | 144.2874 | 167.9148 | 23.6274 | 0.1 | 23.8 | 0.0 |
| 2月28日 | 144.372 | 167.9992 | 23.6272 | 0.2 | 24.0 | 0.1 |
| 3月2日 | 144.4566 | 168.0837 | 23.6271 | 0.1 | 24.1 | 0.1 |
| 3月4日 | 144.5412 | 168.1682 | 23.627 | 0.1 | 24.2 | 0.1 |
| 3月6日 | 144.6258 | 168.2528 | 23.627 | 0.0 | 24.2 | 0.0 |
| 3月9日 | 144.0585 | 167.6855 | 23.627 | 0.0 | 24.2 | 0.0 |
| 3月10日 | 143.795 | 167.4220 | 23.627 | 0.0 | 24.2 | 0.0 |
| 3月12日 | 144.1796 | 167.8066 | 23.627 | 0.0 | 24.2 | 0.0 |
| 3月14日 | 144.0642 | 167.6911 | 23.6269 | 0.1 | 24.3 | 0.1 |
| 3月17日 | 142.9797 | 166.6066 | 23.6269 | 0.0 | 24.3 | 0.0 |
| 3月19日 | 142.9375 | 166.5644 | 23.6269 | 0.0 | 24.3 | 0.0 |

续上表

| 日期 | ZK1911+195 断面 | | 净高（基准点到拱顶）（m） | 拱顶下沉增量（+增-减）（mm） | 累积拱顶下沉增量（+增-减）（mm） | 累积拱顶下沉增量变形量（+增-减）（mm/d） |
|---|---|---|---|---|---|---|
| | 后视 | 前视 | | | | |
| 3月20日 | 143.218 | 166.8449 | 23.6269 | 0.0 | 24.3 | 0.0 |
| 3月22日 | 143.4985 | 167.1254 | 23.6269 | 0.0 | 24.3 | 0.0 |
| 3月24日 | 143.779 | 167.4059 | 23.6269 | 0.0 | 24.3 | 0.0 |
| 3月26日 | 144.0595 | 167.6864 | 23.6269 | 0.0 | 24.3 | 0.0 |
| 3月28日 | 144.34 | 167.9669 | 23.6269 | 0.0 | 24.3 | 0.0 |
| 3月30日 | 144.6205 | 168.2474 | 23.6269 | 0.0 | 24.3 | 0.0 |
| 4月1日 | 144.901 | 168.5278 | 23.6268 | 0.1 | 24.4 | 0.1 |
| 4月3日 | 145.1815 | 168.8083 | 23.6268 | 0.0 | 24.4 | 0.0 |
| 4月5日 | 145.462 | 169.0888 | 23.6268 | 0.0 | 24.4 | 0.0 |
| 4月7日 | 145.7425 | 169.3691 | 23.6266 | 0.2 | 24.6 | 0.1 |
| 4月9日 | 146.023 | 169.6495 | 23.6265 | 0.1 | 24.7 | 0.1 |
| 4月11日 | 146.3035 | 169.9300 | 23.6265 | 0.0 | 24.7 | 0.0 |
| 4月13日 | 146.584 | 170.2105 | 23.6265 | 0.0 | 24.7 | 0.0 |
| 4月15日 | 146.8645 | 170.4910 | 23.6265 | 0.0 | 24.7 | 0.0 |
| 4月17日 | 147.145 | 170.7715 | 23.6265 | 0.0 | 24.7 | 0.0 |
| 4月19日 | 147.4255 | 171.0520 | 23.6265 | 0.0 | 24.7 | 0.0 |
| 4月21日 | 147.706 | 171.3325 | 23.6265 | 0.0 | 24.7 | 0.0 |
| 4月23日 | 147.9865 | 171.6130 | 23.6265 | 0.0 | 24.7 | 0.0 |
| 4月25日 | 148.267 | 171.8935 | 23.6265 | 0.0 | 24.7 | 0.0 |

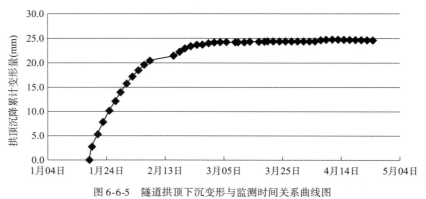

图 6-6-5　隧道拱顶下沉变形与监测时间关系曲线图

（2）隧道周边收敛变形监测数据处理表见表 6-6-6。隧道周边收敛变形与监测时间关系见图 6-6-6。

隧道周边收敛变形监测数据处理表　　　　　表 6-6-6

| 日期 | ZK1911+195 断面周边收敛测线 | | | | 净空距离（m） | 周边收敛增量（mm） | 累积周边收敛增量（mm） | 累积拱顶下沉增量变形量（mm/d） |
| --- | --- | --- | --- | --- | --- | --- | --- | --- |
| | 左边墙测点 | | 右边墙测点 | | | | | |
| | X 坐标 | Y 坐标 | X 坐标 | Y 坐标 | | | | |
| 1月18日 | 18783.1375 | 21016.3433 | 18781.7583 | 21005.3135 | 11.11569028 | 0.0 | 0.0 | 0.0 |
| 1月19日 | 18783.0195 | 21016.2838 | 18781.5992 | 21005.2621 | 11.11283596 | 2.9 | 2.9 | 2.9 |
| 1月21日 | 18781.9041 | 21017.4473 | 18780.4535 | 21006.4322 | 11.1102056 | 2.6 | 5.5 | 1.3 |
| 1月23日 | 18783.5985 | 21017.5459 | 18782.1389 | 21006.5344 | 11.10781547 | 2.4 | 7.9 | 1.2 |
| 1月25日 | 18783.2887 | 21017.7699 | 18781.8114 | 21006.7629 | 11.10569513 | 2.1 | 10.0 | 1.1 |
| 1月27日 | 18782.9789 | 21017.9939 | 18781.4839 | 21006.9911 | 11.10390169 | 1.8 | 11.8 | 0.9 |
| 1月29日 | 18782.6691 | 21018.2179 | 18781.1564 | 21007.2189 | 11.10253405 | 1.4 | 13.2 | 0.7 |
| 1月31日 | 18782.3593 | 21018.4419 | 18780.8289 | 21007.4467 | 11.10119576 | 1.3 | 14.5 | 0.7 |
| 2月2日 | 18782.0495 | 21018.6659 | 18780.5014 | 21007.6742 | 11.10018389 | 1.0 | 15.5 | 0.5 |
| 2月4日 | 18781.7397 | 21018.8899 | 18780.1739 | 21007.9015 | 11.09939927 | 0.8 | 16.3 | 0.4 |
| 2月6日 | 18781.4299 | 21019.1139 | 18779.8466 | 21008.1287 | 11.09871425 | 0.7 | 17.0 | 0.3 |
| 2月8日 | 18781.1201 | 21019.3379 | 18779.5189 | 21008.3559 | 11.0981154 | 0.6 | 17.6 | 0.3 |
| 2月16日 | 18780.8103 | 21019.5619 | 18779.1914 | 21008.5831 | 11.09751714 | 0.6 | 18.2 | 0.1 |
| 2月18日 | 18780.5005 | 21019.7859 | 18778.8641 | 21008.8104 | 11.0968196 | 0.7 | 18.9 | 0.3 |
| 2月20日 | 18780.1907 | 21020.0099 | 18778.5366 | 21009.0375 | 11.09637817 | 0.4 | 19.3 | 0.2 |
| 2月22日 | 18779.8809 | 21020.2339 | 18778.2089 | 21009.2645 | 11.09609482 | 0.3 | 19.6 | 0.1 |
| 2月24日 | 18779.5711 | 21020.4579 | 18777.8814 | 21009.4919 | 11.09541536 | 0.7 | 20.3 | 0.3 |
| 2月26日 | 18779.2613 | 21020.6819 | 18777.5541 | 21009.7191 | 11.09493198 | 0.5 | 20.8 | 0.2 |
| 2月28日 | 18778.9515 | 21020.9059 | 18777.2264 | 21009.9463 | 11.0945393 | 0.4 | 21.2 | 0.2 |
| 3月2日 | 18778.6417 | 21021.1299 | 18776.8990 | 21010.1733 | 11.09432679 | 0.2 | 21.4 | 0.1 |
| 3月4日 | 18778.3319 | 21021.3539 | 18776.5717 | 21010.4003 | 11.09412714 | 0.2 | 21.6 | 0.1 |
| 3月6日 | 18778.0221 | 21021.5779 | 18776.2439 | 21010.6273 | 11.09403604 | 0.1 | 21.7 | 0.0 |
| 3月9日 | 18777.7123 | 21021.8019 | 18775.9164 | 21010.8543 | 11.09392638 | 0.1 | 21.8 | 0.0 |

续上表

| 日期 | ZK1911+195断面周边收敛测线 | | | | 净空距离 (m) | 周边收敛增量 (mm) | 累积周边收敛增量 (mm) | 累积拱顶下沉增量变形量 (mm/d) |
|---|---|---|---|---|---|---|---|---|
| | 左边墙测点 | | 右边墙测点 | | | | | |
| | X坐标 | Y坐标 | X坐标 | Y坐标 | | | | |
| 3月10日 | 18777.4025 | 21022.0259 | 18775.5891 | 21011.0813 | 11.09381308 | 0.1 | 21.9 | 0.1 |
| 3月12日 | 18777.0927 | 21022.2499 | 18775.2614 | 21011.3083 | 11.09379422 | 0.0 | 21.9 | 0.0 |
| 3月14日 | 18776.7829 | 21022.4739 | 18774.9339 | 21011.5353 | 11.09377172 | 0.0 | 21.9 | 0.0 |
| 3月17日 | 18776.4731 | 21022.6979 | 18774.6064 | 21011.7623 | 11.09377827 | 0.0 | 21.9 | 0.0 |
| 3月19日 | 18776.1633 | 21022.9219 | 18774.2789 | 21011.9893 | 11.09381387 | 0.0 | 21.9 | 0.0 |
| 3月20日 | 18775.8535 | 21023.1459 | 18773.9514 | 21012.2164 | 11.09378 | 0.0 | 21.9 | 0.0 |
| 3月22日 | 18775.5437 | 21023.3699 | 18773.6239 | 21012.4435 | 11.09377524 | 0.0 | 21.9 | 0.0 |
| 3月24日 | 18775.2339 | 21023.5939 | 18773.2964 | 21012.6706 | 11.09379958 | 0.0 | 21.9 | 0.0 |
| 3月26日 | 18774.9241 | 21023.8179 | 18772.9689 | 21012.8978 | 11.0937546 | 0.0 | 21.9 | 0.0 |
| 3月28日 | 18774.6143 | 21024.0419 | 18772.6413 | 21013.1250 | 11.09375656 | 0.0 | 21.9 | 0.0 |
| 3月30日 | 18774.3045 | 21024.2659 | 18772.3137 | 21013.3522 | 11.09378801 | 0.0 | 21.9 | 0.0 |
| 4月1日 | 18773.9947 | 21024.4899 | 18771.9861 | 21013.5795 | 11.09375059 | 0.0 | 21.9 | 0.0 |
| 4月3日 | 18773.6849 | 21024.7139 | 18771.6585 | 21013.8069 | 11.09364439 | 0.1 | 22.0 | 0.1 |
| 4月5日 | 18773.3751 | 21024.9379 | 18771.3309 | 21014.0343 | 11.0935678 | 0.1 | 22.1 | 0.0 |
| 4月7日 | 18773.0653 | 21025.1619 | 18771.0036 | 21014.2617 | 11.09346506 | 0.1 | 22.2 | 0.1 |
| 4月9日 | 18772.7555 | 21025.3859 | 18770.6757 | 21014.4891 | 11.09350343 | 0.0 | 22.2 | 0.0 |
| 4月11日 | 18772.4457 | 21025.6099 | 18770.3481 | 21014.7165 | 11.09351564 | 0.0 | 22.2 | 0.0 |
| 4月13日 | 18772.1359 | 21025.8339 | 18770.0207 | 21014.9441 | 11.093323 | 0.2 | 22.4 | 0.1 |
| 4月15日 | 18771.8261 | 21026.0579 | 18769.6929 | 21015.1716 | 11.09333448 | 0.0 | 22.4 | 0.0 |
| 4月17日 | 18771.5163 | 21026.2819 | 18769.3653 | 21015.3991 | 11.0933375 | 0.0 | 22.4 | 0.0 |
| 4月19日 | 18771.2065 | 21026.5059 | 18769.0375 | 21015.6267 | 11.09331121 | 0.0 | 22.4 | 0.0 |
| 4月21日 | 18770.8967 | 21026.7299 | 18768.7101 | 21015.8542 | 11.09333449 | 0.0 | 22.4 | 0.0 |
| 4月23日 | 18770.5869 | 21026.9539 | 18768.3825 | 21016.0818 | 11.09332853 | 0.0 | 22.4 | 0.0 |
| 4月25日 | 18770.2771 | 21027.1779 | 18768.0546 | 21016.3095 | 11.09331442 | 0.0 | 22.4 | 0.0 |

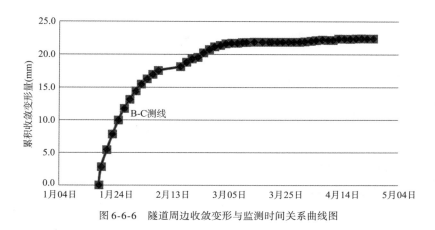

图 6-6-6　隧道周边收敛变形与监测时间关系曲线图

## 五、数据分析与判断结果

根据上述数据处理结果及变形-时间关系曲线可知,在最后一周的监测过程中,ZK1911+195 断面拱顶下沉-时间关系拟合曲线基本稳定,且单日最大拱顶下沉值为 0mm;周边收敛变形-时间关系拟合曲线基本稳定,且单日最大位移值为 0mm。综合现场洞内外观察可知变形基本稳定停止监测,可以适时施作二次衬砌。

1. 简述隧道超前地质预报的方法、分类及适用条件。
2. 简述监控量测的目的。
3. 简述监控量测的内容。
4. 简述监控量测的方法。
5. 如何通过监控量测进行隧道安全预警?

# 学习任务七 洞口施工

☞ **学习目标**
1. 掌握:隧道洞口边、仰坡开挖方法;
2. 掌握:隧道施工进洞方法。

☞ **能力目标**
1. 能根据洞口地质条件选择合适的进洞方法;
2. 能使用水准仪进行下沉量测;
3. 能记录量测数据并进行数据整理。

## 资料一 概述

### 一、浅埋隧道与深埋隧道的区分

浅埋和深埋隧道的分界可按荷载等效高度值,并结合地质条件、施工方法等因素综合判定。按荷载等效高度的判定可按式(7-1-1)、式(7-1-2)计算:

$$H_p = (2 \sim 2.5) h_q \tag{7-1-1}$$

$$h_q = \frac{q}{\gamma} \tag{7-1-2}$$

式中:$H_p$——浅埋隧道分界深度(m);

$h_q$——荷载等效高度(m);

$q$——使用《公路隧道设计规范 第一册 土建工程》(JTG 3370.1—2018)式(6.2.3)算出的深埋隧道垂直均布压力($kN/m^2$);

$\gamma$——围岩重度($kN/m^3$)。

在钻爆法或浅埋暗挖法施工的条件下,Ⅳ~Ⅵ级围岩取

$$H_p = 2.5h_q \qquad (7\text{-}1\text{-}3)$$

Ⅰ~Ⅲ级围岩取

$$H_p = 2h_q \qquad (7\text{-}1\text{-}4)$$

一座隧道,可能其部分区段浅埋,也可能全部是浅埋。一般而言,山岭隧道的洞口段多数是浅埋,当隧道横穿山谷或垭口时,其中间部分也可能出现浅埋,城市地铁绝大多数为浅埋。

由于每座隧道的地形、地质及线路位置不同,很难明确规定洞口段的长度。洞口段的长度范围应根据所处的围岩条件,以及由于隧道开挖对洞顶地表是否造成显著影响来确定,一般可参照图7-1-1确定。

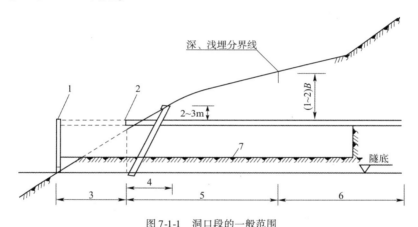

图7-1-1 洞口段的一般范围
1-洞门位置;2-洞口位置;3-明洞段;4-进口过渡段;5-洞口段;6-洞身段(深埋);7-上部开挖地基;B-洞跨

## 二、浅埋隧道工程特点

浅埋隧道因埋置深度较浅,上方覆盖岩体较薄,且风化严重,地层的自然成拱作用较差,易受地面条件的影响,围岩压力反而较大。一般情况下,坑道开挖的影响将波及地表,极易引起覆盖层整体下沉,甚至形成坍塌冒顶(冒顶:隧道顶板岩体发生坠落的事故),使施工变得复杂而困难。浅埋隧道尤其是城市地铁,一般均有地上、地下建筑环境条件等方面的限制性要求。

浅埋隧道,可以采用明挖法施工,也可以采用暗挖法施工。但由于浅埋隧道的上覆土均处在塑性区范围内,如果采用暗挖法施工,在一般锚喷初期支护条件下,上覆土层仍然会发生较大的变形,并波及地表产生地表沉陷。因此,针对浅埋隧道的工程特点和建筑环境条件的要求,采取适当的超前支护措施或注浆加固(地层改良)措施,是非常必要的。

在城市建筑环境条件下,如果仍然不能满足地上、地下建筑环境条件方面的限制性要求,则应当考虑选择其他的施工方法,如明挖法、盖挖法或盾构法。

本部分重点介绍洞口及明洞明挖法、浅埋暗挖法施工的程序和技术要点。

# 资料二　洞口施工

在山岭隧道中,隧道洞口覆盖层变薄,且地表水汇集,围岩稳定能力降低,成拱作用不足,施工较为困难。因此,隧道洞口段施工要结合洞外场地和相邻工程的情况,全面考虑、妥善安排、及早施工,为隧道洞身施工创造条件。一般情况下,应首先做好洞口边坡、仰坡防护以及防排水系统、洞口初期支护,保证进洞安全和洞身施工顺利,然后在适当的时候完成洞门施工。

洞口工程是隧道工程的一个重要分项工程,洞口工程主要包括洞口土石方,边、仰坡防护,洞门及相邻的翼墙、挡土墙洞口排水系统等。

## 一、进洞施工方法

根据不同的地层情况,可分为以下几种施工方法。

(1)洞口段围岩为Ⅲ级以上,地层条件良好时,一般可采用全断面直接开挖进洞,初始10~20m区段的开挖,爆破进尺应控制在2~3m。施工支护,于拱部可施作局部锚杆;墙、拱采用素喷射混凝土支护。洞口3~5m区段可以挂网喷射混凝土及设钢架予以加强。

(2)洞口段围岩为Ⅳ~Ⅲ级,地层条件较好时,宜采用正台阶法进洞(不短于20m区段),爆破进尺控制在1.5~2.5m。施工支护采用拱、墙系统锚杆和钢筋网喷射混凝土。必要时设钢架加强施工支护。

(3)洞口段围岩为Ⅴ~Ⅳ级,地层条件较差时,宜采用上半断面长台阶法进洞施工。上半断面先进50m左右后,拉中槽落底,在保证岩体稳定的条件下,再进行边墙扩大及底部开挖。上部开挖进尺一般控制在1.5m以下,并严格控制爆破药量。施工支护采用超前锚杆与系统锚杆相结合,挂网喷射混凝土。拱部安设间距为0.5~1.0m的钢架支护,应及早施作混凝土衬砌,确保稳定和安全。

(4)洞口段围岩为Ⅴ级以下,地层条件差时,可采用分部开挖法和其他特殊方法进洞施工。开挖进尺控制在1m以下,宜采用人工开挖,必要时才采用弱爆破。开挖前,应对围岩进行预加固措施,然后用钢架紧贴洞口开挖面进行支护,再进行开挖作业。在开挖过程中,支撑应紧跟开挖工序,随挖随支。施工支护采用网喷混凝土+系统锚杆支护;架立钢架间距为0.5m,必要时可在开挖底面施作临时仰拱。开挖完毕后,应及早施作混凝土二次衬砌。

当衬砌采用先拱后墙法施工时,下部断面开挖应符合下列要求:①拱圈混凝土达到设计强度的70%之后方可进行下部断面的开挖;②可采用扩大拱脚,打设拱脚锚杆,加强纵向联结等措施加固拱脚;③下部边墙部位开挖后,应及早、及时做好支护,确保上部混凝土拱的稳定。

施工前,在工艺设计中,应对施工的各工序进行必要的力学分析。施工过程中,应建立健全量测体系,收集量测数据,及时分析,用以指导施工。

## 二、洞口段施工注意事项

洞口段施工,最关键的是在进洞前就要做好边、仰坡的防护和加固,做好排水系统,做好洞口初期支护。并注意以下几个事项:

(1)"先护后挖"是洞口施工的基本准则。

(2)在清理场地作施工准备时,应先清理洞口上方及侧方有可能滑塌的表土、灌木及山坡危石等。平整洞顶地表,排除积水,整理隧道周围流水沟渠。之后施作洞口边、仰坡顶处的天沟。

(3)洞口施工应避开雨季和融雪期。洞口土石方开挖,应按设计要求进行边、仰坡放线,自上而下逐段开挖,不得掏底开挖或上下重叠开挖。若需爆破开挖,应进行爆破设计,严格控制装药量,严禁采用深眼大爆破或集中药包爆破,以免影响边、仰坡的稳定。

(4)洞口圬工基础必须置于稳固的地基上。须将虚渣杂物、泥化软层和积水清除干净。当地基强度不够时,可结合具体条件采取扩大基础、桩基、压浆加固地基等措施。

(5)洞门拱墙应与洞内相邻的拱墙衬砌同时施工连接成整体,确保拱墙连接良好。洞门端墙的砌筑与回填应两侧同时进行,防止对衬砌产生偏压。

(6)进行洞口段洞身施工时,应考虑地质条件、地表沉陷控制以及保障施工安全等因素选择开挖方法和支护方式。洞口段洞身衬砌应根据工程地质、水文地质及地形条件,至少设置长度不小于5.0m的模筑混凝土加强段,以提高圬工的整体性。

(7)洞门完成后,对洞门以上仰坡脚受破坏处,应及时处理。如仰坡地层松软破碎,宜用浆砌片石或铺种草皮防护。

# 资料三 明挖法施工

当隧道埋置较浅时,可将上覆一定范围内的岩体及隧道内的岩体逐层分块挖除,并逐次分段施作隧道衬砌结构,然后回填上覆土。这种施工方法称为浅埋"明挖法"。

明挖法的优点是施工程序简单、明确,容易理解、便于掌握,主体结构受力条件较好,在没有地面交通和环境等限制时,是首选方法。应当注意的是,当采用悬臂支护明挖法或围护结构加支撑明挖法时,工程的重点和难点就转化为"深基坑的围护"问题。采用明挖法施工的隧道主体结构施工与地面上工程相似,故不作详述,本部分主要介绍常见的基坑开挖与支护方法。

根据对边坡维护方式的不同,浅埋明挖法可分为放坡明挖法、悬臂支护明挖法、围护结构加支撑明挖法。

## 一、放坡明挖法

隧道洞口段埋深较浅,可采用放坡,开挖基坑开挖。只要坡率适当,即可保持边坡、仰坡土体的稳定,施工对周围环境影响较小,如图 7-3-1 所示。此法虽然开挖方量大,但机械化程度高,施工速度快,质量也易得到保证。受地下水影响时,可采用井点降水法提高边坡的稳定性及改善基坑内施工环境。

如果没有地表、地下环境的限制,挖方数量也不太大时,放坡明挖法是隧道洞口施工的首选方案。

图 7-3-1　洞口边坡放坡开挖

## 二、悬臂支护明挖法

基坑的悬臂支护开挖法是将基坑围护结构插入基坑底部以下,然后直接开挖基坑内土体。结构处于悬臂状态,靠本身刚度和插入开挖面下的深度来平衡外侧土压力,开挖到设计高程后,再进行主体结构施工。由于基坑内无支撑,便于基础开挖和主体结构施工的机械化,也易保证工程质量。缺点是围护结构较复杂,增加了造价及施工难度。此法有时也用在有支撑开挖基坑的上部,如图 7-3-2、图 7-3-3 所示。

围护结构常用木桩、钢桩、挖孔桩、灌注桩、钢筋混凝土预制桩或地下连续墙等组成。为加强围护结构的强度与刚度,减少其变形与位移,常采用下列工程措施:

(1)围护结构设计成刚度较大的截面形式。

(2)围护结构顶部设圈梁等,改善其整体受力状况,提高整体刚度。

(3)基坑外一定范围内挖去表层覆盖土,减少侧压力。

(4)在基坑外进行井点降水,采用压密注浆、旋喷桩、搅拌桩或粉喷桩等方法加固土体,以减少侧压力。

(5)在基坑内用井点降水和加固土体的方法,使坑底土体固结,以增加土体抗力。

(6)在基坑内设置护脚,即预留一定高度和宽度的原状土台,以减少开挖时围护结构暴露高度。待基坑中间部分土体挖至设计高程,将中间底板灌完后,用跳槽开挖护脚土台,逐块浇灌这部分底板。

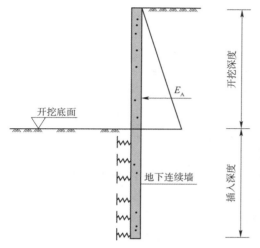

图 7-3-2 悬臂支护开挖法简图

图 7-3-3 悬臂支护实景图

以上各种措施也可联合采用。

## 三、围护结构加支撑明挖法

若基坑深度较大,开挖时除采用地下连续墙等围护结构外,还常采用支撑加强围护结构,以抵抗较大的侧压力。支撑分为水平支撑、斜支撑,也可采用锚杆加固围护结构。支撑的设置应考虑施工工艺的要求,支撑的强度、刚度、间距、层数及层位等应根据力学分析计算确定。施工中,应经常检查支撑状态。必要时,对其应力进行监控。

1. 斜支撑

当基坑横向宽度较大或形状不规则,不便使用水平支撑时,可采用斜支撑,如图 7-3-4 所示。

斜支撑的施工常采用中心挖槽法开挖基坑内土体至斜支撑基础底高程,浇筑基础,及时安装斜支撑,使支撑一端支承在围护结构上,另一端支承在已浇筑的基础上,并施加预应力,然后开挖其余土体。设有两道或多道斜支撑时,先安装外侧的长支撑,后安装内侧的支撑,并把所有斜支撑基础连为整体,形成结构底板。最后依次浇筑下层侧墙→中板→上层侧墙→顶板,并按要求的时序拆除支撑,完成结构体系转换。

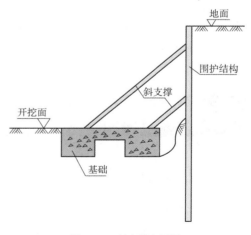

图 7-3-4 斜支撑立面图

采用斜支撑时,围护结构上部水平位移比较大,易引起基坑外地面及附近建筑下沉,对沉降要求严格的地段应十分慎重,因此基坑开挖深度也受到一定限制。并且斜支撑基础及结构底板需分批施工,工序交错复杂,施工难度大。

2. 锚杆支护

锚杆是一种设在基坑外边坡土体内的支护,见图 7-3-5。锚杆一般由锚头、拉杆和锚固体三个基本部分组成。

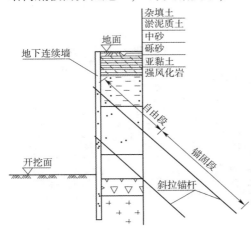

图 7-3-5　锚杆立面图

锚头锚固在围护结构上。锚固体在岩石中的为岩石锚杆,在土层中的为土层锚杆。开挖基坑时,作用在围护结构上的侧应力可由锚杆与岩土之间产生的作用力来平衡。锚杆是受拉杆件,可采用高强钢索,充分发挥其抗拉性能。由于锚杆设置在基坑外,可提供宽敞的施工空间,有利于机械开挖坑内土体及组织结构主体施工。锚杆易于施加预应力,从而更好地控制围护结构的水平位移,减小地面及建筑物的沉降量,并能适用于各种形状的围护结构。锚杆可设成单层或多层,开挖深度不受限制;在大面积的基坑中,应用锚杆的经济效益更为显著。

其缺点是工艺复杂,锚杆不易回收,造价较高。当围护结构四周建筑物有密集的深基础时,不宜采用。锚杆的蠕变会降低其承载力。在流沙地层中,若锚头预留孔口与锚杆套筒之间的空隙过大,易发生涌水涌沙,引起坑外地面和建筑物沉降。

锚杆的施工方法是开挖至锚杆所需高程,钻孔插入钢索后注浆,注浆 7~10d 后对锚杆施加预应力。

3. 水平支撑

当由于地形地质原因,无法采用上述斜支撑与锚杆支护时,可参照深基坑的维护形式,采用水平支撑。

# 资料四　暗挖法施工

## 一、浅埋隧道暗挖法的技术要点

1. 严格控制围岩变形

浅埋隧道暗挖法施工对围岩的影响必然波及地表。因此需要采用多种辅助措施,严格控制地中及地表的沉陷变形,避免对地面建筑物及地层内埋设的线路管网等的破坏,保护地面自然景观,克服对地上交通的影响,更好地适应周围环境的要求。

2. 刚性支护或注浆加固

与深埋隧道可以给支护以适量变形不同,采用浅埋暗挖法施工时,其支护时间要尽可能提前,支护的刚度也应适当加大,以便抑制地中及地表的变形沉陷。除必须选用适当的开挖方法、支护方式及施工工艺外,还可采用对前方围岩条件进行改良及超前支护等作为控制地层沉降变形的基本措施。

3. 试验指导及时调整

由于周围环境及隧道所处地段地质的复杂性,往往需要选取地质条件和结构情况有代表性的一段工程作为试验段。在做出结构设计、施工方案、试验及量测计划后,先期开工。在施工过程中,对地中及地表沉陷变形情况、支护结构及围岩应力状态、对地面环境的影响程度等进行观察、量测、分析和研究。

根据试验段施工中所取得的数据,可以用反分析方法获得更符合实际的围岩力学参数,并在此基础上进行力学分析计算,优化设计及施工方案,调整支护参数和施工措施。

## 二、开挖方法及支护方式

1. 开挖方法的选用

浅埋隧道采用暗挖法施工时,应根据工程特点、围岩情况、环境要求以及施工单位自身条件等,选择适宜的开挖方法及掘进方式。必要时,应通过试验段进行验证。

一般的浅埋隧道可采用短台阶开挖法或超短台阶开挖法,台阶不宜太长,要及时落底,使初期支护尽早封闭。施工中,应尽量减少对围岩的扰动,优先采用掘进机或人工开挖。采用爆破开挖时,应采用短进尺、弱爆破,必要时要对爆破震动进行监控。爆破进尺一般不宜超过1.0m。

浅埋隧道断面较大时,可采用台阶开挖法或适宜的分部开挖法。城市及附近地区的浅埋隧道可采用上部留核心土环形导坑开挖法。大断面的城市或山岭浅埋隧道可采用下导洞超前开挖法、单侧壁导坑法、双侧壁导坑法、中隔壁法(CD法)、交叉中隔壁法(CRD法)。城市地铁车站、地下停车场等多跨浅埋隧道多采用柱洞开挖法、侧洞开挖法或中洞开挖法,见图7-4-1。

2. 支护方式

浅埋隧道暗挖法施工的隧道多采用复合式衬砌。支护设计时,可分为三种情况:初期支护承受全部荷载,二次衬砌仅作为安全储备;初期支护与二次衬砌共同承担荷载;初期支护仅作为施工期间的临时支护,二次衬砌作为主要承载结构。设计时,应对结构设计、施工方法及支护方式、辅助施工方法等进行综合研究,并经试验段进行验证。在施工过程中,根据量测数据不断进行改善。

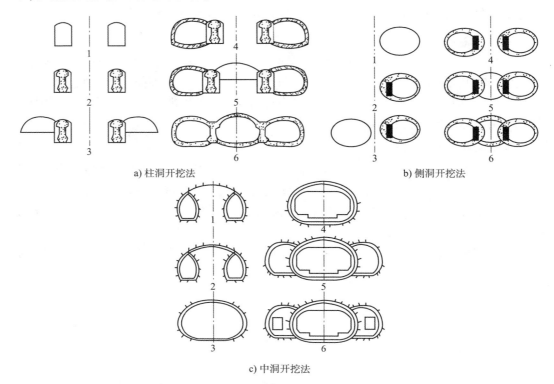

a) 柱洞开挖法  b) 侧洞开挖法

c) 中洞开挖法

图 7-4-1 柱洞开挖法、侧洞开挖法或中洞开挖法示意图

一般地质条件下,初期支护类型是由喷、锚、网、钢架四种方式组成不同的结构形式。对于浅埋软弱地层,锚杆的作用明显降低,其顶部锚杆由于作用不大而常被取消,而采用刚度较大的初期支护。可采用钢纤维喷射混凝土代替钢筋网喷射混凝土,以加快支护速度及提高支护质量。

浅埋隧道开挖后,要及时施作初期支护。大断面软弱地层施工中采用分部开挖,其初期支护常与临时支护(临时仰拱、中隔墙)结合,使每块分部开挖后都能及时得以封闭。为了强化初期支护,有时在做二次衬砌前才进行拆除。

3. 特殊支护措施

遇有特殊地质条件,可按下列次序依次选用以下措施:

(1)上半断面留核心土环形开挖;
(2)喷射混凝土封闭开挖工作面;
(3)超前锚杆或超前小导管支护;
(4)超前小导管周边注浆;
(5)设置临时仰拱;
(6)深孔注浆加固及堵水;

(7)长管棚超前支护或注浆。

## 三、控制沉陷变形及防坍

1. 现场监控量测

浅埋暗挖法施工中必须进行现场监控量测。应使施工现场每时每刻均处于监控之中,以确保工程安全及控制沉陷变形。量测项目包括 A(必测)和 B(选测)两类。

应及时将现场量测数据绘制成位移-时间曲线(或散点图)。曲线的时间横坐标下应注明施工工序和开挖工作面距量测断面的距离。当曲线趋于平缓时,应进行数据处理或回归分析,以推算基本稳定时间、最终位移值,掌握位移变化规律。根据量测管理基准及隧道施工各阶段沉陷变形控制标准进行施工管理。

当量测值超过标准时,应研究超标原因。必要时,应对已做支护体系进行补强并改进施工工艺。当曲线出现反弯点,即位移数据出现反常的急剧增长现象时,表明围岩与支护已呈不稳定状态,应加强监测并立即补强支护体系,必要时应立即停止向前开挖并采取稳定工作面的措施,以确保施工安全。经妥善处理后,才能继续向前施工。

2. 变形控制标准

施工中,主要采用位移量测数据作为信息化管理目标。管理基准值应根据现场的特定条件来制定。控制变形总量可参考表7-4-1。

**量测数据管理基准参考值**      表7-4-1

| 指标内容 | 日本、法国、德国规范综合值 | 推荐基准值 | |
|---|---|---|---|
| | | 城市地铁 | 山岭隧道 |
| 地面最大沉陷(mm) | 50 | 30 | 60 |
| 地面沉陷槽拐点曲率 | 1/300 | 1/500 | 1/300 |
| 地层损失系数(%) | 5 | 5 | 5 |
| 洞内边墙水平收敛(mm) | 20~40 | 20 | $(0.1~0.2)D\%$ |
| 洞内拱顶下沉(mm) | 75~229 | 50 | $(0.3~0.4)D\%$ |

注:$D$-开挖洞室最大跨度(m)。

当地面建筑对地层沉陷敏感,所采用的控制沉陷的多种措施(包括改善围岩条件等)不易达到要求或极不经济时,可以同时采取结构加固的措施,并建立相应的基准值。

隧道施工量测数据管理基准值应细化为各施工阶段控制标准。控制标准数值一般应分为三个控制水平。Ⅰ级为安全值(相应安全系数为1.5~2.0),Ⅱ级为警戒值(安全系数为1.2~1.5),Ⅲ级为危险值(安全系数为1.1左右)。施工中量测数值处于Ⅲ级时,一般应立即停止向前掘进,补强已有支护体系,使已施工地段迅速稳定,并研究改进施工方案。

1. 隧道深浅埋的划分?
2. 洞口段的一般范围?
3. 洞口段施工方法及注意事项?
4. 为保证稳定,洞口段施工常采用的支护形式有哪些?

# 学习任务八
# 隧道开挖与出渣

☞ **学习目标**
1. 理解：开挖方法选择原则；
2. 掌握：硬岩隧道爆破开挖方法；
3. 掌握：出渣运输组织原则及方法。

☞ **能力目标**
1. 能理解开挖作业循环设计；
2. 能编制开挖施工技术交底书；
3. 能理解隧道出渣组织方式。

## 资料一　开挖方法

首先应当认识到的是：在隧道施工过程中，每一次的开挖，不仅仅是挖除了一定大小（体积为 $S \cdot L$）和形状的岩体，而且是开拓出了一定大小和形状的地下空间，更是致使这个空间周围岩体暴露（部分约束被解除）的过程。简单地说，就是"挖除了岩体、获得了空间、暴露了围岩"。

将隧道范围内的岩体挖除以后，围岩是否能够仍然处于稳定状态，主要取决于围岩本身的自稳能力，但开挖对围岩的稳定状态有着重要和直接的影响。因此，隧道施工首先应关注的三个问题是：坑道内岩体好不好挖？开挖后围岩稳不稳？如何挖才能又快又不严重影响围岩的稳定？这就必须对开挖方法和掘进方式进行深入细致的研究。

开挖是隧道施工的基本工序之一，也是关键工序。本部分主要介绍一般山岭隧道施工的开挖方法和掘进方式的种类、适用条件、优缺点、技术要点,并较详细地介绍钻眼爆破掘进的技术要点。

隧道所在的位置原本有岩体充塞其中,必须将这些岩体全部挖除,才能开拓出地下空间,这种开拓地下空间的活动称为开挖。开挖方法是指对地下空间开挖成型的方法。

对开挖方法的研究是在围岩本身有一定的空间效应,能够形成一定跨度的自然拱,并在一定的时间内保持不坍塌的条件下进行的。惟其如此,才能在实施开挖以后有时间和空间对围岩实施进一步的支护加固处理。

在绝大多数比较坚硬完整的围岩条件下,是可以按照"先开挖,后支护"的作业顺序进行施工的。如果围岩极其软弱破碎,以至于不能提供这种时间和空间条件,就不能采取"先开挖,后支护"的作业顺序,而必须采取"先支护,后开挖"的作业顺序,即采取特殊稳定措施对围岩进行预先支护或加固处理,以提供基本作业条件(即时间和空间条件),并进行开挖和进一步的支护作业。

## 一、预留变形量与开挖轮廓线的确定

### 1. 预留变形量的确定

要确定开挖轮廓线,就必须先考虑到:开挖坑道后,围岩因失去部分约束会产生向坑道方向的收缩变形。为保证围岩变形完成后,坑道断面大小仍能满足设计要求的开挖尺寸,从而保证衬砌厚度,施工开挖轮廓线应在设计开挖轮廓线的基础上适当加大。这部分加大的开挖量称为预留变形量。

显然,预留变形量的大小主要取决于围岩本身的工程性质的好坏和开挖断面的大小。根据对围岩变形特性的分析和实际观测可知,围岩的流变性越强,开挖坑道后其变形量越大;围岩的流变性越弱,开挖坑道后其变形量越小。开挖坑道后,围岩的变形量同时还受工程结构条件和工程施工条件(如隧道断面大小、埋置深度、围岩级别、支护类型、开挖方法、掘进方式、围岩暴露时间)等因素的影响。

一般地,预留变形量的大小可采用工程类比法确定,当无类比资料时可参照表 8-1-1 采用。设计单位一般会在设计文件中根据围岩级别及断面大小给出一个估计的预留变形量值,施工单位可根据实际施工过程中对围岩变形进行量测所获得的数据,分析确定并予以适当调整。

新奥法施工开挖预留变形量(cm)　　　　　表 8-1-1

| 跨度(m) | 公路隧道 | | | | 铁路隧道 | | | | | | |
|---|---|---|---|---|---|---|---|---|---|---|---|
| | 围岩类别 | | | | 隧道类别 | 围岩级别 | | | | | |
| | Ⅳ | Ⅲ | Ⅱ | Ⅰ | | Ⅰ | Ⅱ | Ⅲ | Ⅳ | Ⅴ | Ⅵ |
| 9~10 | 5~7 | 7~12 | 12~17 | 特殊设计 | 普通双线隧道 | — | 1~3 | 3~5 | 5~7 | 7~10 | 特殊设计 |

续上表

| 跨度(m) | 公路隧道 围岩类别 | | | | 铁路隧道 隧道类别 | 铁路隧道 围岩级别 | | | | | |
|---|---|---|---|---|---|---|---|---|---|---|---|
| | Ⅳ | Ⅲ | Ⅱ | Ⅰ | | Ⅰ | Ⅱ | Ⅲ | Ⅳ | Ⅴ | Ⅵ |
| 7~9 | 3~5 | 5~7 | 7~10 | 10~15 | 普通单线隧道 | — | — | 1~3 | 3~5 | 5~7 | 7~10 |
| | | | | | 高速双线隧道 | — | 3~5 | 5~8 | 8~10 | 10~15 | 现场量测测定 |
| | | | | | 高速单线隧道 | — | — | 2~5 | 5~8 | 8~12 | |

注:1.深埋、软岩隧道取大值,硬岩隧道取小值。
    2.有明显流变、原岩应力较大和膨胀性围岩应根据量测数据反馈分析确定。

2. 开挖轮廓线的确定

开挖轮廓线尺寸 = 衬砌内轮廓线(半径尺寸) + 施工误差5cm(包含测量误差、定位误差、模板变形) + 设计二次衬砌厚度(规范有限制性要求) + 喷射混凝土设计厚度(实际厚度的平均值) + 预留变形量(可根据实际变形量调整)

## 二、掌子面的支承作用和围岩的相对稳定性

1. 掌子面的支承作用

成拱作用——在地层中开挖一定体量的岩体后,围岩仍能保持不坍塌,形成相对稳定的穹隆形空间,称为岩体的成拱作用或空间效应。

隧道开挖作业区最前端的横断面称为"掌子面"或"开挖面"。掌子面前方将被挖除而尚未挖除的岩体,对已开挖区段的围岩起着一定的约束作用,这种约束作用称为掌子面的支承作用或纵向成拱作用,见图8-1-1b)。理论分析和实测结果表明,对一般岩体而言,掌子面的支承作用,在隧道纵向上大致可以达到洞径的1~3倍的长度范围,超出这个长度范围,其支承作用就可以忽略不计了。而且显然越坚硬完整的岩体,其支承作用越强,影响范围也越大;越软弱破碎的岩体,其支承作用越弱,影响范围也越小。掌子面支承作用的影响范围示意见图8-1-1a)。

随着隧道开挖的进展(即对岩体的挖除),掌子面的支承作用渐次消失,此后,围岩的稳定则依赖其自稳能力的发挥及初期支护的帮助。掌子面的支承作用具有暂时性。

在隧道施工过程中,掌子面的支承作用是可以且应当加以利用的。即对稳定能力一般的围岩,可以且应当利用掌子面的支承作用,使之在消失之前,与已开挖区段的围岩共

同保持空间的暂时稳定,并在此期间做好本区段已暴露围岩的初期支护,使围岩获得更好的稳定。

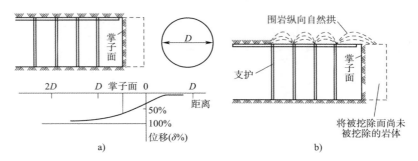

图 8-1-1　掌子面的支承作用及其影响范围与围岩的纵向成拱作用示意图

因此,在隧道施工中,要注意根据围岩稳定能力的好坏,选择适当的掘进进尺,控制好围岩暴露区段长度和暴露时间。

一般地,只有在围岩稳定能力较好,成拱作用较好,掌子面的支承作用较强、影响范围也较大时,才可以采用较深的掘进进尺。即允许有较长的围岩暴露区段和较长的暴露时间,初期支护可以稍滞后一段时间。

而在围岩稳定能力较差,成拱作用较差,掌子面的支承作用较弱、影响范围也较小时,应采用较短的掘进进尺,并及时予以支护。即不允许围岩有较长区段和较长的暴露时间,以避免围岩变形过度或坍塌。

若岩体极度软弱破碎,围岩基本上没有自稳能力,则掌子面也基本上没有支承作用。在这种条件下,应考虑采用辅助稳定措施,如超前支护或预先进行注浆加固后方可进行开挖。

2. 围岩的相对稳定性

隧道工程实践经验表明:在同级围岩条件下,开挖量越大(即一次挖的宽度、深度和高度比较大),则越容易出现围岩坍塌等问题,反之则较好。说明在同级围岩条件下,采用的掌子面大小不同,则围岩表现出来的稳定能力也不同。围岩相对于掌子面大小表现出来的稳定性,称为相对稳定性。

## 三、开挖方法的种类及选择原则

1. 开挖方法的种类

从隧道的横断面来看,可以将隧道全断面一次开挖成型,也可以分成若干块逐次开挖;从隧道的纵向来看,不论横断面的分部情形如何,都是将坑道范围内的岩体分成若干段顺序挖除的,即每次挖除的是有一定体积($V=$ 开挖断面面积 $S\times$ 纵向掘进深度 $L\approx$ 断面宽度 $B\times$ 断面高度 $H\times$ 掘进进尺 $L$)的岩体,亦即每次开挖后就形成具有一定体积的地下空间,并最终形成地下通道空间。

按照对隧道横断面的分部情形,开挖方法可以分为以下多种方法。各种方法的图示分别介绍于后。

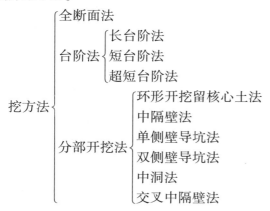

2. 开挖方法的选择原则

隧道开挖方法的选择就是要确定横向分部开挖面的大小(宽度×深度)和纵向分段挖进的深度及其动态调整措施。不同级别围岩的稳定能力不同,不同开挖方法对围岩的扰动程度也不同。采用不同的开挖方法,其作业面之间的相互干扰也是不同的。

因此,隧道开挖方法的选择原则是:应主要考虑围岩的稳定性,隧道设计断面大小和形状,开挖对围岩的扰动,施工过程中岩体应力重分布和结构体系转换等因素的影响;同时兼顾考虑作业空间大小、支护条件和作业能力、工期要求、工区长度、经济性等因素的影响,进行综合分析,选用既有利于围岩稳定,又满足作业空间等要求的开挖方法。

现代隧道工程围岩承载理论的施工原则强调,不论隧道设计断面大小如何,只要围岩条件许可,一般均应尽可能采用大断面开挖,同时主要通过调整掘进进尺来适应围岩稳定能力的变化。这主要是因为,就横断面而言,采用大断面开挖,可以减少分部开挖的次数,从而减少对围岩的扰动次数。而且大断面开挖还可以提供较大的作业空间,便于各项作业;同一工区的作业面不至于太多,可以减少作业面之间的相互干扰,便于施工管理。就纵断面而言,当围岩稳定性较差时,缩短掘进进尺开挖,既可以获得较好的空间成拱作用,又可以保持大断面开挖的便利。当然,由于围岩稳定性较差,故采用大断面和短进尺开挖时,应严格控制爆破扰动,及时支护和加强支护。也就是说,如果围岩稳定性较好,每次挖除岩体的体积可以大一些,即开挖断面面积和纵向深度都可以大一些;如果围岩稳定性较差,每次挖除岩体的体积应当小一些,即开挖断面面积仍然尽量大一些,但纵向深度应当小一些。

《公路隧道施工技术规范》(JTG/T 3660—2020)规定,应根据地质条件、隧道开挖断面和围岩稳定情况选择开挖方法。不同围岩条件和开挖断面适宜的开挖方法见表8-1-2。

**不同围岩条件和开挖断面适宜的开挖方法**　　　　表 8-1-2

| 序号 | 开挖方法 | | 围岩级别 | |
|---|---|---|---|---|
| | | | 双车道隧道 | 三车道隧道 |
| 1 | 全断面法 | | Ⅰ~Ⅲ | Ⅰ~Ⅱ |
| 2 | 台阶法 | 长台阶法 | Ⅲ~Ⅳ | Ⅱ~Ⅲ |
| | | 短台阶法 | Ⅳ~Ⅴ | Ⅲ~Ⅳ |
| | | 超短台阶法 | Ⅴ | Ⅳ |
| 3 | 分部开挖法 | 环形开挖留核心土法 | Ⅴ~Ⅵ | Ⅲ~Ⅳ |
| | | 中隔壁法 | Ⅴ~Ⅵ | Ⅳ~Ⅴ |
| | | 交叉中隔壁法 | Ⅴ~Ⅵ | Ⅳ~Ⅵ |
| | | 双侧壁导坑法 | — | Ⅴ~Ⅵ |

再以高速铁路隧道为例,各种开挖方法的适用条件见表 8-1-3。

**各种开挖方法的适用条件(高速铁路隧道)参考表**　　　　表 8-1-3

| 开挖方法 | 适用的隧道断面大小、围岩工程地质条件 | 说明 |
|---|---|---|
| 全断面法 | 1. 单线隧道Ⅰ、Ⅱ、Ⅲ级围岩;<br>2. 双线隧道Ⅰ、Ⅱ级围岩;<br>3. 地下水状态:干燥或潮湿 | 1.围岩稳定性越好,一次开挖断面可以大一些,掘进进尺也可以大一些;围岩稳定性越差,一次开挖断面应小一些,掘进进尺也应小一些。<br>2.Ⅲ、Ⅳ级围岩一次开挖断面面积最大可达 70~80m²,循环进尺宜控制在 3~4m;Ⅰ、Ⅱ级围岩一次开挖断面面积可以更大一些,循环进尺宜控制在 4~5m;Ⅴ、Ⅵ级围岩一次开挖断面面积应小一些,循环进尺应控制在 0.5~3m;<br>3.应尽量采用大断面开挖,减少分部(分块)数;<br>4.台阶长度应有利于施工操作和机械设备效率的发挥,同时应利于支护尽早封闭成环;宜采用微台阶或多台阶开挖;<br>5.隧道断面面积:铁路单线为 50~60m²,双线为 80~90m²;公路单车道为 60~70m²,双车道为 90~100m²;高速铁路单线为 70~85m²,双线为 100~120m² |
| 台阶法 | 1. 单线Ⅲ级、Ⅳ级围岩;<br>2. 双线Ⅲ级围岩;<br>3. 地下水状态:干燥或潮湿 | |
| 环形开挖留核心土法 | 1. 单线Ⅳ、Ⅴ、Ⅵ级围岩;<br>2. 双线Ⅲ、Ⅳ、Ⅴ级围岩;<br>3. 地下水状态:有渗水或股水 | |
| 单侧壁导坑法 | 1. 单线Ⅳ、Ⅴ、Ⅵ级围岩;<br>2. 双线隧道Ⅳ、Ⅴ级围岩;<br>3. 地下水状态:有渗水或股水 | |
| 双侧壁导坑法 | 1. 单线Ⅴ、Ⅵ级围岩;<br>2. 双线隧道Ⅳ、Ⅴ、Ⅵ级围岩;<br>3. 地下水状态:有渗水或股水 | |
| 中洞法 | 双联连拱隧道 | |
| 中隔壁法(CD法) | 单、双线隧道Ⅴ、Ⅵ级围岩;浅埋隧道;三线隧道 | |
| 交叉中隔壁法(CRD法) | 双线、三线隧道Ⅳ、Ⅴ、Ⅵ级围岩、浅埋隧道 | |

## 四、全断面法

1. 全断面法简介

全断面法是将设计坑道断面内、一定深度的岩体在一个作业循环时间内予以挖除的方法,即一次开挖成型一定深度的毛洞,并在此后再进行支护等其他各项作业,如图 8-1-2 所示。

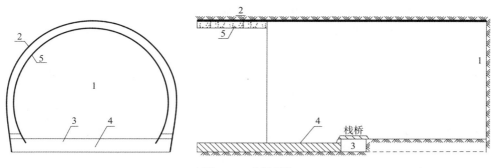

图 8-1-2　全断面法

1-全断面开挖;2-初期支护;3-隧道底部开挖(捡底);4-底板(仰拱及填充)浇筑;5-拱墙二次衬砌

2. 全断面法适用条件

全断面法主要适用于围岩稳定性很好和隧道断面不太大的情况。

3. 全断面法优缺点

(1) 全断面开挖,在同一个工区是单工作面单循环作业,便于施工组织和管理。但单循环作业对各工序的作业能力的利用率不高。

(2) 全断面开挖,有较大的断面进尺比(即开挖断面面积与掘进进尺之比 $= S/L$),既便于机械破岩作业或钻眼爆破作业,又可以获得较好的破岩效果。

(3) 全断面开挖,减少了分块开挖次数,从而减少了对围岩的扰动次数。但在爆炸破岩时,每次爆破震动的强度较大。因此要求进行严格的控制爆破设计,尤其是对于稳定性较差的围岩。

(4) 全断面开挖,围岩应力重分布的次数少,有利于保持围岩的自稳能力;且便于初期支护作业,便于及时形成力学意义上的封闭承载环,从而获得基本稳定的洞室。

(5) 全断面开挖,可以争取较大的作业空间和使用大型配套施工机械,施工速度也较快。但掌子面大,围岩相对稳定性降低,且每循环工作量相对较大,因此要求具有较强的开挖能力、出渣能力和相应的支护能力。

4. 全断面法技术要点

(1) 一般情况下,将开挖和初期支护划归为一个作业面,将仰拱、回填(或底板)和边墙座划归为一个作业面,将防水层和二次衬砌划归为一个作业面。几个作业面之间相隔适当的距离,使之既可以同时施工(平行作业),又可以避免相互干扰,加快施工速度。在工期要求紧的长大隧道中,可借助横洞、斜井、平行导坑或并行双洞的横通道开辟多个工区,实现"长隧短打"。当然,增加辅助坑道应作工期-投资比较。

(2)全断面开挖,在同一个工区采用单循环作业,使开挖、出渣、初期支护几项主要作业进入一个作业循环。如果各工序的作业能力不平衡,就会显著延长循环时间,施工速度也就较慢。要提高施工速度,就必须增强作业能力,缩短作业时间,缩短循环时间。

(3)要求各工序之间在时间、空间、人员、机械设备、材料供应、后勤保障等方面的完整配套、合理组织、协调一致、动态调整。以保证各作业面(工区)有较高的施工速度,并进而保证或缩短施工工期。

(4)全断面法一次开挖面比较大,如果遇到地质条件的突然恶化(如断层破碎带、地下水、溶洞、瓦斯地层等),极易发生突发性工程安全事故(如塌方、突水、突泥、瓦斯突出等),且其规模也会比较大。因此,应严格进行超前地质探测,以预报开挖面前方的地质情况,并相应准备好应急措施,改变开挖方法,以确保施工安全。

## 五、台阶法

1. 台阶法简介

台阶法是将设计坑道断面内的岩体分为上、下两部分,上台阶超前一定距离后开始开挖下部断面(下台阶),上、下台阶同时并进的施工方法。台阶法的台阶长度可根据具体施工情况选择,如图 8-1-3 所示,根据台阶长度,可分为长台阶法、短台阶法和超短台阶(微台阶)法。

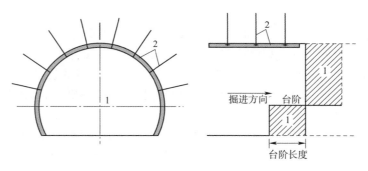

图 8-1-3 台阶法
1-上、下半断面开挖;2-上、下半断面锚喷支护

(1)长台阶法

长台阶法开挖断面小,有利于维持开挖面的稳定,适用范围较全断面法广,一般适用Ⅰ～Ⅲ级围岩。在上、下两个台阶上,分别进行开挖、支护、运输、通风、排水等作业,因此台阶长度长。但台阶长度过长,如大于 100m 时,会增加支护封闭时间,同时也会增加通

风排烟、排水的难度,降低施工的综合效率。因此,长台阶法一般在围岩条件相对较好、工期不受控制、无大型机械化作业时选用。

(2)短台阶法

短台阶法适用于Ⅲ~Ⅴ级围岩,台阶长度定为10~15m,即1~2倍开挖宽度,主要是考虑既要实现分台阶开挖,又要实现支护及早封闭。上台阶一般采用小药量的松动爆破,出渣采用人工或小型机械转运至下台阶。因此,台阶长度又不宜过长,如果超过15m,则出渣所需的时间显得过长。短台阶法可缩短支护闭合时间,改善初期支护的受力条件,有利于控制围岩变形。缺点是上部出渣对下部断面施工干扰较大,不能全部平行作业。

(3)超短台阶法

超短台阶法是全断面开挖的一种变异形式,适用于Ⅴ~Ⅵ级围岩,一般台阶长度为3~5m。台阶长度小于3m时,无法正常进行钻眼和拱部的锚喷支护作业;台阶长度大于5m时,利用爆破将石渣翻至下台阶有较大的难度,必须采用人工翻渣。微台阶法上下断面相距较近,机械设备集中,作业时相互干扰大,生产效率低,施工速度慢。

2.台阶法适用条件

台阶法主要适用于围岩稳定性较好,但隧道断面较大的条件,或者隧道断面不太大,但围岩稳定性较差的条件。

施工中对于台阶长度的选择,主要根据两个条件来决定:第一是对初期支护形成闭合断面的时间要求,第二是对上部断面施工所采用的开挖、支护、出渣等机械设备需要施工场地大小的要求。对软弱围岩,要求闭合时间短,可选用闭合时间较短的超短台阶法,以确保施工安全;对地质较好围岩,在保证稳定的前提条件下,主要考虑如何更好地发挥机械设备的利用率,减少上、下台阶施工中的相互干扰,可选用长台阶。

3.台阶法优缺点

(1)同一断面分多次开挖,增加了对围岩的扰动次数。

(2)台阶法将隧道下半断面滞后开挖,掌子面始终保留一个台阶,既有利于开挖面的稳定和围岩的稳定,也给上部提供了一个工作平台,便于上部进行各项作业。尤其是上部开挖并施作初期支护后,下部作业就较为安全,但应注意下部开挖作业对上部已作支护的影响。

(3)台阶法既可以采用大型施工机械,也可以采用中小型施工机械,其在出渣、进料运输方面也与全断面开挖法基本相同。

(4)台阶法在遇到前方围岩地质条件的突变(如突变为软弱破碎、突水、泥石流、溶洞)时,其防御性要好一些,相对于全断面法而言,可以避免造成较大的损失,并且可以比较方便地转换为环形开挖留核心土法或其他分部开挖法。

4.台阶法技术要点

(1)台阶长度要适当。既要考虑围岩稳定性的好坏,又要考虑掘进进尺的大小;既要考虑施工机械的配套能力,又要考虑作业空间的大小等要求。

(2)解决好上、下半断面作业的相互干扰问题。条件允许时,可采用"半断面开挖法",即先打通上半断面,然后再开挖下半断面,则可以最大限度地避免干扰。

(3)在进行下部开挖时,不仅要注意控制对围岩的扰动强度,还应注意防止对上部已作支护的破坏。

(4)随着施工进展,在地质条件发生改变时,应及时做好开挖方法的转换工作。

(5)当围岩自稳能力不足,设计断面又较大时,为了缩短围岩暴露时间,可以在台阶上暂留核心土,而先行挖出上部弧形导坑,待施作上部初期支护后,再挖除核心土,并进行下部开挖和支护的施作。留核心土的目的是:降低开挖面临空高度,减缓开挖面的坡面角度,抵抗开挖面的下滑,缩短开挖后围岩的暴露时间,保证围岩稳定。下半断面则可以考虑分左右两部分开挖,并分别施作下部支护。

(6)在围岩软弱破碎或断面较大的隧道施工中,采用台阶法时,开挖面的稳定是首要考虑的问题。既要从开挖方法方面考虑,又要从支护手段方面考虑解决。在开挖下半断面岩体前,应注意上部初期支护的临时封闭,这种临时封闭对于上部初期支护和围岩的稳定是非常必要的。

## 六、分部开挖法

1. 分部开挖法简介

分部开挖法是将设计坑道断面内的岩体分为几个部分,并按一定深度在不同的作业循环时间内先行挖除某一部分并施作初期支护、继而顺序挖除其余各个部分并分别施作初期支护的开挖方法。

分部开挖法需要进行多次开挖才能完成隧道断面的成型,且要求始终保持某一部分超前于其他部分。先行开挖形成的坑道称为"导坑"。导坑一般要比其余部分的开挖超前一定的深度,故分部开挖法也称为"导坑超前开挖法"。导坑的作用主要是超前探察前方岩体的工程地质条件。

常用的分部开挖法有环形开挖留核心土法、下导洞超前开挖法、单侧壁导坑法、双侧壁导坑法、中洞法、中隔壁法(CD法)、交叉中隔壁法(CRD法),见表8-1-4。

**分部开挖法**(图中序号仅表示开挖顺序,均省略了初期支护)　　表8-1-4

| 开挖方法 | 开挖示意图 | |
|---|---|---|
| | 横断面 | 纵断面 |
| 环形开挖留核心土法 | | |

续上表

| 开挖方法 | 开挖示意图 ||
| --- | --- | --- |
| | 横断面 | 纵断面 |
| 单侧壁导坑法 | | |
| 双侧壁导坑法 | | |
| 中隔壁法（CD法） | | |
| 交叉中隔壁法（CRD法） | | |
| 中洞法 | | |

2.分部开挖法适用条件

分部开挖法主要适用于隧道断面较大或围岩稳定性较差的条件。

3.分部开挖法优缺点

(1)分部开挖将隧道断面分为几个小断面逐次开挖,使每个小断面坑道的开挖跨度较小。小断面坑道围岩的相对稳定性显著增强,且坑道断面较小时也更便于进行围岩局部支护。因此,分部开挖法主要适用于设计断面较大或围岩软弱破碎严重、稳定性较差的隧道中。

(2)分部开挖法由于作业面较多,各工序相互干扰较大,且增加了对围岩的扰动次数,若采用钻爆掘进,则更不利于围岩的稳定,施工组织和管理的难度亦较大。

(3)导坑超前开挖,有利于提前探明地质情况,并予以及时处理。但若采用的导坑断面过小,则施工速度就较慢。

4. 分部开挖法技术要点

(1)因工作面较多,相互干扰大,应注意组织协调,实行统一指挥。

(2)应特别注意加强对爆破开挖的控制,并避免后续开挖对已作支护的破坏,减少对围岩的扰动。

(3)各部分的开挖和支护顺序不同,对围岩干扰和对支护的影响就不同。因此,采用分部开挖法时应充分考虑各部分的开挖与支护之间、相邻作业面之间的相互影响关系,安排好开挖和支护的顺序。

(4)按照新奥法"应尽可能采用大断面开挖"的基本原则,应尽量创造条件,减少分部开挖次数,尽可能争取采用大断面开挖,使之具备较大的洞内作业空间,以便于采用大中型机械施工和提高施工速度。

## 资料二 掘进方式

掘进方式是指对坑道范围内岩体的挖除方式(破岩方式),一般分为钻眼爆破掘进、全断面掘进机掘进、自由断面挖掘机掘进、人工掘进四种。

1. 钻眼爆破掘进

钻眼爆破掘进是在被爆破岩体的各个部位钻孔后,将炸药分散安装于各个钻孔中并引发炸药爆炸,从而爆破坑道范围内的岩体。

钻眼爆破对围岩的扰动较大,导致围岩稳定能力降低,有时由于爆破震动致使围岩产生坍塌,故其一般只适用于围岩稳定性较好的石质岩体隧道。但随着控制爆破技术的发展,钻眼爆破的应用范围也逐渐加大,如用于软石及硬土的松动爆破。钻眼爆破掘进是一般山岭隧道工程中最常用的掘进方式。钻眼爆破需要专用的钻眼设备及消耗大量炸药等爆破材料,并只能分段循环掘进。

2. 全断面掘进机掘进

全断面掘进机是采用装在掘进机前端的圆形刀盘中的切削刀来破碎岩体的,它可以一次完成隧道圆形断面掘进。全断面挖掘机避免了爆破震动对围岩的破坏,掘进时对围岩的扰动破坏较小,自身的破岩能力较强,故一般适用于围岩完整性和稳定性较好的硬岩地层中。其机械化、集成化程度很高,施工速度快。盾构、TBM 都属于全断面掘进机。

3. 自由断面挖掘机掘进

自由断面挖掘机掘进是采用装在可移动式机械臂上的切削头来破碎岩体,并逐步使隧道断面成型。自由断面挖掘机避免了爆破震动对围岩的破坏,掘进时对围岩的扰动破坏小,但自身的破岩能力亦较小,故一般适用于围岩稳定性较差的软岩隧道及土质隧道中,尤其适用于配合敞胸式盾构施工。自由断面挖掘机掘进示意如图8-2-1所示。

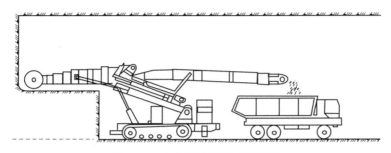

图 8-2-1　自由断面挖掘机掘进示意

自由断面挖掘机的适应能力较强,可以挖掘任意形状和大小的隧道,也可以连续掘进。自由断面挖掘机多随机配备连续拾渣、转载机构;常用的拾渣机构有蟹爪式、立爪式、铲斗式和挖斗式四种;常用的转载机构有刮板式和链板式两种。自由断面挖掘机多采用履带式走行机构,以适应洞内临时道路承载能力较低甚至泥泞的条件;当道路泥泞和采用轨道运输时,可选用带有轨道走行机构的自由断面挖掘机。

常用的自由断面挖掘机又分为铣盘切削式采矿机、挖斗式挖掘机和铲斗式装渣机三种。

其中,铣盘切削式采矿机是将带有柱齿状或圆锥状切削刃的切削头安装在液压伸缩臂上,切削头可以在水平方向和竖直方向旋转。这种铣盘切削式采矿机可以挖掘各种含水率较低的土及中等硬度以下岩石,但不适用于泥质土的挖掘。

另外,挖斗式挖掘机或铲斗式装渣机用于隧道掘进时,可以将挖掘和装渣同机完成。但其破岩能力有限,一般只适用于挖掘硬土至软塑泥质土,且须配以人工修凿周边。

4. 人工掘进

人工掘进是采用十字镐、风镐等简易工具来挖除岩体。人工掘进对围岩的扰动破坏小,有利于保持围岩原有的稳定能力,但人工掘进速度较慢,劳动强度较大,安全性差,故一般适用于围岩稳定性较差的土质隧道或软岩隧道中。

人工掘进只在特殊地质条件或特小断面的隧道工程中偶有采用,如在不能采用爆破掘进的软弱破碎围岩和土质隧道中。若隧道工程量不大,工期要求不太紧,又无机械或不宜采用机械掘进时,则可以采用人工掘进。人工采用铁锹、斗箕装渣。人工掘进时,尤其应做好安全防护措施,并安排专人负责工作面的安全观察。

5. 掘进方式选择原则

原本充塞在隧道所在位置的岩体,其软硬程度和破碎程度各不相同,要破碎并挖除这些岩体的难易程度不尽相同。不同的掘进方式对围岩的扰动程度是不同的。掘进方式是影响围岩稳定的又一重要因素。不同的岩体和围岩,适宜采用的破岩方式也不尽相同。

隧道掘进方式的选择就是要确定每一部分岩体的破岩挖除方式,以及破岩时对围岩扰动的控制措施。在实际隧道工程中,掘进方式的选择原则是:应主要考虑坑道范围内被挖除岩体的坚固性、掘进方式对围岩的扰动程度、围岩的抗扰动能力(即其稳定性),其次要考虑开挖方法、作业空间大小、机械配备能力、工期要求、工区长度、经济性等因素的影响,进行综合分析,选用既经济、快速,又不严重影响围岩稳定的掘进方式。

综前所述,钻爆掘进虽然较经济,但对围岩扰动太大,尤其对软弱破碎围岩的稳定不利;机械掘进虽然对围岩扰动小,速度也快,但机械投资较大;人工掘进对围岩扰动小,但掘进速度太慢,劳动强度太大。目前,在山岭隧道中,主要是石质岩体时,多数仍采用钻眼爆破方式掘进。值得注意的是,在采用钻眼爆破方式掘进时,尤其应当严格实施爆破控制,以减少爆破震动对围岩的扰动破坏和对已做支护的影响。

# 资料三 爆破原理与爆破方法

## 一、爆破原理

爆炸破岩原理,可以用爆破漏斗来解释,如图 8-3-1 所示。其原理是:当只有一个临空面时,在岩体中距临空面一定距离($W$-最小抵抗线)处集中装入一定量(点状装药、足够量)的炸药,然后引发炸药爆炸,在爆炸冲击波及爆炸生成物的高速动载作用下,一定范围内的岩体产生不同程度的破坏,并形成一个锥形漏斗。当有两个临空面时,在岩体中距一个临空面一定距离($W$)且平行于该临空面钻孔,并在钻孔中装入一定量(柱状装药、足够量)的炸药,然后引发炸药爆炸,在爆炸冲击波及爆炸生成物的高速动载作用下,一定范围内的岩体产生不同程度的破坏,并形成一个 V 形沟槽。

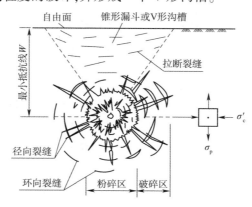

图 8-3-1 爆炸破岩机理

注:点状装药爆破形成锥形漏斗;单孔柱状装药爆破形成 V 形沟槽。

## 二、坑道爆破方法——光面爆破

光面爆破是通过调整周边眼的各爆破参数,使爆炸优先沿各孔的中心连线形成"贯通的破裂缝",然后内圈岩体裂解并向临空面方向抛掷。其作用的机理可用示意图 8-3-2 解释。

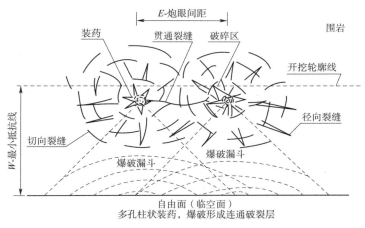

图 8-3-2　光面爆破作用机理

光面爆破的分区起爆顺序为:掏槽眼→扩大眼→周边眼→底板眼。即扩大眼爆破后应留下一层厚度大致相等的内圈岩体,这一层岩体由周边眼完成爆破,并形成平顺的轮廓。工程中常将先行爆破出槽口的做法称为"掏槽",实现掏槽的炮眼称为"掏槽眼";实现槽口扩大的炮眼称为"扩大眼";开挖轮廓最外一圈炮眼称为"周边眼";隧道底部的周边眼也称为"底板眼"。

1. 掏槽眼

掏槽眼的作用是将开挖面上适当部位先掏出一个小型槽口,为后爆的扩大眼增创更多的临空面,以提高爆破效率。掏槽眼的形式一般分为斜眼掏槽和直眼掏槽(图 8-3-3、图 8-3-4)。

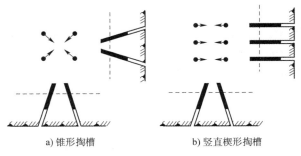

a) 锥形掏槽　　　　　b) 竖直楔形掏槽

图 8-3-3

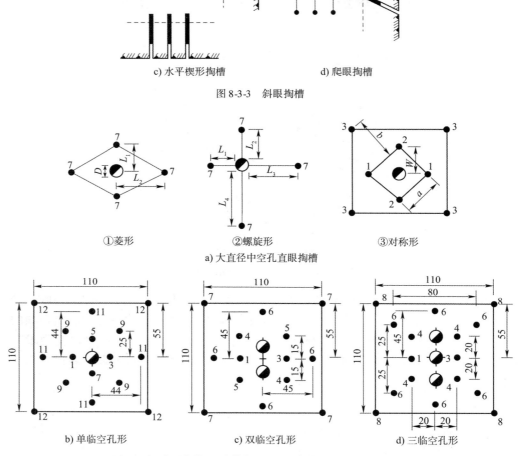

图 8-3-3 斜眼掏槽

图 8-3-4 直眼掏槽(尺寸单位:cm;炮眼旁数字为毫秒雷管段数)

2. 扩大眼

扩大眼也叫辅助眼,作用是进一步扩大槽口体积和爆破量,并逐步接近开挖断面形状,为周边眼创造有利的爆破条件。扩大眼应在周边眼和掏槽眼之间由内向外、逐层布置,逐步接近开挖断面轮廓形状。扩大眼的分层可以采用直线分层或弧线分层,也可以二者结合应用,保证爆破后的石渣块度大小适中,抛掷范围相对集中,便于机械装渣作业。

3. 周边眼

周边眼处在坑道周边上且紧靠围岩,所以周边眼的爆破,在很大程度上影响到开挖轮廓的质量和对围岩的扰动破坏程度。

## 三、起爆顺序、时差控制及网络连接

### 1. 保证起爆顺序不颠倒(不串段)

前已述及,光面爆破的分区起爆顺序是:掏槽眼→扩大眼→周边眼→底板眼。在一个开挖断面上,同圈(层)炮眼同时起爆,不同圈(层)的炮眼则"由内向外逐层起爆",即内圈炮眼先起爆,外圈炮眼后起爆。底板眼最后起爆,并可适当加大底板眼的装药量,以克服石渣的压制,保证坑道底部的爆破效果。

应特别注意的是,以上起爆顺序不能颠倒,否则爆破效果将大受影响,甚至完全失败。

### 2. 采用微差爆破

内、外圈炮眼按顺序先后起爆的"时差",可以利用迟发雷管的延时特性来实现。在不同部位、不同圈(层)的炮眼中安装不同段数的雷管,以实现时差控制。试验和研究表明,各圈(或层)炮眼之间的起爆时差越小,则爆破效果越好。常采用的时差为 40 ~ 200ms,称为"微差爆破"。

在循环掘进进尺较大时,采用微差爆破,还应注意将掏槽炮与扩大炮之间的时差稍加大,以保证掏槽炮在此时差内(有足够的时间)将石渣抛出槽口,避免石渣淤塞槽口,为后续扩大爆破提供有效的临空面。

### 3. 爆破网络的连接方式

目前,隧道工程中采用的导爆管-非电雷管起爆系统是最常用的起爆系统。这种起爆系统可以形成并联网络、串联网络或串并联混合爆破网络。网络连接,可以采用分匝集束捆扎雷管连接,也可以使用专用的塑料连通器连接,如图 8-3-5 所示。设计实例如图 8-3-6 所示。

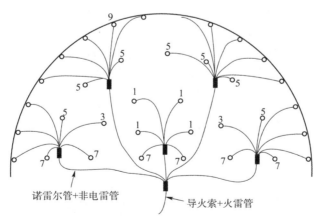

图 8-3-5　导爆管-非电雷管起爆网络

注:1、3、5、7、9 为雷管段数。

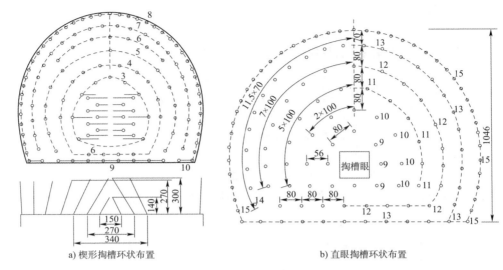

a) 楔形掏槽环状布置　　　　　b) 直眼掏槽环状布置

图 8-3-6　光面爆破设计实例(尺寸单位:cm)

注:图中数字表示起爆顺序。

# 资料四　出渣运输

出渣运输是隧道施工的基本工序之一。出渣运输作业时间一般要占掘进循环时间的 40%~60%。出渣运输能力的强弱,决定了此工序在整个掘进循环中所占的时间比率,并进而对掘进速度产生很大的影响。因此,出渣运输工序必须满足掘进循环时间的总体安排,并保证在规定的时间内完成。

出渣运输工序可以分解为装渣、运输、卸渣三项作业(主要是装渣和运输)。

为保证在规定的时间内完成出渣运输任务,首先应选择恰当的运输方式,其次要注意装、运机械作业方式的配套并适宜于隧道内作业,其三要注意装、运机械单机工作能力和数量的配套,并合理组织运输车辆的运转。

## 一、装渣方式、运输方式及其选择原则

### 1. 装渣方式

隧道施工的装渣方式有机械装渣和人力装渣两种。机械装渣速度快,可缩短作业时间,目前隧道施工中主要采用机械装渣,但仍需配适当数量的人工辅助作业。人力装渣劳动强度大,速度慢,仅在短隧道、缺乏机械或隧道断面小而无法使用机械装渣时,以及特殊条件下,才考虑采用。

2. 运输方式

隧道施工出渣、进料的运输方式有无轨运输和轨道运输两种。无轨运输主要适用于大断面隧道施工运输；轨道运输主要适用于断面小且较长（3000m 以上）的隧道施工运输。

无轨运输是采用各种轮胎走行的运输车出渣和进料。无轨运输的优点是：不需要铺设复杂的运输轨道，洞内改道方便，对其他工序的干扰较小，尤其是可借助仰拱栈桥同时安排仰拱施工，更符合现代隧道工程理论的基本准则和新奥法施工的基本原则。车辆走行灵活、调头方便、运输速度快、配套设备少、不需太多的辅助设施，组织和管理工作简单，能适用于弃渣场离洞口较远和道路坡度较大的场合，是一种适应性较强和较为经济的运输方式。其缺点是运输车多采用燃油发动机，运输车在走行时，内燃机排放大量废气，而且是边走边排放，对洞内空气污染较为严重，故一般适用于大断面开挖和中等长度以下的隧道中。在长大隧道中使用时，应充分考虑洞内空气污染问题，加装必要的尾气净化装置，并采取有效的通风措施。

轨道运输是铺设小型临时铁路轨道，用轨道式运输车出渣和进料。轨道式运输车有斗车或梭式矿车两种，牵引车也有电瓶车或内燃机车两种，串联成小火车。轨道运输的优点是：铺设专用的运输轨道，运输效率较高；采用电瓶车牵引时，可以避免内燃机车的沿程尾气污染，降低通风费用支出，尤其适用于长度在 3000m 以上的小断面隧道。其缺点是：需要铺设专用的运输轨道，轨道改移和调车作业较复杂，且对其他工序的干扰较大；还需配置充电房等辅助设施，当弃渣场离洞口较远，或洞外道路坡度较大不便铺设轨道时，还需要进行二次倒运。

3. 出渣运输方式的选择原则

出渣运输方式的选择，应根据洞内作业条件，包括作业空间（断面）的大小、一次开挖石渣体积、石渣块度、土体的松散或泥质黏性、洞内临时道路等条件，充分考虑装、运、卸三项作业机械的配套问题，出渣运输能力与运量需求的适应问题，出渣运输与开挖、支护等工序的协调统一问题，出渣运输成本与工期要求的关系问题，洞内空气污染及作业安全问题等因素的影响，并建立和实施适宜的出渣运输组织和管理方式，以尽量缩短出渣运输工序在整个作业循环中所占的时间比率，提高施工速度。必要时，应作技术经济合理性分析，以求方案最佳。

## 二、渣量计算

钻爆开挖一个单循环产生的石渣量应为爆破后的虚渣体积，可按式（8-4-1）计算：

$$Z = R \cdot \Delta \cdot L \cdot S \tag{8-4-1}$$

式中：$Z$——单循环爆破后石渣量，$m^3$；

$R$——岩体松胀系数，即岩体松方体积与其实方体积的比值；岩体被爆破后的松胀系数 $R$ 值的大小与岩体的密度有关，隧道工程中常按围岩级别确定 $R$ 值，见表 8-4-1；

Δ——超挖系数,根据爆破对超挖的控制情况而定,一般可取 1.15~1.25;
L——设计循环掘进进尺,m;
S——开挖断面面积,$m^2$。

岩体松胀系数 R 值　　　　　　　　　　表 8-4-1

| 岩体级别 | Ⅰ | Ⅱ | Ⅲ | Ⅳ | Ⅴ | Ⅵ | Ⅶ | Ⅷ |
|---|---|---|---|---|---|---|---|---|
| 土石名称 | 石质 | 石质 | 石质 | 石质 | 硬黏土 | 砂夹卵石 | 黏性土 | 砂砾 |
| 松胀系数 R | 1.7 | 1.8 | 1.6 | 1.6 | 1.35 | 1.30 | 1.25 | 1.15 |

## 三、装渣机械

装渣机械的类型很多,按其拾渣机构形式可分为:挖斗式、蟹爪式、立爪式、铲斗式四种。铲斗式装渣机为间歇性装渣机,有翻斗后卸、前卸和侧卸式三种卸渣方式。隧道用挖斗式、蟹爪式和立爪式装渣机均配备有刮板或链板式转载后卸机构,是连续装渣机。

装渣机的走行方式有轨道走行、履带走行和轮胎走行三种,也有同时配备履带走行和轨道走行两套走行机构的。轨道走行式装渣机须铺设走行轨道,因此其工作范围受到轨道位置的限制;当工作面较宽时,可增铺轨道来满足更大的工作宽度要求。履带走行和轮胎走行的装渣机移动灵活,工作范围不受限制。但在泥土质的隧道中,有可能因洞内临时道路承载能力较低和道路泥泞而出现打滑或下陷。

装渣机的工作能力因拾渣方式、走行方式、装备功率的不同而各不相同。装渣机的选择应充分考虑上述洞内作业条件和问题,尤其应与运输车辆相匹配,以充分发挥其各自的工作效能,缩短装渣的时间。隧道施工中几种常用的装渣机分述如下。

1. 铲斗式装渣机

铲斗式装渣机多采用轮胎走行。轮胎走行的铲斗式装渣机多采用铰接车身,液压控制系统和燃油发动机驱动,见示意图 8-4-1。

图 8-4-1　轮胎走行铲斗式装渣机

轮胎走行铲斗式装渣机转弯半径小,移动灵活;铲取力强,铲斗容量大,达 0.76~3.8$m^3$,工作能力强,尤其适用于对石渣块度大小没有特别要求时,即使石块较大也能铲起,可侧卸也可前卸,卸渣准确,常用于较大断面的隧道装渣作业。但其燃油发动机排出的废气,会污染洞内空气,进而降低机械效率和影响作业人员身体健康,应配备尾气净化器,并加强隧道通风。

## 2. 挖斗式装渣机

挖斗式装渣机是近几年才应用于隧道工程的新型装渣机。其拾渣机构为自由臂式挖斗,自由臂采用了电力驱动全液压控制系统,灵活且工作臂较长,如 ITC312H4 型的立定工作宽度可达 3.5m,工作长度可达轨道前方 7.11m,且可以下挖 2.8m 和兼作高 8.34m 范围内工作面的清理及找顶工作;生产能力为 250m³/h;配备有轨道走行和履带走行两套走行机构。如图 8-4-2 所示为 SchaeffITC112 型双走行系统挖斗式装渣机。

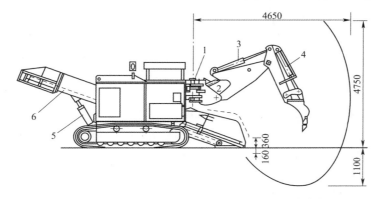

图 8-4-2　SchaeffITC112 型双走行系统挖斗式装渣机(尺寸单位:cm)

1-转臂机构;2-大臂液压缸;3-小臂液压缸;4-转铲液压缸;5-链板后部升降液压缸;6-链板输送机

挖斗式装渣机采用了刮板式或链板式输送机将岩渣装入机后的运输车内,因此对石渣块度大小有特别的要求,即要求爆破下来的石渣块度大小均在输送机的工作尺寸范围以内。

## 3. 立爪式、蟹爪式装渣机

隧道工程中曾经使用过立爪式装渣机,这种装渣机多采用轨道走行。装渣机前方装有一对扒渣立爪,可以将前方或左右两侧一定范围内的石渣扒入受料盘,并由刮板式输送机将石渣装入机后的运输车内。立爪式装渣机工作能力一般在 100~180m³/h 之间。但因其能耗较大,已逐步被挖斗式装渣机所替代。

蟹爪式装渣机多采用履带走行,电力驱动。它是一种连续装渣机,其前方倾斜的受料盘上装有一对由曲轴带动的拨渣蟹爪。装渣时,受料盘插入岩堆,同时,两个蟹爪交替将岩渣拨入受料盘,并由刮板输送机将石渣装入机后的运输车内。因受蟹爪拨渣能力的限制,岩渣块度较大时,其工作效率会显著降低,故主要用于块度较小的岩渣及土的装渣作业。蟹爪式装渣机的工作能力一般在 60~80m³/h 之间。

## 四、无轨运输

### 1. 运输车辆

可供隧道施工用的无轨运输车品种很多,多为燃油(柴油)式动力、轮胎走行的自卸货车(图 8-4-3),载质量从 2t 到 25t 不等。为适应在隧道内运输,有的还采用了铰接车身或可双向驾驶的坑道专用车辆。

随着大型装载机械及重载自卸汽车的研制和生产,近年来无轨运输在隧道掘进中得到了越来越广泛的应用。

**2. 运输车辆选择和配套原则**

隧道内空间狭小,汽车调头困难。隧道工程出渣运输要求选用的装渣机和运输车体形小、载重大、自重轻、轴距短、转弯半径小、机动灵活,车体坚固、能自卸,尤其应当注意是否配有尾气净化装置,以及尾气净化装置的工作效能和维护要求,尽量减少对洞内空气的污染。

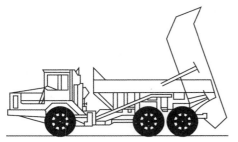

图 8-4-3　自卸汽车

无轨运输车的选择应注意与装渣机的匹配,尤其是能力配套,以充分发挥其各自的工作效率,提高整体工作效率。能力配套,一方面是指装渣机械的工作能力与运输车辆的工作能力的配套;另一方面是指装、运机械的总的工作能力(工序能力)应满足隧道施工循环作业的总体要求,并保证在规定的时间内完成出渣运输工作。

在一定的装渣工作能力条件下,运输车辆的数量和单车运载能力的选择是可变的。它需要根据运输距离的变化加以动态调整。若配备的单车运载能力较大,则可减少车辆的数量,这种配置可减少装车趟数和调车次数,缩短装运作业时间。若配备的单车运载能力较小,则需要的车辆数量较多,这种配置增加了装车趟数和调车次数,延长了装运作业时间。因此,目前隧道工程中多数尽量采用前一种配置,并且运距较短时应采用前一种配置,运距较长时应采用后一种配置。

**3. 运输道路**

采用无轨运输时,为方便车辆转向、会车作业,缩短时间和保证安全,应根据隧道开挖断面大小和洞内运输距离的长短,合理选择洞内调车方式。常用的洞内调车方式有以下几种:

(1)在单车道公路隧道中,因隧道断面较小,不够并行两辆汽车,应布置成单车通道。当洞内运输距离较短时,可不设置转向或会车场地,汽车倒行进洞,装渣后正向开行出洞。当洞内运行距离较长时,可在洞内每隔 100~300m 设置一处会车点。会车点可以局部扩大洞径,车辆可在会车点转向或会车。必要时,还可以在洞内作业面附近设置机械式转向盘。

(2)在双车道公路隧道中,因隧道断面较大,足够并行两辆汽车,应布置成双车通道。进出车辆各行其道,并在装渣点附近转向,可缩短洞内调车时间,以提高出渣运输速度。若为侧壁导坑开挖,可考虑在适当位置将导洞向侧壁扩挖加宽构成转向或会车场地。在设置有辅助坑道的长大隧道中,应考虑构成循环运输通路,并制订单向循环行驶制度和相应的管理措施。

#### 4. 运输组织

运输组织就是根据（进料、出渣）运输量的多少、运输距离的长短以及机械配备情况，确定投入洞内作业的装、运机械的数量，编制运输作业运行图，并根据实际情况动态调整，使之最优化。

无轨运输和轨道运输的组织原则基本相同。不论采用何种运输方式，也不论采用何种形式的装渣机械和运输车辆的配置方式，都应特别注意提高运输效率，缩短车辆在洞内等待时间（无效工作时间），使各项运输作业相对集中，以减少工序之间的相互干扰，减少洞内空气污染的频次和缩短污染持续时间，降低通风能耗和费用。如在长大隧道工程中，当洞内运输距离较长时，应配备足够数量的运输车辆，以便能够在同一个时段内将一个掘进循环爆破出来的石渣全部运完。

#### 5. 卸渣

卸渣工作主要是考虑石渣如何处理、卸渣场地或转运场地的布置，以及弃渣场地的选择。从隧道内挖出的石渣多数可以作为填料，用于填筑路基及洞外工作场地。有些符合混凝土粗集料质量标准要求的岩块石渣，则可以加工成碎石，用作衬砌混凝土的粗集料。对多余的石渣，则应弃置于合适的山谷、凹地。但弃渣场地的选择，应考虑运输、卸渣方便，不占良田，不堵塞河道，不污染环境，并加以综合利用，如造田复耕或填筑场地。

### 五、轨道运输

#### 1. 运输车辆

常用的轨道运输车辆有斗车、梭式矿车。

（1）斗车。斗车结构简单，使用方便，可适用于多种条件下各种物料的装载运输。斗车容量大小可分为小型斗车和大型斗车。

小型斗车容量小于 $3m^3$，轻便灵活，满载率高，调车方便，可采用机械牵引，也可以采用人力牵引，人力操纵翻斗卸渣也很方便，它主要用作小断面坑道，如斜井平行导坑的运输车辆。大型斗车单车容量较大，可达 $20m^3$，须用动力机车牵引，并采用专用的翻车机构卸渣，以及配套使用大型装渣机械装渣，才能保证快速装运。采用大型斗车，可以减少装渣调车作业次数，缩短装渣运输作业时间，但对轨道线路条件要求较高。

（2）梭式矿车。梭式矿车采用整体式车体，下设两个转向架，车箱底部设有刮板式或链式转载机构，便于将整体车箱装满和转载或向后卸渣。它对装渣机械的配套条件要求不高，能保证快速运输，但车体结构和机械系统较复杂，机械购置费和使用费较高。

梭式矿车的单车容量为 $6\sim18m^3$，可以单车使用，也可以 $2\sim3$ 辆车搭接使用，以减少调车作业次数。其刮板式自动卸渣机构，可以向后（轨道端头）卸渣，也可以使前后转向架分别置于相邻的两股道上，实现向轨道侧面卸渣，扩大弃渣的范围。要求侧向卸渣时，轨道间距应为 $2.0\sim2.5m$，车体与轨道的交角可达 $35°\sim40°$。

2. 牵引机车

常用的轨道运输牵引机车有电瓶车、内燃机车,主要用于坡度不大的隧道运输牵引。当采用小型斗车和坡度较缓的短隧道施工时,还可以采用人力推送。

电瓶车牵引无废气污染,但电瓶储蓄电能数量有限,一次充电后的工作时间不长,充电时间较长,充电液须定期更换,需要建设专用的充电车间。因此,实际应用中,必须配备足够数量的电瓶车,以保证牵引能力和行车速度。

内燃机车牵引能力较大,可以随时加油不占时间,但运行时会排放尾气,从而造成洞内空气污染和噪声污染。而且在洞内空气含氧量不足时,油料燃烧不充分,牵引能力明显降低,污染会进一步加剧。实际使用中,必须配备尾气净化装置,定期保养和维修,并加强通风。

3. 单线轨道运输

单线轨道通过能力较低,常用于长度较长而断面较小的隧道工程。

采用单线轨道运输时,为调车方便和提高运输能力,在整个路线上应合理布设会车道。相邻会车道的间距应根据装渣作业时间和行车速度计算确定,一般条件下应每隔300m 设一条会车道。应编制和优化列车运行图,制定有效的行车作业制度,以减少避让等待时间。会车道的站线长度应能够容纳整列车,并保证正线车辆安全通过。单线运输轨道布置示意见图8-4-4。

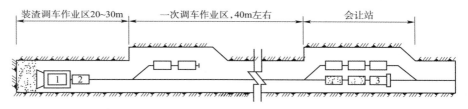

图 8-4-4  单线运输轨道布置
1-装渣机;2-斗车或梭式矿车;3-电瓶牵引车

4. 双线轨道运输

双线轨道的进、出车分道行驶,无须避让等待,故通过能力较单线轨道有显著提高,常用于长度较长而断面较大的隧道工程。

为了调车方便,应在两线间合理布设渡线。渡线间距应根据工序安排及运输调车需要来确定,一般间距为 100～1000m 或更长,并每隔 2~3 组渡线设置一组反向渡线。双线运输轨道布置示意见图8-4-5。

5. 工作面轨道延伸及调车措施

(1) 随着开挖进展,掌子面向前推进,工作面的轨道应及时延伸跟进到掌子面,以满足钻眼、装渣、运输机械的走行和作业要求。延伸的方法可以采用接短轨,或浮放卧轨或爬道。轨道走行车辆轴重较大时,宜采用接短轨延伸轨道,待掌子面向前推进后,将连接的几根短轨换成长轨。轨道走行车辆轴重较小时,可采用浮放卧轨或爬道延伸轨道。

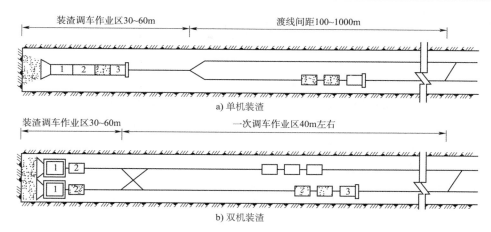

图 8-4-5 双线运输轨道布置
1-装渣机;2-斗车或梭式矿车;3-电瓶牵引车

（2）工作面附近的调车设施,应根据机械走行要求和转道类型来合理选择确定,并尽量使之离掌子面近一些,以缩短调车作业时间。

单线轨道运输时,首先应利用就近的会车道调车;当掌子面距离会车道较远时,则可以设置临时岔线、浮放调车盘或平移调车器来调车,并逐步前移和接续轨道。

双线轨道运输时,应尽量利用就近的渡线来调车,当掌子面距渡线较远时,则可以设置浮放调车盘,并逐步前移和接续轨道。

6. 洞口轨道布置

洞口外轨道布置包括卸渣线、上料线、修理线、机车整备线以及调车线等。

卸渣线应设置卸渣码头,可利用弃渣填筑和延伸。若需二次倒运,则应在临时存渣场边缘设置固定卸渣码头。固定卸渣码头应采用浆砌片石挡墙或搭设方木垛来稳定边坡。洞口轨道布置示意图如图 8-4-6 所示。

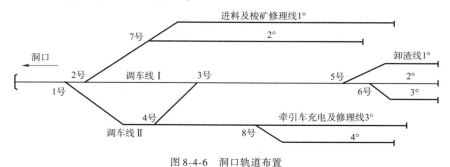

图 8-4-6 洞口轨道布置

7. 轨道铺设要求

（1）常用的轨距有 900mm、762mm、600mm 三种。双线线间净距不应小于 20cm;单线会车道线间净间距不小于 40cm。车辆距坑道壁式支撑净间距不应小于 20cm;双线可不另设人行道;单线必须设人行道,人行道净宽不应小于70cm。

(2)轨道线路平面应尽量使用较大的曲线半径;道岔应不小于6号道岔,并安装转辙器。一般条件下,最小曲线半径,在洞内应不小于机车车辆轴距的7倍,洞外应不小于机车车辆轴距的10倍;使用有转向架的梭式矿车时,最小曲线半径不得小于12m。

(3)洞内轨道纵坡按隧道坡度设置。洞外卸渣线的重车方向应设置一段1%~3%的上坡,并在轨端加设车挡,以防止卸渣车溜出码头。其他各线均应满足使用要求和安全要求,并在轨道终端加设车挡。

(4)隧道施工常用钢轨质量有38kg/m、43kg/m两种,轨枕截面(厚×宽)有10cm×12cm、10cm×15cm、12cm×15cm、14cm×17cm几种。钢轨和枕木的选择,应根据各种机械的最大轴重来确定,轴重较大时,应选用较重的钢轨和较粗的枕木;枕木间距一般不大于70cm。

(5)轨道铺设可利用开挖下来的碎石渣作为道砟。道床厚度不应小于20cm,并铺设平整、顺直、稳固。若有变形和位移,应及时养护和维修,保证线路处于良好的工作状态。

8. 运输组织

运输组织就是根据(进料、出渣)运输量的多少、运输距离的长短、运输列车的数量,编制列车运行图,并根据实际情况动态调整,使之最优化。图8-4-7是有轨运输的列车运行图。

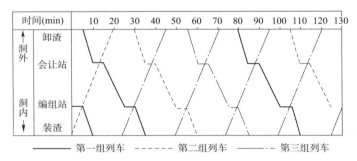

图8-4-7 有轨运输的列车运行图

优化列车运行图,主要是要提高列车通过能力。具体的措施有:合理布置会让站,缩短会车等待时间;配备能力足够的装渣机械,缩短装渣等待工作时间;及时养护维修轨道,保持合理安全的走行速度;空车提前进洞,缩短空车走行时间(虚功时间,缩短关键线路)。

# 某隧道洞身开挖作业技术交底书

工程名称:××隧道

设计文件图号:××施(隧)-01、××施(隧)参01-07

施工部位:洞身开挖
交底日期:2022年2月22日
交底单位名称:××项目经理部

## 一、作业范围

本交底适用范围:DK10+387~DK10+363段Ⅴb衬砌洞身开挖及初期支护。

## 二、设计情况

DK10+387~DK10+363段围岩级别为Ⅴ,衬砌类型为Ⅴb,开挖方式为三台阶临时仰拱法(设临时钢架),开挖预留变形量为15cm。

## 三、施工工艺

洞身开挖施工工艺流程如图8-5-1所示。

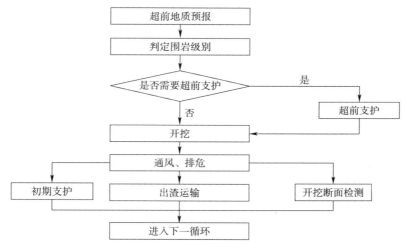

图8-5-1 洞身开挖施工工艺流程图

(1)隧道开挖进尺。

三台阶临时仰拱法分六个工作面平行流水进行,如图8-5-2所示,各台阶长度为5~8m,中、下台阶左右侧相错2m。遵循"弱爆破、短开挖、早支护"的原则施工。

(2)开挖①部台阶。根据开挖轮廓线放样位置,采用人工配合机械方式进行拱部开挖,每次开挖1榀拱架间距,机械开挖至距拱脚30cm时,采用人工开挖,避免过大的超欠挖,并及时施作初期支护。

(3)上台阶施工至适当距离后,开挖②部台阶,采用人工配合机械方式进行开挖,左右两侧一前一后交错开挖,同一断面左右两侧不得同时开挖。根据实际地质条件,每次开挖2~3榀拱架距离,机械开挖至距拱脚30cm时,采用人工开挖,避免过大的超欠挖,并及时施作初期支护。

(4)开挖③部台阶,开挖方法及要求与开挖②部台阶一致。

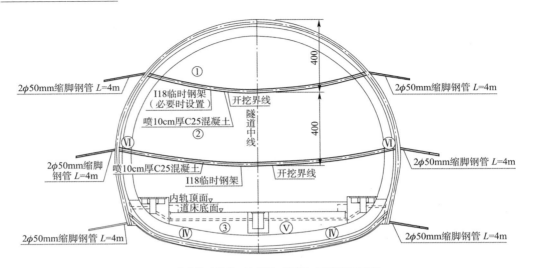

a) 三台阶临时仰拱工法(设临时钢架)工序横断面示意

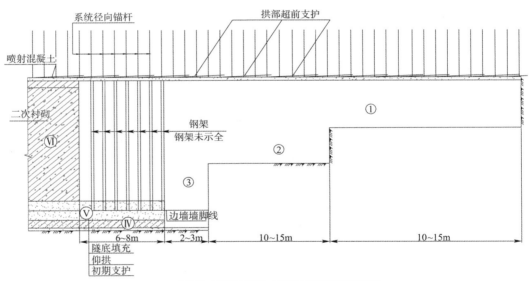

b) 三台阶临时仰拱法(设临时钢架)工序纵断面示意图

图 8-5-2　三台阶开挖法作业示意图

(5) 施工注意事项。

①隧道施工应坚持"弱爆破、短进尺、强支护、早封闭、勤量测"的原则。

②如有超前支护等辅助施工措施,应首先利用上一循环架立的钢架施作完毕,再开挖。

③如遇需要爆破的情况,均采用弱爆破。爆破时严格控制炮眼深度及装药量。

④Ⅴ级围岩上台阶每循环开挖进尺不大于 2 榀(0.6m/榀)钢架间距,中下台阶不大于 3 榀钢架间距,仰拱每循环开挖进尺不大于 6 榀钢架间距,第③部台阶开挖后仰拱应紧跟,距离掌子面不超过 60m。

## 洞身开挖现场质量检验报告单

合同号：
编　号：

| 工程名称 | | | | | | | | | | | | | | |
|---|---|---|---|---|---|---|---|---|---|---|---|---|---|---|
| 施工单位： | | | | | | | | | | | | | | |
| 监理单位： | | | | | | | | | | | | | | |
| 工程部位 | | | | | | | | | | | | | | |

| 项次 | 检查项目 | | 规定值或允许偏差 | 检查方法和频率 | 检查时间 | | | | | | | | | | |
|---|---|---|---|---|---|---|---|---|---|---|---|---|---|---|---|
| | | | | | 实测值或实测偏差值 | | | | | | | | | | |
| | | | | | 1 | 2 | 3 | 4 | 5 | 6 | 7 | 8 | 9 | 10 | 11 | 12 |
| 1△ | 拱部超挖 (mm) | 破碎岩、土（Ⅳ、Ⅰ级围岩） | 平均100，最大150 | 水准仪或断面仪：每20m抽查一个断面 | | | | | | | | | | | |
| | | 中硬岩、软岩（Ⅱ、Ⅲ、Ⅳ级围岩） | 平均150，最大250 | | | | | | | | | | | | |
| | | 硬岩（Ⅰ级围岩） | 平均100，最大200 | | | | | | | | | | | | |
| 2 | 边墙宽度 (mm) | 每侧 | +100，-0 | 尺量：每20m检查1处 | | | | | | | | | | | |
| | | 全宽 | +200，-0 | | | | | | | | | | | | |
| 3 | 边墙、仰拱、隧底超挖 (mm) | | 平均100，最大250 | 水准仪：每20m检查3处 | | | | | | | | | | | |

施工单位检查意见：

质检员：　　　　　质检工程师：　　　　　日期：

监理单位检查意见：

监理员：　　　　　专业监理工程师：　　　　　日期：

注："△"表示关键项目。

## 四、质量标准

(1)隧道开挖断面的中线和高程应符合设计要求。

(2)隧道开挖轮廓尺寸应符合设计要求,并应控制超欠挖,围岩完整石质坚硬岩石个别突出部位最大欠挖值不大于50mm,且每$1m^2$不大于$0.1m^2$。

## 五、安全、环保及文明施工方面的具体措施及标准

(1)安全要求

①施工区域应设警示标牌,严禁非工作人员出入。

②施工中应对机械设备进行定期检查、养护、维修。

③为保证施工安全,现场应有专人统一指挥,并设一名专职安全员负责现场的安全工作,坚持班前进行安全教育制度。

④在进入施工现场时,必须佩戴好安全帽。

⑤高空作业时,做好防高空坠落防范措施,安装防护栏,施工人员佩戴好安全绳。

(2)环保要求

①开始施工前,必须进行环境因素识别,确定重要环境因素,制定相应的管理方案。

②施工废水及施工垃圾不得随意排放、丢弃,施工废水得经过处理池处理后再排放到指定地点,施工垃圾倒置在指定地方统一处理。

1. 隧道开挖轮廓线如何确定?
2. 简述开挖方法的种类及选择原则。
3. 简述各种开挖方法的适用条件。
4. 简述各种开挖方法的施工顺序及技术要点。
5. 隧道掘进方式有哪些?
6. 如何理解爆破原理(爆破漏斗)?
7. 简述隧道出渣方式。

# 学习任务九
# 初期支护及注浆加固

☞ **学习目标**
1. 了解：初期支护施工原则、施工过程和施工方法；
2. 掌握：初期支护施工质量检查方法与评定标准；
3. 了解：超前支护的作用、施工过程和施工方法；
4. 掌握：超前支护施工质量检查方法与评定标准。

☞ **能力目标**
1. 会填写初期支护、超前支护质量检查表；
2. 能编制初期支护施工技术交底书。

## 资料一  初期支护施工三大原则

### 一、预防为主原则

隧道工程主要依靠初期支护保证施工期间的稳定和安全,因此,各种结构类型的初期支护,各种施工方法、开挖方法、掘进方式,以及各种施工技术措施,都是前人实践经验的总结,它们本身就带有预防性。一般情况下,这些方法、方式、结构形式及其组合是能够适应绝大多数的围岩地质条件和工程结构条件的。如果严格按照设计要求和施工规范施工,是能够保证稳定和安全的。

然而,在隧道施工过程中,由于地质条件的多样性和多变性,加之对工程地质条件判断不准或情况不明;选择的支护类型与实际工程地质条件不适应;施工方法、支护时机不恰当,或(由于偷工减料等原因)支护质量达不到设计要求等原因,不可避免地会遇到一些预料之外的情况,如塌方、突泥、流沙、大变形等工程事故。

为了防止发生重大事故,确保稳定和安全,除了严格按设计要求和施工规范施工以外,还应该认真做好超前地质预报,尽可能详细地调查隧道位置的区域工程地质、水文地质情况,做到心中有数;制订相应的紧急预备方案,施工过程中应特别注意密切观察、缜密分析,发现异常现象及时采取紧急处理措施,防止事态进一步扩大。这就是预防为主的原则。

根据工程经验,针对异常现象,可以采取的紧急处理措施包括调整施工方法、支护时机、支护参数和施工速度等。表9-1-1是有关资料对施工中可能发生的一些紧急情况及处理措施的总结。其中 A 类是进行比较简单的改变就可解决问题的措施,B 类是采取包括需要改变支护结构类型等比较大的变动才能解决问题的措施。

施工中(二次衬砌之前)可能发生的一些紧急情况及处理措施　　　　表9-1-1

| 施工中的异常现象 | | A 类措施 | B 类措施 |
|---|---|---|---|
| 开挖面附近围岩异常 | 开挖面顶部掉块增大,掌子面变得不稳定 | 1. 缩短掘进进尺;<br>2. 掌子面喷射混凝土;<br>3. 掌子面打锚杆 | 1. 缩小开挖断面,采用分部开挖,如台阶开挖或留核心土环形导坑开挖;<br>2. 打入超前小钢管或插板,进行预支护;<br>3. 增设钢架 |
| | 开挖面出现涌水,或者涌水量增加 | 1. 喷射混凝土前,沿洞壁布设排水盲管排水;<br>2. 水少时,在喷射混凝土中增加速凝剂,加挂网格密的钢筋网,强喷 | 1. 水源补给少时,采用井点降水、钻孔排水、泄水洞排水;<br>2. 水源补给多时,采用预注浆堵水和加固围岩 |
| | 地基承载力不足,拱顶下沉增大,周边位移量增大,位移速度变快,或产生底鼓 | 1. 注意开挖,不要损害地基——隧道底部围岩;<br>2. 加厚边墙脚,增加支承面积;<br>3. 缩短台阶长度,及早闭合初期支护环;<br>4. 增加更长、更粗或高强锚杆;<br>5. 加强临时底拱,向下加打锚杆 | 1. 超短台阶开挖,上半断面设置临时仰拱;<br>2. 增设钢架;<br>3. 采取特殊稳定措施,对地层进行预加固,如超前小导管注浆、深孔帷幕注浆、洞内深层搅拌桩等 |
| 初期支护异常 | 喷混凝土层起臌、开裂、剥落 | 1. 加钢筋网再喷射混凝土;<br>2. 引排积水,降低水压力;<br>3. 在喷射混凝土层中增设纵向伸缩缝 | 1. 增加锚杆,加厚喷层;<br>2. 增设钢架 |
| | 锚杆松脱或断裂 | 加密锚杆 | 增加更长、更粗或高强锚杆 |
| | 钢架产生较大变形 | 1. 增加更长、更粗或高强锚杆,加密钢架;<br>2. 凿开喷层,松开拱架接头螺栓,释放应力 | 1. 采用可伸缩的钢架;<br>2. 在喷混凝土层中设纵向伸缩缝;<br>3. 提前修筑二次衬砌 |

## 二、先护后挖原则

遵循现代隧道工程围岩承载理论的基本思想,以及现代隧道支护设计的基本原则和新奥法施工的基本原则:当隧道围岩坚硬完整,或者围岩虽然比较软弱破碎,但地应力不很大,埋置深度较大时,隧道上覆岩体的自然成拱作用较好,工作面稳定,既不易受地面条件的影响,围岩松弛变形也不至于波及地表。采取常规支护,并按"先挖后护,顺序施作",就可以保证隧道施工安全和结构稳定。

在软弱破碎围岩条件下,采用特殊稳定措施进行隧道施工的基本原则是"先护后挖,逆序施作"。具体说来就是"先支护/先加固、后开挖,逆序施作;短进尺、慎开挖,万勿冒进;强支护、快衬砌,及时封闭;重观察、勤量测,莫等塌方"。

## 三、联合效应原则

在隧道工程中,为适应地质条件和结构条件的变化,常将各种单一支护材料和结构进行恰当组合,共同构成人工复合支护结构体系,称为"联合支护"。进行这些联合支护的施工应当注意的是:宜联不宜散,彼此要直接并尽可能多地牢固相连,以充分发挥支护的联合效应。联合支护的施工应满足以下技术要求:

(1)钢筋网及钢架要尽可能多地与锚杆头焊连,因此锚杆要有适量的露头。

(2)钢筋网要被喷射混凝土所包裹、覆盖密实,一般要求钢架被喷射混凝土所包裹、覆盖密实。只有在作为研究项目考察钢架的有效性和经济性,并且当量测数据显示围岩已经达成稳定时,才可以不必用喷射混凝土将钢架完全覆盖,但在施作二次衬砌之前,仍然应该喷满覆盖。

(3)分次施作的联合支护,应尽快将各部分相联,如超前锚杆与系统锚杆及钢架的联结等。要在量测指导下进行,检验其有效性,必要时应作适当调整,以做到及时、有效、经济地控制围岩变形,保证围岩稳定。

# 资料二 锚杆

## 一、锚杆的作用和种类

1. 锚杆作用

锚杆是用金属或其他高抗拉性能的材料制作的一种杆状构件,它是使用某些机械装置或黏结介质,通过一定的施工操作,将其安设在隧道及地下工程的围岩中,利用锚杆的灌浆黏结作用和拉结作用,增强围岩的强度和抗变形能力,从而提高围岩的自稳能力,实现加固围岩的工程措施,见图 9-2-1。

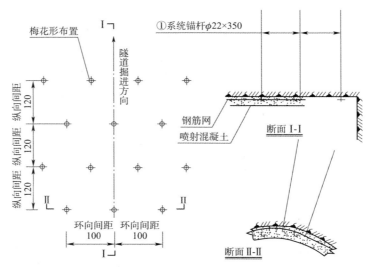

图 9-2-1 锚喷支护(系统锚杆+钢筋网+喷射混凝土,尺寸单位:cm)

锚杆作为一种常规的支护手段,凭借其在技术、经济方面的优越性和对多种不同地质条件的适应性,在建筑领域尤其是在地下工程中得到了广泛应用和迅速发展。以下介绍隧道工程中常用的几种锚杆。

2. 锚杆种类

(1)按锚杆对围岩加固的区域来分,可分为系统锚杆、局部锚杆和超前锚杆三种。
①系统锚杆——系统锚杆强调的是联合作用,即群锚效应。
②局部锚杆——局部锚杆强调的是对围岩的局部加固作用。
③超前锚杆——超前锚杆强调的是支护的超前性。
(2)按锚杆在岩体中的锚固形式来分,可分为以下几种:

①全长黏结式 $\begin{cases} 水泥浆全黏结式锚杆(最常用) \\ 水泥砂浆全黏结式锚杆或中空注浆锚杆(最常用) \\ 树脂全黏结式锚杆 \end{cases}$

②端头锚固式 $\begin{cases} 黏结式内锚头锚杆 \begin{cases} 水泥砂浆内锚头锚杆 \\ 快硬水泥卷内锚头锚杆(常用) \\ 树脂内锚头锚杆 \end{cases} \\ 机械式内锚头锚杆(隧道工程中很少用) \end{cases}$

全长黏结式锚杆采用水泥浆或水泥砂浆或树脂等胶结材料作为锚固剂。全长黏结式锚杆有助于锚杆的抗剪和抗拉,具备防腐蚀作用,具有较强的长期锚固能力,能更有效地约束围岩松弛变形,安装简便,在无特殊要求的各类地下工程中,可大量用于初期支护和永久支护。在隧道工程中,全长黏结式锚杆常作为系统锚杆和超前锚杆使用。

端头锚固式锚杆,利用内、外锚头的锚固来限制围岩变形松动。端头锚固式锚杆安装容易,工艺简单,安装后即可以起到支护作用,并能对围岩施加预应力。但杆体易腐蚀,锚头易松动,影响长期锚固力,一般用于硬岩地下工程中的临时加固。隧道工程中,端头锚固式锚杆一般只用作局部加固锚杆。另有摩擦式锚杆,因其锚固作用的耐久性不好,故不适于作为永久支护,而只作为临时支护使用,隧道工程中很少采用。

## 二、常用锚杆介绍

1. 普通水泥砂浆锚杆

普通水泥砂浆锚杆,是以普通水泥砂浆作为黏结剂的全长黏结式锚杆,其构造如图 9-2-2 所示。因其安装工艺简单,锚固效果好,安装质量易于保证,是隧道工程中最常用的一种锚杆。

图 9-2-2 普通水泥砂浆锚杆构造

一般设计要求:Ⅲ级以上围岩锚杆抗拔力≥80kN,Ⅳ、Ⅴ级围岩锚杆抗拔力≥100kN。普通水泥砂浆锚杆设计、施工要点如下:

(1)杆体材料宜用 20MnSi 钢筋,直径以 14~22mm 为宜,长度为 2.0~3.5m,为增加锚固力,杆体内端可劈口叉开。

(2)水泥一般选用普通硅酸盐水泥,砂子粒径不大于 3mm,并过筛。

(3)砂浆强度等级不低于 M20;配合比一般为水泥:砂:水 =1:(1~1.5):(0.45~0.5)。

(4)钻孔应符合下列要求:孔径应与杆径配合好。一般孔径比杆径大 15mm(采用先插杆体后注浆施工时,孔径应比先注浆后插杆体施工的孔径要大一些),这主要考虑注浆管和排气管占用空间。孔位允许偏差为 ±(15~50)mm;孔深允许误差为 ±50mm。钻孔方向可适当调整,使其尽量与岩层主要结构面垂直。孔钻好后,用高压水将孔眼冲洗干净(若是向下钻孔还须用高压风吹净水),并用塞子塞紧孔口,防止石渣掉入。

(5)锚杆及黏结剂材料应符合设计要求,锚杆应按设计要求的尺寸截取,并整直、除锈和除油,外端不用垫板的锚杆应先弯制弯头。

(6)黏结砂浆应拌和均匀,并调整其和易性,随拌随用,一次拌和的砂浆应在初凝前用完。

(7)先注浆后插杆体时,注浆管应先插到钻孔底,开始注浆后,徐徐均匀地将注浆管抽出,并始终保持注浆管口埋在砂浆内,以免浆中出现空洞。

(8) 注浆体积应略大于需要体积,将注浆管全部抽出后,应立即插入杆体,可用锤击或通过套筒用风钻冲击,使杆体强行插入钻孔。

(9) 杆体插入孔内的长度不得短于设计长度的95%,实际黏结长度亦不应短于设计长度的95%。注浆是否饱满,可根据孔口是否有砂浆挤出来判断。

(10) 杆体到位后,要用木楔在孔口卡住,防止杆体滑出。砂浆未达到设计强度的70%时,不得随意碰撞,一般规定三天内不得悬挂重物。

2. 早强药包内锚头锚杆

早强药包内锚头锚杆,是以快硬水泥卷或早强砂浆卷或树脂卷作为内锚固剂的内锚头锚杆,其构造见图9-2-3。不管是采用什么类型的早强药包,其设计、施工要点基本相同,下面以快硬水泥卷内锚头锚杆为例说明。

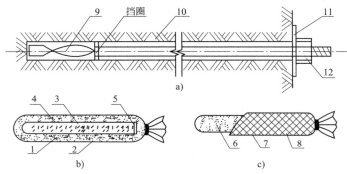

图9-2-3 早强药包内锚头锚杆构造

1-不饱和聚酯树脂+加速剂+填料;2-纤维纸或塑料袋;3-固化剂+填料;4-玻璃管;5-堵头(树脂胶泥封口);6-快硬水泥;7-湿强度较大的滤纸筒;8-玻璃纤维纱网;9-树脂锚固剂;10-带麻花头杆体;11-垫板;12-螺母

快硬水泥卷内锚头锚杆施工要点如下:

(1) 钻眼要求同上,但孔眼应比锚杆长度短4~5cm。

(2) 用直径2~3mm、长150mm的锥子,在快硬水泥卷端头扎两个排气孔。然后将水泥卷竖立放于清洁水中,保持水面高出水泥卷100mm。浸水时间以不冒气泡为准,但不得超过水泥初凝时间,必要时要做浸水后的水灰比检查。

(3) 将浸好水的水泥卷用锚杆送至眼底,并轻轻捣实。若中途受阻,应及时处理,若处理时间超过水泥终凝时间,则应换装新水泥卷或将钻眼作废。

(4) 将锚杆外端套上连接套筒(带有六方旋转头的短锚杆;断面打平,对中焊上锚杆螺母),装上搅拌机(如TJ-9型),然后开动搅拌机,带动锚杆旋转,搅拌水泥浆,并用人力推进锚杆至眼底,再保持10s的搅拌时间,总时间为30~40s。

(5) 轻轻卸下搅拌机头,用木楔楔住杆体,使其位于钻眼中心。浸水20min后,快硬水泥达到足够强度时,才能使用扳手卸下连接套筒。实际施工时,可准备多个套筒循环使用。

(6) 采用树脂药包时,还需注意:搅拌时间应根据现场气温决定。20℃时,固化时间为 5min。温度下降 5℃,固化时间大致会延长一倍,即 15℃ 时,为 10min;10℃ 时,为 20min。因此,地下工程在正常温度下,搅拌时间约为 30s,当温度在 10℃ 以下时,搅拌时间可适当延长为 45~60s。

3. 中空注浆锚杆和预应力中空注浆锚杆

中空锚杆的锚杆体采用中空设计,杆体中孔为注浆通道,安装完成后需要进行注浆,浆液通过中孔通道渗透到地层并包裹杆体,浆液凝固后,起到加固土体和改良地层的作用。与实心杆体相比,中空杆体设计可获得更好的刚度和抗剪强度。锚杆体外表面全长为标准大螺距螺纹结构,螺纹结构便于锚杆的切割和接长,与光滑杆体相比增加了锚杆体与注浆材料的黏结面积从而提高了锚固力。

中空锚杆的安装工艺与锚杆略有区别:先插入锚管,再将水泥砂浆或水泥净浆从钢管中注入,使其充满钢管和钢管与钻孔之间的空隙,获得锚固作用,见图 9-2-4。还可以在此基础上改进为预应力中空注浆锚杆,以进一步增强锚杆的加固作用,其在隧道工程中已广泛使用。

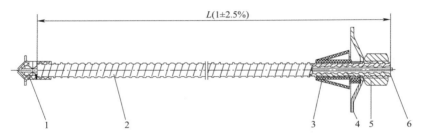

图 9-2-4 中空注浆(可加预应力)锚杆构造
1-可测长锚头;2-中空注浆锚杆体;3-可记忆止浆塞;4-拱形垫板;5-球形螺母;6-长度检测管

中空注浆锚杆施工要点如下:

(1)钻孔深度应比锚杆插入部分深 3~5cm,孔径大于杆体直径 15mm。

(2)插入锚杆后,应安装止浆塞,止浆塞留有排气孔。

(3)浆体终凝后应安装垫板、拧紧螺母。

(4)安装完成后,应截断锚杆杆体外露多余长度,锚杆外露头和垫板应进行防锈处理并满足防水板铺设对基面的要求。

4. 楔缝式端头锚固型锚杆

楔缝式端头锚固型锚杆也称楔缝式锚杆,主要由杆体、楔块、胀壳、垫板和螺母等组成,见图 9-2-5。楔缝式锚杆在进行锚固时,锚杆插入钻孔内,楔块撑开胀壳,将锚杆与地层紧密连接。

楔缝式端头锚固型锚杆施工要点如下:

(1)安装前,应检查杆体长度,楔缝、楔块、螺母尺寸和配合情况。

(2)钻孔直径应大于杆体直径 15~18mm。

(3)锚杆与楔块同时送入孔内,楔块不应偏斜或脱落,楔块到达孔底时,用锤敲击锚杆端头,使锚头楔紧,按上垫板,拧紧螺母。螺母拧紧力矩不应小于100N·m。

(4)24h 后应再次紧固,并于覆盖前最终检查紧固。

(5)宜在硬岩中作为临时支护使用。作永久支护锚杆使用时,安装前应安装注浆管和排气管,锚杆发挥作用后应注满水泥砂浆。

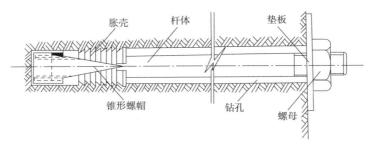

图 9-2-5　楔缝式端头锚固型锚杆

# 资料三　喷射混凝土

喷射混凝土既是一种工程材料,又是一种施工工艺。这种施工工艺无需模板,而是使用喷射机,将细石混凝土集料和速凝剂,按一定的配合比混合并喷敷到岩壁表面上,并迅速固结成混凝土结构层,从而对围岩起到支护作用。

喷射混凝土可以作为隧道工程中的临时性或永久性支护,也可以与各种形式的锚杆、钢纤维、钢架、钢筋网等构成复合式支护结构。它的灵活性也很大,可以根据需要,分次增加厚度。因此,喷射混凝土除用于地下工程外,还广泛应用于地面工程的边坡防护、加固,基坑防护,结构补强等。随着喷射混凝土原材料、速凝剂及其他外加剂、施工工艺、机械的研究和应用,喷射混凝土将有更为广阔的发展前景。

## 一、喷射工艺种类

喷射混凝土的工艺流程有干喷、潮喷、湿喷和混合喷四种。它们的主要区别是各工艺的投料程序不同,尤其是加水和速凝剂的时机不同。

1. 干喷与潮喷

(1)干喷是将集料、水泥和速凝剂按一定比例干拌均匀,然后装入喷射机,用压缩空气使干集料在软管内呈悬浮状态压送到喷枪,再在喷嘴处与高压水混合,以较高速度喷射到岩面上。干喷工艺产生的粉尘量大,回弹量大,加水是由喷嘴处的阀门控制的,水灰比的控制比较困难,强度和密实度均较低。2022 年 11 月 15 日,住房和城乡建设部发布的《房屋市政工程禁止和限制使用技术目录(2022 年版)(征求意见稿)》已将干喷混凝土工艺列为限制使用技术,干喷工艺也将在工程领域中逐步被淘汰。

(2)潮喷是为降低喷射时的粉尘和回弹,将细石、砂预加少量水,使之呈潮湿状态,再加水泥拌和成潮集料,再按干喷工艺将大部分水在喷头处加入和喷出。潮喷产生的粉尘量、回弹量均较干喷有一定程度的降低,潮喷混凝土的强度和密实度也有所改善。但依然存在水灰比控制困难、强度和密实度无法达到设计要求的缺点。干喷和潮喷的工艺流程相同,如图 9-3-1 所示。

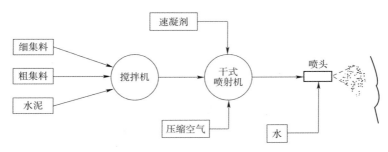

图 9-3-1　干喷、潮喷工艺流程

2. 湿喷

湿喷是将集料、水泥和水按设计比例拌和均匀,用湿式喷射机压送到喷头处,再在喷头上添加速凝剂后喷出,其工艺流程见图 9-3-2。

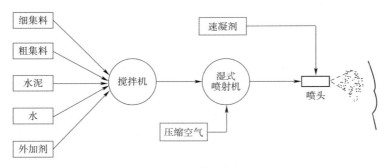

图 9-3-2　湿喷工艺流程

湿喷混凝土在喷射过程中产生的粉尘和回弹量很少,质量容易控制,强度和密实度均较好,是应当发展和推广应用的喷射工艺。湿喷工艺对喷射机的机械性能要求较高,发生堵管等机械故障时,清洗和处理较麻烦。

3. 混合喷射

混合喷射又称分次投料混合喷射法,混合喷射工艺的关键是水泥裹砂(或砂、石)造壳技术。它是将一部分砂加第一次水拌湿,再投入全部水泥强制搅拌造壳;然后加第二次水和减水剂拌和成 SEC(Sand Enveloped by Cement,水泥裹砂)砂浆;将另一部分砂和石、速凝剂强制搅拌均匀;最后分别用砂浆泵和干式喷射机压送到混合管混合后喷出。混合喷射工艺流程见图 9-3-3。

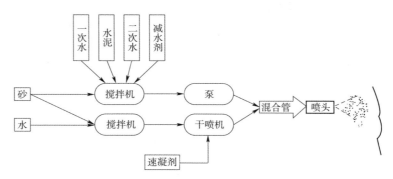

图 9-3-3　混合喷射工艺流程

混合喷射是分次投料搅拌工艺与喷射工艺的结合,混合喷射工艺使用的主要机械设备与干喷工艺大致相同,只是增加了砂浆泵,用于输送 SEC 砂浆,但其具有两者的优点。

混合喷射混凝土的质量较干喷混凝土质量好,且粉尘和回弹率有大幅度降低。但使用机械数量较多,工艺稍复杂,机械配合及故障处理较麻烦。因此,混合喷射工艺一般只用在喷射混凝土量大的大断面隧道工程中。

## 二、喷射混凝土特点

1. 性能特点

(1)喷射混凝土,尤其是湿喷混凝土和混合喷射混凝土,具有强度增长快、黏结力强、密度大、抗渗性好的特点。它能较好地填充岩块间的裂隙、凹穴,增加围岩的整体性,防止自由面的风化和松动,并与围岩共同工作。喷射混凝土还能很好地与钢筋网、钢架及锚杆等支护材料相融合(包容性),使它们发挥出联合支护效应。但素喷射混凝土的脆性较强而韧性较差。

(2)与普通模筑混凝土相比,喷射混凝土施工将输送、浇筑、捣固几道工序合而为一,不需模板,因而施工快速、简捷。

(3)喷射混凝土能及早发挥支护作用。喷射混凝土的终凝时间在 10min 左右,一般 2h 后即具有一定强度,8h 后可达 2MPa,16h 后可达 5MPa,1d 后可达 7~8MPa,4d 后可达到 28d 强度的 70% 左右。

(4)喷射混凝土 28d 抗压、抗弯、抗冲切强度以及与钢筋握裹、与岩面黏结、与旧混凝土面黏结强度见表 9-3-1。

(5)试验表明,喷射混凝土与模筑混凝土相比,其物理力学性能多有所改善,尤其以湿式喷射和水泥裹砂喷射混凝土的抗压强度、抗弯曲疲劳强度、早期强度和抗渗性能提高更显著。

**喷射混凝土 28d 强度指标**　　　　　　　　　　　　　　　　　　　　表 9-3-1

| 强度种类条件 | 抗压强度(MPa) | 抗弯强度(MPa) | 抗冲切强度(MPa) | 与钢筋握裹强度(MPa) | 与岩面黏结强度(MPa) | 与旧混凝土面黏结强度(MPa) |
|---|---|---|---|---|---|---|
| 水泥品种 | 42.5 级普通硅酸盐水泥 | | | | | |
| 配合比(水泥:砂:石) | 1:2:2 | | | 1:1.5:2.5 | 1:2:2 | |
| 速凝剂掺量(%) | 2.5~3 | | | 3 | 2.5~3 | 3~5 |
| 强度值(MPa) | 20.0~26.7 | 4.0~4.1 | 3.7 | 2.5~6.9 | 0.05~1.2 | 1.5~2.0 |

2. 设计要点

(1)为使喷射混凝土有一定的力学性能和耐久性以及早期强度,喷射混凝土的最低设计强度不应低于 15MPa,一般设计强度为 20MPa,1d 龄期抗压强度不应低于 5MPa。不同强度等级的喷射混凝土设计强度及弹性模量、密度列于表 9-3-2。

**喷射混凝土设计强度及弹性模量、密度表**　　　　　　　　　　　　　　　表 9-3-2

| 强度等级 | C15 | C20 | C25 | C30 |
|---|---|---|---|---|
| 轴心受压强度(MPa) | 7.5 | 10 | 12.5 | 15 |
| 弯曲抗压强度(MPa) | 8.5 | 11 | 13.5 | 16 |
| 抗拉强度(MPa) | 0.8 | 1.0 | 1.2 | 1.4 |
| 弹性模量(MPa) | $1.85 \times 10^4$ | $2.10 \times 10^4$ | $2.30 \times 10^4$ | $2.50 \times 10^4$ |
| 密度(kg/m³) | 2200 | | | |

(2)喷射混凝土支护的设计厚度,若为防止围岩风化、侵蚀,其厚度不得小于 30mm;若作为支护结构,其厚度不得小于 50mm;若围岩含水,其厚度不得小于 80mm;若为防止由于喷射混凝土的收缩、龟裂、剥落而妨碍喷射混凝土柔性特点的发挥,以及减小在软弱围岩中产生较大变形压力,其最厚不宜超过 200mm。

(3)在 Ⅲ、Ⅳ、Ⅴ 级围岩中,易出现局部不稳定岩块,喷射混凝土的设计厚度可按式(9-3-1)验算:

$$d \geqslant K_s G / (0.75 f_{ct} u_r) \tag{9-3-1}$$

式中:$d$——设计的喷射混凝土厚度,cm,当 $d > 10$cm 时,仍按 10cm 计;

$f_{ct}$——喷射混凝土设计抗拉强度,Pa;

$u_\mathrm{r}$——局部不稳定块体出露的周边长度,cm;

$G$——不稳定岩块重力,N;

$K_\mathrm{s}$——安全系数,一般取2.5。

3. 原料

(1)水泥。为保证喷射混凝土的凝结时间与速凝剂有较好的相容性,应优先采用32.5级以上的普通硅酸盐水泥,其次是矿渣硅酸盐水泥和火山灰质硅酸盐水泥。在有专门使用要求时,采用特种水泥。所使用的水泥,其性能应符合国家现行标准。

(2)砂。为保证喷射混凝土的强度和减少施工操作时的粉尘,以及减少硬化时的收缩裂纹,应采用坚硬而耐久的中砂或粗砂,其细度模数一般宜大于2.5。

(3)碎石或卵石(细石)。为防止喷射混凝土过程中的堵管和减少回弹量,应采用坚硬耐久的细石,粒径不宜大于15mm;以细卵石为宜。

(4)集料成分和级配。若使用碱性速凝剂,砂、石集料,均不得含有活性二氧化硅,以免产生碱-集料反应,引起混凝土开裂,为使喷射混凝土密实和在输送管道中顺畅,砂石集料级配应控制在表9-3-3的范围之内。

喷射混凝土集料通过各筛径的累计质量百分数(%)　　　表9-3-3

| 粒径(mm)等级 | 0.15 | 0.30 | 0.60 | 1.20 | 2.50 | 5.00 | 10.00 | 15.00 |
|---|---|---|---|---|---|---|---|---|
| 优 | 5~7 | 10~15 | 17~22 | 23~31 | 35~43 | 50~60 | 78~82 | 100 |
| 良 | 4~8 | 5~12 | 13~31 | 18~41 | 26~54 | 40~54 | 62~90 | 100 |

(5)水。为保证喷射混凝土正常凝结、硬化,保证强度和稳定性,饮用水均可用于喷射混凝土;若采用其他水,则不应含有影响水泥正常凝结与硬化的有害物质;不能使用污水以及pH值小于4的酸性水,也不能使用硫酸盐含量(按$SO_4^{2-}$计算)超过水重1%的水。

(6)外加剂。外加剂主要是速凝剂。在喷射混凝土中添加速凝剂的目的是使喷射混凝土速凝,以减少回弹和早强,选用时应做其与水泥的相容性试验。

4. 配合比

(1)干集料中水泥与砂石质量比,一般为1∶4~1∶4.5,每立方米干集料中,水泥用量约为400kg。这种配合比能满足喷射混凝土强度要求,回弹也较少。

(2)砂率一般为45%~55%。实践证明,砂率低于45%或高于55%时,均易造成堵管,且回弹大,强度降低,收缩加大。

(3)水灰比一般为0.4~0.45,否则强度降低,回弹增大。采用水泥裹砂喷射工艺时,还应试验选择最佳造壳水灰比。

(4)速凝剂和其他外加剂的掺量,一定要由试验来确定其最佳掺量,并达到各龄期的设计强度要求。

(5)喷射混凝土搅拌时间及搅拌后临时存放时间均应按工艺要求及规范规定进行。

**5. 喷前检查及准备**

(1)喷前应对开挖断面尺寸进行检查,清除松动危石,对欠挖超标严重的部位应予处理。

(2)根据石质情况,用高压风或水清洗受喷面。

(3)受喷岩面有集中渗水时,应做好引流排水处理;无集中渗水时,应根据岩面潮湿程度,适当调整水灰比。

(4)喷层厚度检查标志,一般是在石缝处埋设铁钉或用快硬水泥安设钢筋头,并记录其外露长度。

(5)施喷前,应检查调试好各种机械设备的工作状态。

**6. 施工要点**

(1)喷射时,应分段(不超过 6.0m)、分部(先下后上)、分块(2.0m×2.0m),严格按先墙后拱、先下后上的顺序进行,以减少混凝土因重力作用而引起的滑动或脱落现象的发生。

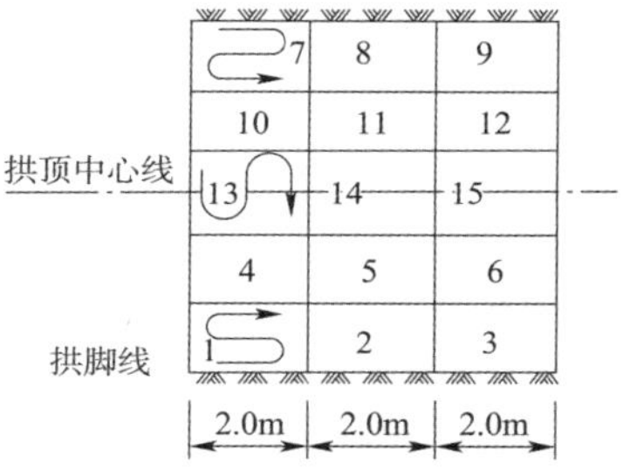

(2)喷射时,喷射移动可以采用 S 形往返移动前进,也可以采用螺旋形移动前进,如图 9-3-4 所示。

(3)喷射时,喷嘴要垂直于受喷面,倾斜角度不大于10°,距离受喷面 0.8~1.2m。

(4)对于岩面凹陷处应先喷、多喷,凸出处应后喷、少喷。

图 9-3-4　混凝土施喷程序

(5)一次喷射厚度不得太薄或太厚,它主要与混凝土的黏结力和受喷部位及回弹情况等有关,一般按表 9-3-4 执行。

一次喷射厚度(cm)　　　　　　　　表 9-3-4

| 是否掺速凝剂 | 部位 | |
|---|---|---|
| | 边墙 | 拱部 |
| 掺速凝剂 | 7~10 | 5~7 |
| 不掺速凝剂 | 5~7 | 3~5 |

(6)若设计的喷射混凝土较厚,可分层喷射,一般分 2~3 层喷射;分层喷射的间隔时间不得太短,一般要在初喷混凝土终凝以后再进行复喷;喷射混凝土的终凝时间受水泥品种、施工温度、速凝剂类型及掺量等因素影响。当间隔时间较长时,复喷应将初喷混凝土表面清洗干净,复喷应将凹陷处进一步找平。

(7)当洞内较干燥时,应在喷射混凝土终凝 1~2h 后洒水养护,养护时间一般不少于 7d。

(8)冬季施工时,喷射混凝土作业区的气温不得低于5℃;若气温低于5℃,亦不得洒水;混凝土强度未达到设计强度的50%时,若气温降低到5℃以下,则应注意采取保温防冻措施。

(9)回弹物料的利用。实测表明,采用干法喷射混凝土时,一般边墙的回弹率为10%~20%,拱部为20%~35%,回弹量相当大。除应设法减少回弹外,还应设法将回弹物料回收利用。对及时回收的洁净且尚未凝结的回弹物,可以按一定比例掺入混合料中重新搅拌后喷射,但掺量不宜大于15%,且不宜用于喷射拱部;或者将回弹物按一定比例掺进普通混凝土中,用于预制小型混凝土构件。

### 三、钢筋网喷射混凝土

由于素喷射混凝土的抗拉、抗弯和延展性均较差,易出现开裂、起鼓、剥落,因此,常在喷射混凝土中加入钢筋网,以改善其物理力学性能,尤其是增强喷射混凝土的韧性。通常是先喷射一层混凝土后,再挂设钢筋网,然后再喷射混凝土,将钢筋网覆盖,形成钢筋混凝土层。其物理力学性能比素喷射混凝土的物理力学性能更优。钢筋网还可以防止喷敷过程中混凝土的脱落,提高喷敷功效。

1. 构造组成

钢筋网通常作环向和纵向布置。环向筋为受力筋,由设计确定,直径为12mm左右;纵向筋为构造筋,直径为6~10mm;网格尺寸一般为20cm×20cm、20cm×25cm、25cm×25cm、25cm×30cm 或 30cm×30cm。围岩松散破碎严重的,或土质和砂土质隧道,可采用细一些的钢丝,直径一般小于6mm;其相应的网格尺寸亦应小一些,一般为10cm×10cm、10cm×15cm、15cm×15cm、15cm×20cm 或 20cm×20cm。

2. 施工要点

(1)钢筋网应在喷射一层混凝土后再行铺设。钢筋与岩面或与初喷混凝土面的间隙应不小于3cm,钢筋网保护层厚度不小于3cm,有水部位不小于4cm。

(2)钢筋网可以在洞内直接牢固地挂设安装在锚杆头上,在无锚杆处,应安设挂网锚钉,锚钉的锚固深度不得小于20cm。也可以先加工成钢筋网片(长度和宽度一般为100~200cm)再安装,但网片之间应连接牢固。

(3)应根据被支护围岩面上的实际起伏形状铺设钢筋网,并应尽可能多地与锚杆或锚钉头连接牢固,以减少喷射混凝土时钢筋发生"弦振",造成钢筋周围无混凝土包裹。

(4)开始喷射时,应缩短喷头至受喷面之间的距离,并适当调整喷射角度,避免喷射物流直射钢筋,保证钢筋背面混凝土密实。对于干燥土质隧道,第一次喷射不能太厚,以防起鼓、剥落。

### 四、钢纤维喷射混凝土

钢纤维喷射混凝土是在喷射混凝土中加入钢纤维,以弥补素喷射混凝土脆性强而韧性差的缺陷。钢纤维喷射混凝土的物理力学性能在某些方面比钢筋网喷射混凝土的物理力学性能更优。

1. 性能特点

(1) 钢纤维喷射混凝土中的钢纤维主要在喷射平面内呈二维分布,且相当均匀,见图 9-3-5。

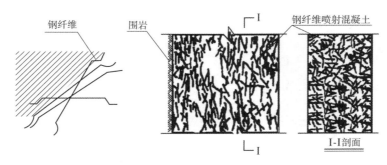

图 9-3-5　钢纤维及其在喷射混凝土中的分布

根据统计,平行于喷射平面的钢纤维根数,占总根数的 70%~80%。这种结构保证了钢纤维喷射混凝土在喷射平面内的力学强度的均匀性和在此平面上力学强度的优势。

(2) 钢纤维喷射混凝土的破坏呈塑性破坏,因此容许有较大的变形,裂缝出现后仍有一定的承载能力。

(3) 在一般掺量情况下(为喷射混凝土质量的 1.0%~1.5%),钢纤维喷射混凝土比普通喷射混凝土的抗压强度可提高 30%~60%,抗拉强度可提高 50%~80%,抗弯强度可提高 40%~70%。

(4) 在一般掺量情况下,钢纤维喷射混凝土的韧性(加载至试件完全破坏所做的功)为普通喷射混凝土的 20~50 倍,抗冲击性能比普通喷射混凝土可提高 8%~30%,抗磨损性能可提高 30%(钢纤维掺量要大于 1.5%)。

2. 应用范围

由于钢纤维喷射混喷土具有许多优良的物理力学性能,故可用于承受强烈振动,冲击动荷载结构物的构筑,也适用于要求耐磨或不便配置钢筋但又要求有较高强度和韧性的工程中。如用于地下工程中的受动荷载部位的结构,地上建筑物的补强加固,以及机场跑道、高速公路路面等。

由于钢纤维在混凝土中的分散度较钢筋网好,所以钢纤维喷射混凝土的支护效果,优于钢筋网喷射混凝土的支护效果。因此,可以采用钢纤维喷射混凝土代替钢筋网喷射混凝土,作为软弱破碎围岩隧道的初期支护,甚至作为永久性衬砌。如西康线秦岭隧道Ⅰ线隧道采用了钢纤维混喷混凝土作为二次衬砌。但在各类隧道工程中大范围应用钢纤维喷射混凝土的还很少,有待进一步推广。

### 3. 设计要点

（1）钢纤维喷射混凝土的物理力学性能除与基体材料——喷射混凝土的物理力学性能有直接关系外，同时与钢纤维的形状、尺寸、掺量，以及钢纤维在基体材料中的分布状态和排列方向、喷射工艺等有直接关系。因此，设计者应在试验的基础上充分认识，并针对具体需要适当选择，以期获得较好的技术经济效果。

（2）当钢纤维尺寸相同时，其抗拉、抗弯强度随钢纤维含量的增强而提高，如图9-3-6所示。

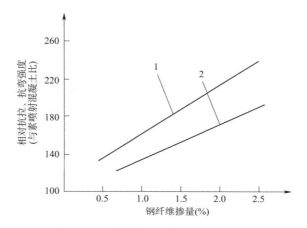

图9-3-6 钢纤维掺量与抗拉、抗弯强度关系

1-抗拉强度（钢纤维 $d=0.4mm, l=25mm$）；2-抗弯强度（钢纤维 $d=0.3mm, l=25mm$）

（3）当钢纤维长度、掺量相同时，细纤维较粗纤维的强度有显著提高（图9-3-7）。

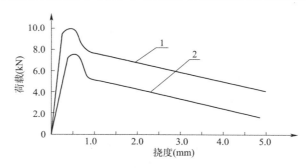

图9-3-7 不同直径钢纤维在相同掺量下的抗挠比较

注：钢纤维尺寸（第1种：$d=0.3mm, l=25mm$；第2种：$d=0.4mm, l=25mm$）；钢纤维掺量为2%。

（4）当钢纤维的尺寸相同时，掺量高的较掺量低的抗冲击性能有显著提高（图9-3-8）。

这是因为试件破坏时，钢纤维缓慢地从喷射混凝土中拔出。钢纤维喷射混凝土的力学性能主要取决于钢纤维与喷射混凝土之间的黏结强度。相同体积的钢纤维，表面积越大，则黏结力越大，增强效果就越好，即钢纤维长径比（$l/d$）越大，黏结力越高。目前,由于工艺设备方面的原因,钢纤维的长度一般不超过 30mm,$l/d$ 在 45~80 之间为好。

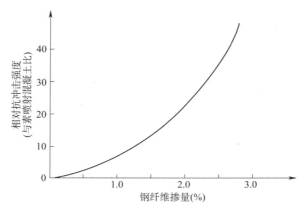

图 9-3-8　钢纤维掺量与抗冲击性能的关系

（5）钢纤维喷射混凝土的配合比一般为水泥∶砂∶石 = 1∶1.6∶1.6,水泥强度等级不低于 42.5 级,砂子采用中砂,石子采用筛洗卵石,最大粒径为 10mm,钢纤维掺量一般为喷射混凝土质量的 1.0%~2.0%,规格尺寸为直径×长度 = 0.3mm×20mm 或 0.4mm×20mm 或 0.4mm×25mm。

4. 施工要点

（1）钢纤维喷射混凝土,应注意的主要问题是防止钢纤维结团堵管。目前已有些钢纤维产品采用水溶性黏结剂将钢纤维黏结成片状,利用集料在搅拌过程中的撞击和水解作用,将其很快分离成单一纤维,较好地解决了结团问题。

（2）钢纤维和集料必须拌和均匀,避免造成喷射机拨料盘堵塞或输料管堵塞。方法是先将水泥、砂、石拌和均匀,然后掺入钢纤维和速凝剂,再拌和均匀,装入运输车。

（3）钢纤维喷射混凝土操作同普通喷射混凝土,但输料管的磨耗大,一般要高于普通喷射混凝土 30%~40%,尤其是拐弯处。可每班将胶管翻转 1~2 次,以延长胶管寿命。应选用经过实践检验的喷射机械。

（4）钢纤维喷射混凝土,风压要比素喷射混凝土高 0.02~0.05MPa;当输送距离不大于 40m 时,风压一般可为 0.1~0.18MPa,且水压应稍高于风压。

## 资料四　钢架

无论是采用喷射混凝土,还是锚杆;也无论是加长、加密锚杆,还是在混凝土中加入钢筋网、钢纤维,都主要是利用其柔性和韧性,而对其整体刚度并无过多要求。这对支护不太破碎的围岩(Ⅱ级硬岩至Ⅳ级围岩),使其稳定是可行的。

在软弱破碎严重自稳性差的Ⅳ级软岩至Ⅵ级围岩条件下,需要及时阻止围岩变形和承受早期围岩压力(松弛荷载),防止围岩因变形过度而产生坍塌时,柔性较大而刚度较小的锚杆喷射混凝土就难以胜任了。在这种情形下,必须采用钢架这种刚度较大的结构作为初期支护。钢架因其整体刚度和强度均较大,对围岩松弛变形的限制作用更强,可及时有效地阻止有害松动,也可以承受早期松弛荷载,保证坑道稳定与安全,还可以作为超前支护的后支点。

钢架有格栅钢架和型钢钢架两种结构形式。比较之下,格栅钢架与混凝土及其他材料有更好的相容性,所以现代隧道工程中广泛用作初期支护。型钢钢架的刚度较大,对于控制软弱围岩过度变形效果较好,现代隧道工程中,在软弱围岩或变形较大隧道中较为常见,有时也在工程抢险和塌方处理时作为临时支撑使用。

## 一、构造组成

格栅钢架是采用钢筋焊接制成,断面形式可根据工程实际情况选用。常见的型钢钢架有:工字钢钢架、U形钢钢架、H形钢钢架,另外还有钢管钢架。钢架构造如图9-4-1所示。

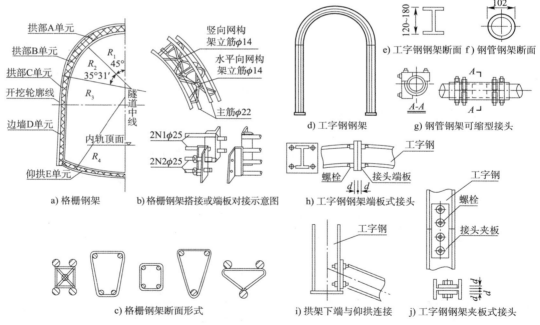

图9-4-1 钢架构造(尺寸单位:mm)

钢架每榀分为4~8节,根据开挖方法制定合适的分节尺寸,如采用台阶法开挖时,钢架的尺寸应与上部台阶断面相适应。为保证接头刚度,钢架的接头采用螺栓连接,螺栓孔不少于 4 个,采用冲压或铣切成孔,不得采用氧焊烧孔。若节段中出现两段型钢对接焊接时,应在焊缝两侧增加钢板骑缝帮焊,并进行抗弯和抗扭试验,每节段对接焊缝数不得大于 1 条。格栅钢架所有钢筋连接点必须采用双面对称焊接。

由于单榀钢架独立支护能力有限,在相邻两榀钢架之间设置了纵向连接筋或连接拉杆,增加沿隧道纵向的约束,保证钢架沿隧道纵向刚度和稳定性,发挥相邻多榀钢架的整体支护作用。

## 二、性能特点

(1)钢架的力学性能是整体刚度较大,可提供较大的早期支护阻力。钢架所提供的支护阻力大小与其构造形式和截面尺寸有关,也与其架设时机有关。

(2)钢架可以很好地与锚杆、钢筋网、喷射混凝土相结合,构成联合支护,增强支护的刚度和有效性,且受力条件较好。

(3)格栅钢架多是在施工现场加工制作的,其加工制作技术难度和要求并不高;且由于是现场加工制作,当有少量超挖时,可根据坑道的实际尺寸,适当调整格栅钢架的尺寸。

(4)型钢钢架的弯制需要有专用的大型弯制机,故多是在工厂加工制作后运至施工现场的。型钢钢架的接头形式和尺寸相对固定,当实际开挖的坑道轮廓不够圆顺时,型钢钢架的架设就有些困难。

(5)钢架的架设安装比较方便快捷。当围岩变形较大时,还可以设置可缩性接头,以减小支护阻力和钢架内力,适量释放围岩内应力。

## 三、设计要点

从理论上讲,钢架应按其与锚杆、喷射混凝土共同工作状态来设计,并充分考虑坑道断面尺寸、早期松弛荷载大小、钢架承载能力、开挖方法和掘进循环进尺的影响。

但由于在软弱破碎围岩中,围岩变形与支护阻力之间的极限平衡状态随着支护变形程度而变化,难以确定。另一方面,由于软弱破碎围岩早期变形快,有可能造成较大变形和一定范围的松弛荷载,因此,钢架的设计可按其单独承受早期松弛荷载来设计。根据设计、施工经验,早期松弛荷载的量值一般按全部松弛荷载的 10% ~ 40% 来考虑,用下式表示:

$$q' = \mu q \qquad (9\text{-}4\text{-}1)$$

式中:$q'$——钢架承受的早期松弛荷载;

$q$——围岩松弛荷载,按松弛荷载统计公式计算;

$\mu$——钢架的荷载系数,一般取 0.1 ~ 0.4。

常用的钢架设计参数见表 9-4-1 ~ 表 9-4-3。钢架的截面高度应与喷射混凝土厚度相适应,一般为 10~15cm,最大不超过 20cm,且要有一定厚度的保护层。钢架通常是在初喷混凝土后架设的,初喷混凝土厚度约为 4cm。拟定钢架尺寸后,进行强度、刚度和稳定性检算。

常用钢架的结构类型及荷载系数　　　　　　　　　　　　　　表 9-4-1

| 围岩级别 | 钢架类型 | 轴线间距(m) | 荷载系数 $\mu$ |
| --- | --- | --- | --- |
| Ⅳ | 三肢格栅钢架 | 1.0 | 0.25 |
| | 三肢格栅钢架 + 喷射混凝土 | | 0.40 |
| | 工字钢钢架 | | 0.30 |
| | 工字钢钢架 + 喷射混凝土 | | 0.35 |
| Ⅴ | 四肢格栅钢架 | 0.8 | 0.20 |
| | 四肢格栅钢架 + 喷射混凝土 | | 0.60 |
| | 工字钢钢架 | | 0.40 |
| | 工字钢钢架 + 喷射混凝土 | | 0.45 |
| Ⅵ | 四肢格栅钢架 | 0.6 | 0.10 |
| | 四肢格栅钢架 + 喷射混凝土 | | 0.15 |
| | 工字钢钢架 | | 0.10 |
| | 工字钢钢架 + 喷射混凝土 | | 0.10 |

H 形钢钢架的规格及架设间距(m)　　　　　　　　　　　　表 9-4-2

| 坑道断面宽度 $B$(m) 土压大小 | | 3 | 5 | 10 |
| --- | --- | --- | --- | --- |
| 岩质特别良好的情况<br>(Ⅰ~Ⅱ级围岩) | 形状 | H-100×100×6×8 | H-100×100×6×8 | H-150×150×7×10 |
| | 规格(kg/m) | 17 | 17 | 32 |
| | 间距(m) | 1.5 | 1.5 | 1.5 |
| 预料有些土压的情况<br>(Ⅱ~Ⅲ级围岩) | 形状 | H-125×125×6.5×9 | H-125×125×6.5×9 | H-175×175×7.5×11 |
| | 规格(kg/m) | 24 | 24 | 40 |
| | 间距(m) | 1.5 | 1.5 | 1.2 |
| 预料有一定土压的情况<br>(Ⅲ~Ⅳ级围岩) | 形状 | H-125×125×6.5×9 | H-125×125×6.5×9 | H-200×200×8×12 |
| | 规格(kg/m) | 24 | 24 | 50 |
| | 间距(m) | 1.2 | 1.2 | 1.0 |
| 预料有很大土压的情况<br>(Ⅳ~Ⅵ级围岩) | 形状 | H-125×125×6.5×9 | H-150×150×7×10 | H-250×250×9×14 |
| | 规格(kg/m) | 24 | 32 | 72 |
| | 间距(m) | 1.0 | 1.0 | 1.0 |

常用钢架的结构力学参数　　　　　　　　表9-4-3

| 种别 | 名义尺寸 | 截面面积 $A(\text{m}^2)$ | 单位质量 $W(\text{kg/m})$ | 惯性矩 $I_x(\text{cm}^4)$ | 断面系数 $Z_x(\text{cm}^3)$ | 最小曲率半径(cm) | 使用说明 |
|---|---|---|---|---|---|---|---|
| H形钢架 | H-100×100×6×8 | 21.90 | 17.2 | 383 | 76.5 | 120 | 具有较大的惯性矩,适合多种喷层厚度,喷射混凝土填充有一定困难 |
| | H-125×125×6.5×9 | 30.31 | 23.8 | 847 | 136 | 150 | |
| | H-150×150×7×10 | 40.14 | 31.5 | 1640 | 219 | 200 | |
| | H-175×175×7.5×11 | 51.21 | 40.2 | 2880 | 330 | 340 | |
| | H-200×200×8×12 | 63.53 | 49.9 | 4720 | 472 | 420 | |
| | H-250×250×9×14 | 92.18 | 72.4 | 10800 | 867 | 550 | |
| | H-300×300×10×15 | 119.8 | 94.0 | 20400 | 1360 | 850 | |
| 工字钢钢架 | I-16 | 26.1 | 20.5 | 1130 | 141 | | 与H形钢架同,但惯性矩较小 |
| | I-18 | 30.6 | 24.1 | 1660 | 185 | | |
| | I-20 | 35.5 | 27.9 | 2370 | 237 | | |
| U形钢钢架 | MU-21 | 26.76 | 11.0 | 296 | 56.6 | 135 | 喷混凝土填充性好,可设计成可缩式接头,多用于膨胀岩 |
| | MU-29 | 37.00 | 29.0 | 581 | 97.4 | 150 | |

当围岩变形量较小或只允许围岩有小量变形时,钢架可以设计为固定型。当围岩流动性强、变形量大,且允许围岩有较大变形时,宜将钢架设计为可缩型,其可缩节点位置宜设置在拱顶节点处。

在围岩条件较差地段、洞口段、浅埋段或地面沉降有严格限制地段,钢架支护应有足够的刚度和强度,能够承受隧道施工期间可能出现的荷载,钢架纵向间距宜为 0.5 ~ 1.2m,且连续使用钢架的数量不应少于 3 榀。

## 四、施工要点

(1)开挖轮廓要尽量平顺,初喷混凝土后要及时架设钢架,一般应在开挖后的 2 ~ 6h 内完成。架设前应清除危石,防止落石伤人,称为"找顶"。

(2)钢架应垂直于隧道中线在竖直方向安装,竖向不倾斜、平面不错位、扭曲;上、下、左、右允许偏差为±50mm,钢架倾斜度允许偏差为±2°。

(3)钢架的接头应连接牢固,拱脚应有一定的埋置深度,以减少沉降和挤入,保证拱架的稳定。一般可以采取的措施有垫石、垫板、纵向托梁、锁脚锚杆等。

(4)钢架应尽可能多地与锚杆露头及钢筋网焊接,以增强其联合支护效应。各榀钢架之间的纵向连接拉杆应按要求设置和安装,并保证连接可靠,使构成整体。

(5)可缩性钢架的可缩性节点处不宜过早覆盖。应待其收缩合龙后,再补充喷射混凝土覆盖。

(6)钢架应贴近初喷混凝土面安装,当钢架和围岩初喷射混凝土面之间有间隙时应采用钢楔块或木楔块楔紧,并用喷射混凝土充填密实。有多个楔块时,楔块和楔块的间距不宜大于 2.0m。

(7)对所架钢架应经常检查,如发现喷射混凝土起鼓、开裂、脱落严重,或钢架变形严重、倾斜、沉降,必须立即采取加强措施,如补喷混凝土、加打锚杆、增加钢架或替换大规格的钢架。补喷混凝土应将钢架包裹埋置;钢架的顶替应先顶后拆,以免引起围岩的进一步松弛甚至坍塌。

# 资料五 辅助工程措施

隧道通过浅埋、严重偏压、岩溶、流泥地段,砂土层、砂卵(砑)石层、回填土、软弱破碎带、断层带等自稳性差的地段以及大面积淋水或涌水地段时,采用锚杆、喷射混凝土、钢筋网、钢架等常规支护难以稳定围岩,容易出现掌子面垮塌、围岩失稳、地表沉陷甚至隧道冒顶、坍塌、突水、突泥等恶劣现象。这不仅使围岩条件更加恶化,给施工带来极大困难,而且影响施工安全,延误工期,影响工程质量和隧道使用年限。因此需要采用一定的辅助工程措施,以加固围岩、稳定掌子面,提高围岩的自承能力,提高施工的安全性和隧道的长期稳定。

大量隧道工程建设经验表明,在隧道穿越不良地质段时,采用超前管棚、超前小导管、超前锚杆、超前注浆加固等辅助工程措施,能有效减小围岩变形、降低坍塌风险。因此,根据隧道地质条件、断面大小、埋置深度、施工方法,采取相应的辅助工程措施,在不良地质段的施工中非常必要。

## 一、超前锚杆加固前方围岩

1. 构造组成及作用

超前锚杆是沿开挖轮廓线,以稍大的外插角,向开挖面前方一定范围内安装的斜向锚杆。超前锚杆可以形成对前方围岩的预锚固,在提前形成的围岩锚固圈的保护下进行开挖等作业。这是一种先加固后开挖的逆序作业,即锚杆安装先于岩体开挖,故称为超前锚杆,见图 9-5-1。

2. 性能特点及适用条件

超前锚杆一般应与系统锚杆同时使用。超前锚杆可以与系统锚杆焊接,以增强其整体加固作用,但由于超前锚杆的柔性较大而整体刚度较小,因此其对前方围岩的整体加固效果一般,而且加固范围也有限,所以超前锚杆主要适用于应力不太大、地下水也很少的一般软弱破碎围岩的隧道工程中,如土砂质地层、弱膨胀性地层、流变性较小的地层、裂隙发育的岩体、断层破碎带等围岩条件,以及浅埋无显著偏压的隧道。在应力较大的严重软弱破碎围岩中,超前锚杆的后期支护刚度有些不足,因此不宜使用。

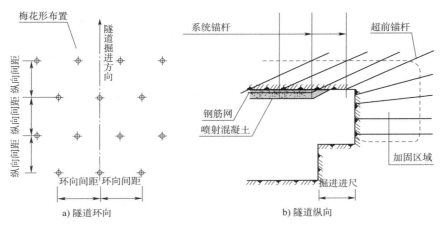

图 9-5-1 超前锚杆加固前方围岩

3. 设计、施工要点

(1)超前锚杆的超前加固范围,即锚杆加固的超前长度、加固圈厚度,应视围岩工程地质条件、坑道断面大小、掘进循环进尺和施工条件而定。可根据要求的超前加固范围确定相应的超前量、外插角、环向间距、锚杆直径、锚固方式等参数。一般地,超前长度宜为循环进尺的 3～5 倍,采用 3～5m 长;外插角宜为 5°～12°;搭接长度宜为超前长度的 40%～60%,即大致形成双层锚杆。

(2)同一层超前锚杆的环向间距宜为 0.3～1.0m;相邻两层锚杆应环向错列,以便于与梅花形布置的系统锚杆相协调和连接。

(3)超前锚杆材料可用不小于 $\phi 22$ 的螺纹钢筋,宜用早强水泥砂浆全长黏结式锚杆。

(4)超前锚杆的安装误差,一般要求孔位偏差不超过 10cm,外插角偏差不超过 2°,实际锚固长度不小于设计锚固长度的 96%。

(5)开挖时,应注意保持开挖面落后于超前锚杆加固的超前量,即保证开挖面前方留有一定长度的锚固区,以使前方尚未加固的围岩在开挖面岩体的覆压作用下不出现坍塌,且使超前锚杆的前端有一个临时支点。若开挖面出现滑坍现象,则应及时喷射混凝土,封闭开挖面,并尽快打入下一排超前锚杆,然后才能继续开挖。下一循环的开挖应考虑适当缩短掘进循环进尺。

(6)开挖后,应及时且尽可能多地将超前锚杆的尾端与系统锚杆及钢筋网焊接,并尽快施作喷射混凝土,以充分发挥它们的联合支护效应和封闭支护作用。

(7)施工过程中,应密切注意观察锚杆变形及喷射混凝土层的开裂、起鼓等情况,以掌握围岩动态,及时调整开挖及支护参数。施工过程中,如遇少量地下水出露,一般可钻孔引排。但应密切注意地下水是否变混及流量增减情况。必要时,应在洞内钻孔进行超前地质探察,以便针对突然出现的不良地质情况,制订相应的预备施工方案和紧急处理措施。

## 二、超前管棚支护前方围岩

### 1. 构造组成及作用

超前管棚支护是利用沿开挖轮廓线、以较小的外插角(0.5°~2°)、向开挖面前方打入的钢管与初期支护钢架结合形成棚架。超前管棚可以预先支护开挖面前方的围岩,然后在其保护下进行开挖等作业。这是一种先支护后开挖的逆序作业,即管棚安装先于岩体开挖,故称为超前管棚,如图9-5-2所示。

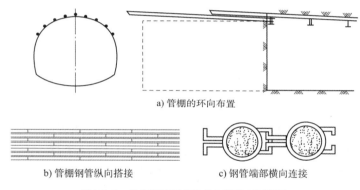

a) 管棚的环向布置

b) 管棚钢管纵向搭接　　c) 钢管端部横向连接

图9-5-2　超前管棚预支护前方围岩(长管棚)

### 2. 性能特点及适用条件

超前管棚因采用先行插入前方围岩内的钢管作纵向支撑,又采用钢架作环向支撑,并采用锚杆、钢筋网和喷射混凝土作为连接和整合介质,使得其整体刚度较大,限制围岩变形的能力较强,且能提前承受早期围岩压力。超前管棚一次支护距离长、支护能力强,适用于砂土地层、堆积地层、断层破碎带、水平薄层状地层、浅埋和塌方地段、充填岩溶等。在隧道洞口开挖施工中,已大量采用管棚超前支护,对减少洞口仰坡开挖、保持边仰坡稳定和洞口施工安全,起到了很好的效果。

### 3. 设计、施工要点

(1)管棚开孔前宜先施作导向墙,其纵向长度不应小于2m、厚度应不小于0.8m,并应有足够的强度和刚度,导向墙基础应置于稳定地基上。

(2)管棚钢管宜分节连接顶入钻孔,节段长度不宜小于2m,相邻钢管的接头错开距离应大于1m,各节段间应采用丝扣连接或套管焊接连接,连接长度不应小于50mm。

(3)管棚钢管就位后,应插入钢筋笼,并应及时进行注浆施工,每根钢管应一次连续注满砂浆,注浆参数应根据现场试验确定,砂浆强度等级不应低于M20。

(4)管棚钻孔应跳孔实施,先实施的管棚注浆凝固后,方可进行其相邻管棚的钻孔施工。

(5)当洞内采用超前管棚时,管棚工作室参数应根据机具设备尺寸和设计管棚外倾角等因素设置。

## 三、超前小导管支护前方围岩

1. 构造组成及作用

超前小导管采用钢管,每根钢管管壁带有小孔,通过钢管以一定的压力向围岩体内注浆。它既能起到对未开挖段围岩的预支护作用,又能起到对围岩的预加固作用。超前小导管尾端与初期支护钢架焊接,共同组成棚架支护。超前小导管的作用和布置方式与超前锚杆完全一样。只是超前小导管较超前锚杆适应更多的地层,对砂土地层、堆积地层、断层破碎带和塌方地段更容易施作成型,支护范围更大,见图9-5-3。

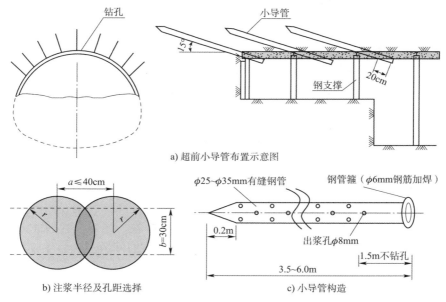

图9-5-3 超前小导管注浆加固前方围岩

2. 性能特点及适用条件

作为软弱破碎围岩条件下隧道施工的一项特殊措施,超前小导管注浆作业只能在隧道内进行,即小导管安装和注浆作业都要进入洞内掌子面作业循环,因而占用较多的洞内作业循环时间,不利于提高施工速度。如果不封闭掌子面就注浆,则浆液极容易从掌子面上的裂隙流失,形成"跑浆";如果采用喷射混凝土封闭掌子面,仍然有部分浆液渗入坑道内的岩体中,并和封闭混凝土一起在下一次掘进中与岩体一同被挖除,从而造成较大的浪费。因此,有条件时,应考虑将"超前小导管注浆"工序与"开挖"和"初期支护"两道工序分开实施。这样既可以减少施工干扰,提高施工速度;又可以减少材料浪费。

超前小导管注浆,对围岩加固的范围和加固处理的程度是有限的,注浆压力较低。因此,超前小导管注浆主要适用于渗透系数较大的无地下水或水量和压力较小的一般软弱破碎岩体的地层条件。若用于渗透性差的地层,则注浆功效十分有限。

3. 设计、施工要点

(1) 管壁应钻注浆孔,孔径宜为 6~8mm,间距宜为 150~250mm,梅花形布置尾端应有不小于 500mm 长不钻孔。

(2) 环向设置间距宜为 300~400mm,外插角宜为 5°~12°,纵向水平搭接长度不应小于 1.0m。

(3) 超前小导管尾端应支撑于钢架上,并应焊接牢固。管口应设置止浆阀。

(4) 超前小导管与围岩间出现间隙时,应采用喷射混凝土填满。

(5) 超前小导管施工完成 8h 后方可进行开挖。

(6) 开挖时导管间仍有掉块时,应立即补打导管,并应在下一环小导管施工时适当加密。

## 四、超前注浆加固

1. 超前注浆加固简介

超前深孔帷幕注浆是在开挖前,先用喷射混凝土将开挖面和一定范围内的坑道周边岩面封闭,然后沿坑道周边轮廓向前方围岩内打入带孔长钢管,并通过长钢管向围岩内压注起胶结作用的浆液,待浆液硬化后,坑道周围岩体就可形成一定厚度的加固圈。在此加固圈的保护下即可安全地进行开挖等作业,如图 9-5-4 所示。

2. 性能特点及适用条件

超前注浆加固,适用于Ⅴ级和Ⅵ级围岩地段、断层破碎带地段、塌方地段以及其他不良地质地段,是在洞内对前方未开挖段地层进行加固的措施。注浆技术的成败取决于多种因素,如注浆孔口及注浆管封堵、浆液调制、配合比、胶凝时间、止浆墙、注浆孔的布置与注浆压力等,这些都需要在现场根据实际情况来确定。因此,在进行超前围岩预注浆加固前,需要搜集有关注浆地段的岩性、涌水量、涌水压力、水温、涌水的化学性质等资料,以初步拟定注浆参数。为了获得理想的注浆效果,并考虑到注浆会使周围环境产生变化,在现场还需做单孔或群孔的注浆试验。超前注浆加固,尤其是深孔注浆加固地层费工、费料、工期长、技术难度高、投资大。整个过程难度大,故往往只是在特殊地段使用。

3. 设计、施工要点

(1) 注浆段的长度应根据前方地质条件确定,需加固的地层范围较长时应采用多循环方式进行,每循环注浆长度宜为 5~20m。

(2)注浆管应采用钢花管,管直径不宜小于70mm,管壁应留有出浆孔,孔直径宜为8～12mm,间距宜为300～500mm。在孔口1～1.5m范围不应留出浆孔。

(3)注浆强度应满足设计要求,注浆压力、浆液的胶凝时间应根据现场试验确定。

(4)注浆孔的布置角度、深度及注浆孔间距应根据每一循环加固范围、循环长度和浆液扩散半径确定,并应满足设计要求。

(5)注浆作业面与注浆加固段之间应有足够的地层安全防护厚度,当围岩不能承受注浆压力时,应设止浆墙。

(6)注浆孔孔口应设止浆塞,止浆塞应能承受注浆终压的要求。

(7)注浆强度达到设计强度70%后方可进行隧道开挖。

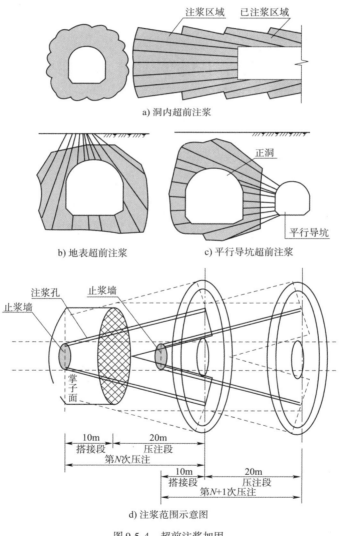

图 9-5-4 超前注浆加固

(8)注浆后应对注浆效果进行检查,不满足设计要求时,应进行补孔注浆。注浆结束后对注浆效果的检验方法通常有下列几种:

①分析法,分析注浆记录,查看每个孔的注浆压力、注浆量是否达到设计要求;注浆过程中漏浆、跑浆是否严重,根据浆液注入量估算浆液扩散半径,分析是否与设计相符。

②检查孔法,用地质钻机按设计孔位和角度钻检查孔,提取岩芯进行鉴定。

③物探无损检测法,用地质雷达、声波探测仪等物探仪器对注浆前后岩体声速、波速、振幅及衰减系数等进行无损探测来判断注浆效果。

# 某隧道初期支护作业技术交底书

工程名称:××隧道
设计文件图号:××施(隧)-01、××施(隧)参01-07
施工部位:初期支护
交底日期:2022年3月1日
交底单位名称:××项目经理部

## 一、作业范围

本交底适用范围:ZK10+363~ZK10+293段Ⅳb衬砌初期支护作业。

## 二、设计情况

ZK10+363~ZK10+293段围岩级别为Ⅳ,衬砌类型为Ⅳb,开挖方式为三台阶法,规格为高180mm、4$\phi$22格栅拱架。拱墙分界以拱部140°划分,拱部采用组合中空锚杆,边墙采用普通砂浆锚杆,均呈梅花状布置。锁脚锚管采用直径42mm、长度$L=4.0$m、壁厚3.5mm的无缝钢管。支护参数见表9-6-1。

Ⅳb型复合式衬砌初期支护参数表　　表9-6-1

| C25 喷射混凝土 | | $\phi$8 钢筋网 | | 锚杆 | | | | 钢架 | | |
|---|---|---|---|---|---|---|---|---|---|---|
| 设置部位 | 厚度(cm) | 设置部位 | 网格间距(cm) | 设置部位 | 间距(环×纵)(m) | 长度(m) | | 规格 | 位置 | 每榀间距(m) |
| 拱墙 | 25 | 拱墙 | 20×20 | 拱墙 | 1.2×1.5 | 3.5 | | 高180mm 4$\phi$22格栅 | 全环 | 1.0 |
| 仰拱 | 25 | | | 边墙 | 1.2×1.2 | | | | | |

## 三、施工工艺

(1)锚杆施工

初期支护设计用的锚杆为:拱墙分界以拱部140°划分,拱部采用$\phi$22mm组合中空锚杆,间距 1.2m×1.5m,呈梅花状布置;边墙采用 φ22mm 普通砂浆锚杆,间距 1.2m× 1.2m,中、下台阶设置,呈梅花状布置;砂浆强度等级不低于 M20,锚杆均设置钢垫板,垫板规格为 150mm×150mm×6mm。

组合中空锚杆、砂浆锚杆钻孔采用 YT-28 风枪钻孔,锚杆预先在洞外按设计要求加工制作,施工时锚杆钻孔位置及孔深必须精确,按设计要求钻凿锚杆孔眼,达到标准后,用高压风清除孔内岩屑,用注浆泵注浆,然后将加工好的杆体插入孔内,并将锚杆与钢筋网联为整体。

(2)钢筋网安装

挂钢筋网在系统锚杆施作后安设,钢筋类型及网格间距按设计要求施作,搭接 1 个网格。钢筋网根据被支护岩面的实际起伏形状铺设,并在初喷混凝土后进行,钢筋网与锚杆连接,焊接在一起。施作前,初喷 4cm 厚混凝土形成钢筋保护层。钢筋网制作前对钢筋进行校直、除锈及油污等,确保施工质量。

(3)钢架施工

型钢钢架在洞外按设计加工成型,洞内安装在初喷混凝土之后进行,与定位系筋、锚杆连接。钢架间设纵向连接筋,钢架间用喷混凝土填平。钢架拱脚安放在牢固的基础上,高度不足时,应垫型钢调整,不得用虚渣填起,架立时垂直隧道中线,当钢架和围岩之间间隙过大时要喷混凝土填补。

①钢架安装

为保证钢架能安设在稳固的地基上,施工中在钢架基脚部位预留 0.15~0.2m 原地基,架立钢架时挖槽就位,软弱围岩地段在钢架基脚处设锁脚锚杆和垫槽钢以增加基底承载力。钢架平面垂直于隧道中线,倾斜度±2°。钢架横向和高程偏差±5cm。

为保证钢架的稳定性、有效性,两拱脚处和两边墙脚处加设锁脚锚管,锁脚锚杆由 2 根锚管组成。锁脚锚管打设角度为 30°,钢架基脚处设置槽钢垫板。

为增强钢架的整体稳定性,将钢架与锚杆连接在一起。沿钢架设直径为 22mm 的纵向连接钢筋,连接筋的间距为 60cm。

为使钢架准确定位,钢架架设前均需预先打设定位系筋。系筋一端与钢架连接在一起,另一端锚入围岩中 0.5~1m 并用砂浆锚固,当钢架架设处有锚杆时尽量利用锚杆定位。

钢架架立后尽快喷混凝土作业,并将钢架全部覆盖,使钢架与喷混凝土共同受力,喷射混凝土分层进行,每层厚 5~6cm,先从拱脚或墙脚处向上喷射以防止上部喷射料虚掩,拱脚(墙脚)不密实,造成强度不够,拱脚(墙脚)失稳。

②锁脚锚管、⏀25U 形钢筋与钢架连接

为保证钢架的整体刚度,锁脚锚管与钢架采用⏀25U 形钢筋连接,接头处锁脚锚管与钢架之间、⏀25U 形钢筋与锁脚锚管连接处采用焊接,焊接长度不小于 15cm,焊接要求饱满,⏀25U 形钢筋须焊于锁脚锚管上部。纵向连接钢筋利用 φ32mm 套管将两榀相邻钢架连接成一个整体,套管采用双面焊焊接于钢板上面,纵向连接钢筋采用⏀22 钢筋,环向间距 1.2m,交错布置(图 9-6-1)。

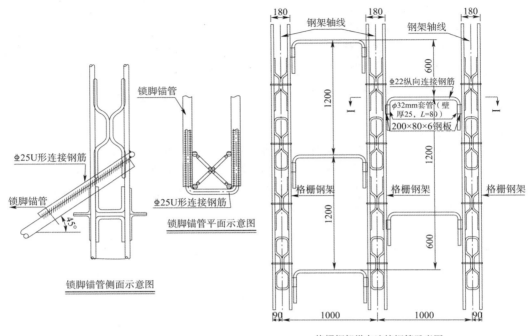

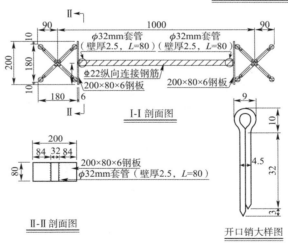

图 9-6-1 锁脚锚管、⊈22U 形钢筋与钢架连接示意图(尺寸单位:mm)

(4)喷射混凝土

采用湿喷工艺,混凝土集中拌和,输送车运输。

本隧道喷混凝土设计强度等级为 C25 混凝土,采用湿喷机喷混凝土,工人组成喷锚支护作业线。在作业时,混凝土在洞外由混凝土拌和站拌和,混凝土搅拌运输车向洞内送料,空压机供风。

## 四、质量标准

(1)喷射混凝土的24h强度不应小于10MPa。
(2)喷射混凝土的强度应符合设计要求。
(3)喷射混凝土的平均厚度应符合设计要求,检查点数90%及以上应不小于设计厚度。
(4)喷射混凝土应密实,无脱落、漏筋、空鼓。
(5)锚杆的种类、规格和长度应符合设计要求。
(6)锚杆安装的数量应符合设计要求。
(7)锚杆的胶结、锚固质量应符合设计要求,全长胶结锚杆锚固长度不应小于设计长度的95%。
(8)锚固浆液的强度等级应符合设计要求。
(9)锚杆安装允许偏差孔口距±150mm,孔深+50mm,锚杆垫板应与基面密贴。
(10)钢筋网的种类、规格应符合设计要求。
(11)钢筋网搭接长度应不小于1个网格。
(12)钢架种类、规格和数量应符合设计要求。
(13)钢筋应及时架设,钢架安装不得侵入二次衬砌结构,锁脚锚管(杆)、相邻钢架及各节钢架间的连接应符合设计要求。
(14)钢架底脚应置于牢固的基础上,并应符合设计要求。
(15)钢架安装允许偏差间距±50mm,横向位置±20mm,垂直度±1°。

## 五、安全、环保及文明施工方面的具体措施及标准

(1)安全要求
①施工区域应设警示标牌,严禁非工作人员出入。
②施工中应对机械设备进行定期检查、养护、维修。
③为保证施工安全,现场应有专人统一指挥,并设一名专职安全员负责现场的安全工作,坚持班前进行安全教育制度。
④在进入施工现场时,必须佩戴好安全帽。
⑤高空作业时,做好防高空坠落防范措施,安装防护栏,施工人员佩戴好安全绳。
⑥施工期间,尤其在注浆时,应对支护的工作状态进行检查。当发现支护变形或损坏时,应立即停止注浆,采取措施。

(2)环保要求
①开始施工前,必须进行环境因素识别,确定重要环境因素,制定相应的管理方案。
②临时工程及场地布置应采取措施保护自然环境。
③施工场地布置在水源保护地区内不得取土、弃土、破坏植被等。
④施工废水及施工垃圾不得随意排放、丢弃,施工废水得经过处理池处理后再排放到指定地点,施工垃圾倒置在指定地方统一处理。

## 锚杆/锚喷支护现场质量检验报告单

施工单位：　　　　　　　　　　　　　　　　　　　　　　　　　　　　　合同号：
监理单位：　　　　　　　　　　　　　　　　　　　　　　　　　　　　　编　号：

| 工程名称 | | | | 施工时间 | | | | | | | | | |
|---|---|---|---|---|---|---|---|---|---|---|---|---|---|
| 工程部位 | | | | 检查时间 | | | | | | | | | |
| 项次 | 检查项目 | 规定值或允许偏差 | 检查方法和频率 | 实测值或实测偏差值 | | | | | | | | | |
| | | | | 1 | 2 | 3 | 4 | 5 | 6 | 7 | 8 | 9 | 10 | 11 | 12 |
| 1△ | 喷射混凝土强度（MPa） | 在合格标准内 | 按《公路隧道施工技术规范》(JTG/T 3360—2020) 附录C检查 | | | | | | | | | | | | |
| 2△ | 锚杆数量（根） | 不小于设计 | 现场逐根清点 | | | | | | | | | | | | |
| 3 | 锚杆拔力（kN） | 拔力平均值≥设计值，最小拔力≥90%设计值 | 按锚杆数1%且不小于3根做拔力试验 | | | | | | | | | | | | |
| 4 | 孔位（mm） | ±50 | 钢尺量：检查锚杆数的10% | | | | | | | | | | | | |
| 5 | 钻孔深度（mm） | ±50 | 钢尺量：检查锚杆数的10% | | | | | | | | | | | | |
| 6 | 钻孔直径（mm） | 符合设计要求 | 尺量：检查锚杆数的10% | | | | | | | | | | | | |
| 7 | 锚杆长度（m） | 符合设计要求 | 按锚杆数3%或不小于3根 | | | | | | | | | | | | |

施工单位检查意见：

质检员：　　　　　　　　质检工程师：　　　　　　　　日期：

监理单位检查意见：

监理员：　　　　　　　　专业监理工程师：　　　　　　　　日期：

## 钢架现场质量检验报告单

施工单位：　　　　　　　　　　　　　　　　　　　　　　　　　　　　合同号：
监理单位：　　　　　　　　　　　　　　　　　　　　　　　　　　　　编　号：

| 工程名称 | | | | 施工时间 | | | | | | | | | | |
|---|---|---|---|---|---|---|---|---|---|---|---|---|---|---|
| 工程部位 | | | | 检查时间 | | | | | | | | | | |
| 项次 | 检查项目 | | 规定值或允许偏差 | 检查方法和频率 | 实测值或实测偏差值 | | | | | | | | | |
| | | | | | 1 | 2 | 3 | 4 | 5 | 6 | 7 | 8 | 9 | 10 | 11 | 12 |
| 1△ | 安装间距(mm) | | ±50 | 钢尺量：每榀检查 | | | | | | | | | | | | |
| 2 | 保护层厚度(mm) | | ≥20 | 凿孔检查：每榀自拱顶每3m检查一点 | | | | | | | | | | | | |
| 3 | 倾斜度(°) | | ±2 | 测量仪器检查每榀倾斜度 | | | | | | | | | | | | |
| 4 | 安装偏差(mm) | 横向 | ±50 | 钢尺量：每榀检查 | | | | | | | | | | | | |
| | | 竖向 | 不低于设计高程 | | | | | | | | | | | | | |
| 5 | 拼装偏差(mm) | | ±3 | 钢尺量：每榀检查 | | | | | | | | | | | | |

施工单位检查意见：

质检员：　　　　　　　　　　　质检工程师：　　　　　　　　　　　日期：

监理单位检查意见：

监理员：　　　　　　　　　　　专业监理工程师：　　　　　　　　　日期：

1. 简述初期支护原则。
2. 简述锚杆、喷射混凝土、钢架施工工艺及支护特点。
3. 简述超前支护形式及施工工艺。
4. 简述注浆加固和堵水的作用机理、方法及工艺种类。

# 学习任务十
# 防排水与二次衬砌施工

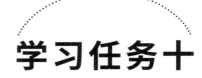

### ☞ 学习目标
1. 掌握：排水管安装、防水板挂设施工过程和施工方法；
2. 掌握：二次衬砌洞内模筑混凝土施工方法。

### ☞ 能力目标
1. 能编制防排水施工技术交底书；
2. 能编制二次衬砌施工技术交底书。

## 资料一　隧道防排水

### 一、治水原则

在隧道工程中，水的存在是必然的。水是影响隧道正常施工的重要因素之一，也是影响隧道正常运营的因素之一。

在施工期间，地下水的存在降低了围岩的稳定性，尤其是对软弱破碎围岩影响更为严重。水的存在，使得开挖和支护作业十分困难。在某些特殊地质条件下，若对地下水处理不当，还有可能引发突水、突泥等工程事故，造成更大的危害。此外，隧道施工使得原有的地下、地上水环境发生改变，从而影响农业生产和生活用水。

在运营期间，地下水常从混凝土衬砌的施工缝、变形缝（伸缩缝和沉降缝）、裂缝甚至混凝土孔隙等通道渗漏进隧道中，使洞内通信、供电、照明等设备处于潮湿环境而发生锈蚀；使路面积水或结冰，造成车轮打滑，危及行车安全；当出现结冰膨胀现象和侵蚀性地下水时，不仅使衬砌受到破坏，而且使得以上危害更加严重。

为了避免和减少水对隧道工程施工和运营的危害,我国隧道工作者在多年的隧道工程实践中,已总结出隧道防排水"防、排、截、堵结合,因地制宜,综合治理"的基本原则。

防——从勘察设计开始就要调查清楚区域内地表水、地下水的情况,做好防范准备。

排——人为设置排水系统,将地下水排出隧道。

截——在隧道以外将地表水和地下水疏导截流,使之不能进入隧道工程范围内。

堵——以混凝土衬砌为基本的结构防水层,以塑料防水板为辅助防水层,阻隔地下水,使之不能进入隧道内。或者将适宜的胶结材料压注到地层节理、裂隙、孔隙中,实现堵水,使之不进入隧道工程范围内。注浆堵水措施可以防止地下水大量流失,较好地保护地下、地上水环境。

因地制宜,综合治理——综合考虑区域水文地质与隧道工程之间的关系,选择适当治水方案,做到技术可行、费用经济、效果良好、保护环境。使设计、施工、维修相结合,但以在施工过程中解决好防水问题为主要控制过程,充分结合现场实际,实行点面结合,将大面积渗漏水汇集为局部出水,进行有组织的排水,一般以衬砌结构防水为主,并以结构为依托加设塑料防水板,尽可能在施工中就将水治理好。下面分别介绍隧道防排水的常用方法。

## 二、防水措施

1. 塑料板防水

在施作初期支护后,若仍然有大面积裂隙滴水、流水,且水量、压力都不太大,可在施作二次衬砌之前,大面积铺设塑料板堵水,见图 10-1-1。

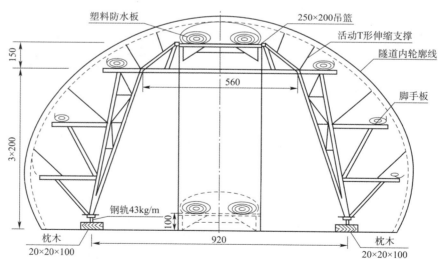

图 10-1-1 塑料防水板铺设台架示意图(尺寸单位:cm)

塑料板防水具有优良的防水性能和耐腐蚀性能,在隧道及地下工程中得到了日益广泛的应用。现代隧道一般均设计满铺塑料防水板。塑料防水板厚度一般为 1.2mm。挂防水板前应割除锚杆头等尖锐物,防止防水板遭到破坏。铺设塑料防水板时不能绷得太紧,要预留一定的松弛度,焊缝要按工艺要求焊接牢固,防止在浇筑二次衬砌混凝土时,由于塑料防水板向凹处张拉变形过度而受到破坏。

2. 模筑混凝土衬砌防水

模筑混凝土本身就具有一定的抗渗阻水性能,但普通混凝土的抗渗性较差,尤其是在施工质量不高的情况下,如振捣不密实、施工缝、沉降缝、伸缩缝处理不好,配合比不当等,则更易形成水的渗漏、漫流。当地下水有侵蚀性时,对混凝土的腐蚀更为严重。

如果能保证衬砌混凝土的抗渗防水性能,则不需要另外增加其他防水堵水措施。因此,充分利用衬砌混凝土本身的防水性能,是经济合算的,应首先考虑。

隧道工程中,大量使用防水混凝土,一般可通过添加防水剂等措施来改善混凝土的抗渗性能,达到防水目的。隧道施工中,防水混凝土的抗渗强度等级及抗压强度应满足设计要求。一般要求如下:

(1) 防水混凝土的配合比选择应注意:①水灰比不得大于0.6;②水泥用量不得少于280kg/m³;③砂率应适当提高,并不得低于35%。

(2) 衬砌防水混凝土施工必须采用机械振捣。施工缝、沉降缝及伸缩缝则可以采用中埋式塑料或橡胶止水带,或采用背贴塑料止水带止水。

3. 分区防水技术

隧道穿越地层范围大,地下水的埋藏条件复杂,往往在同一座隧道中的不同区段地下水的出露情况差异很大。因此,在隧道二次衬砌施作完成后,尤其是在已建成但没有全面满铺防水板的隧道中,会由于防水板铺装质量和二次衬砌混凝土质量等问题而产生渗漏,从而使防水维修成为一大困难。

采用分区防水技术,可较好地解决既有隧道的渗漏水问题,且费用较低。分区防水是在隧道长度方向将地下水分区隔离,并针对富水地段重点防渗补漏的有效措施。

分隔区段的长度应根据地下水在洞内出露的范围和水量的大小确定,富水地段可按二次衬砌段长度分区,采用带注浆管的背贴式止水带,发生渗漏水时可进行注浆。采用分区防水的区段,注浆顺序为先进行拱顶处回填注浆、再进行背贴式止水带上的花软管注浆、最后进行分区的注浆嘴注浆,如图10-1-2所示。

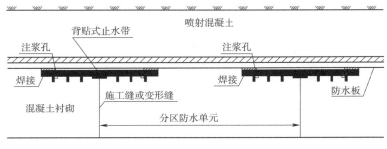

图10-1-2 分区防水示意图

### 三、排水设施

隧道排水设施应结合塑料防水板和混凝土衬砌施工来安装。隧道排水设施有：盲沟（管）—泄水孔—排水沟（管）。其排水过程是：水从围岩裂隙进入衬砌或防水板背后的盲沟，盲沟下接泄水孔（泄水孔穿过衬砌边墙下部），水从泄水孔泄出后，进入隧道内的纵向排水沟，并经纵向排水沟排出洞外。

1. 盲沟（管）

盲沟（管）是安装在防水板背后的透水管道，其安装施工注意事项如下：

（1）安装时，应将盲沟与喷层或岩壁尽量密贴固定，并将盲沟接入泄水孔安装牢固，然后再覆盖塑料防水板。

（2）环向盲沟的布置间距，应按实际的渗漏水情形来确定。渗漏点多、量大的范围应加密布置，其他按设计要求布置。

2. 泄水孔

泄水孔是将水从盲沟导入洞内排水沟的通道，一般要求在立边墙模板时，就安设泄水孔，并特别注意使其里端与盲沟接通，外端穿过模板。常用的泄水管是 PVC 塑料管材。有时为了立模和混凝土施工方便，不在边模上打孔，只将泄水管顶住边模，待模筑边墙混凝土拆模后，再根据记录的位置钻通泄水孔。

3. 排水沟（管）

隧道内的排水沟（管）用来承接泄水孔泄出的水，并将其排出隧道。隧道内的排水沟，有单侧、双侧、中心式三种布置形式。排水沟的布置形式、截面尺寸和纵向坡度，是根据水量大小、线路坡度、路面构造要求等因素确定的。

排水沟的施作，通常是与底板混凝土同时模筑。设计有仰拱时，则与隧道底部填充混凝土同时施作，以保证排水沟的整体性，防止水下渗影响地基。

### 四、截水措施

截水措施有：在地表水上游设截水导流沟；在洞外或洞内设井点降水；在地下水上游设泄水洞。

地表截水导流沟完成后即可自行永久发挥作用。当隧道埋深较小时，可在洞外设井点降水，用水泵抽水，因此，它只能解决浅埋隧道在施工期间的降水问题。当隧道埋深较大时，可在洞内设井点降水，以解决洞内局部区段的降水问题。平行导坑、横洞、斜井、竖井等辅助坑道均可以作为泄水洞。若将平行导坑设置在地下水的上游方向，则可自行永久发挥截水作用。如京广铁路大瑶山隧道在运营十年后，因水害严重影响行车，后又在地下水的上游增设了泄水洞，见图 10-1-3。但地下水的大量流失，会对地下水环境造成严重影响，应慎用。

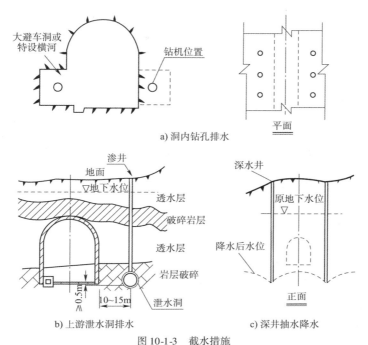

图 10-1-3 截水措施

## 五、堵水措施

常用的堵水措施有:混凝土衬砌堵水和注浆堵水。混凝土衬砌堵水主要用于水量不大、压力较小的地层条件。可在衬砌混凝土中加入适量外加剂,以增强混凝土的抗渗性,进而起到堵水的作用。注浆堵水主要用于水量大、压力大的地层条件。注浆堵水是用水泥砂浆或堵水化学试剂充填围岩空隙,以堵住地下水的通路,从而达到堵水的目的,是目前隧道堵水最常采取的工程措施。

应当注意的是,绝对堵死地下水是很困难的,因此,要求在设计和施作堵水设施时,要充分考虑到排水的组织,做到排堵结合。一般是在拱部采取堵的办法,在墙部采取排的办法,避免因强堵而增加衬砌背后的积水压力,导致衬砌其他薄弱部位出现新的渗漏。

# 资料二 二次衬砌

## 一、二次衬砌的施作时机及施工方法

### 1. 二次衬砌的施作时机

就模筑混凝土衬砌的施工技术和工艺而言,采用新奥法施工的二次衬砌,与采用传统矿山法施工的单层衬砌相比较，没有什么区别。但是二次衬砌是复合衬砌的一部分，它在整个隧道结构力学体系中的作用以及施作时机，与单层衬砌有着显著的不同。

按照传统的松弛荷载理论设计和传统矿山法施作的单层衬砌，是主要的承载结构，需要尽早施作。但是按照现代隧道工程理论设计和新奥法施作的二次衬砌，却主要是"提供安全储备"，承受后期围岩压力（围岩或围岩加初期支护是承载的主体）。因此，可以在围岩或围岩加初期支护稳定后的适当时机施作二次衬砌。

当各测试项目表明围岩无明显的流变，且位移有较明显的减缓趋势；水平收敛小于0.2mm/d，拱顶下沉小于0.15mm/d，而且位移值占总位移值的80%~90%以上时，即可施作二次衬砌。

值得注意的是，这一规定只适宜于无明显流变性质的围岩条件。根据我国金家岩隧道、乌鞘岭隧道等强流变围岩条件的工程实际，常规的初期支护参数已很难达成。仅依靠初期支护来获得围岩的基本稳定，就需要大幅度加大支护参数（已突破规范规定）。这说明：在强流变围岩条件下，初期支护的约束能力不足时，一味加大初期支护参数所获得的效用很低，也是不经济的，而且初期支护尤其是锚杆（锚索）的耐久性还没有可靠的证明。在此条件下，需要及时采用刚度更大的混凝土或钢筋混凝土二次衬砌，来更为有效地阻止围岩变形，保证围岩的稳定和安全。

另外，在强流变等特殊地层中，当初期支护的有效性降低时，出于经济的考虑，可以提前施作二次衬砌，让二次衬砌尽早承载，避免发生护后坍塌，保证施工安全。因此，有业主在规范没有明确规定的条件下，要求施工单位保证二次衬砌离掌子面的距离不得超过260m。

2. 二次衬砌的施工方法

复合式衬砌施工的基本程序，一般是先施作初期支护，在初期支护施作完成，隧道已成型，并且基本稳定后，再就地模筑或现场拼装混凝土或钢筋混凝土二次衬砌。在隧道纵深方向，二次衬砌需要分段施作。上部拱墙施工，通常采用整体模板台车配混凝土输送泵分段灌注。下部仰拱、填充和底板，则只需配备挡头板就可进行灌注。

在现代隧道工程中，由于施作锚喷初期支护以后，就可以获得洞室的基本稳定，因此，现代隧道工程理论及新奥法均要求：二次衬砌，应尽可能地采用"完全顺作法"施工，即先施作下部仰拱、填充和底板，后施作上部拱墙，由下到上顺序施工。完全顺作法具有施工程序简化、无逆作施工缝、施工安全等优点，可以避免结构受力状态的转换，保证二次衬砌的整体性和受力状态良好。

我国浙江省安吉县天荒坪抽水蓄能电站工程中，已在其输水隧道中（斜井，倾角58°，直径7m）采用整体滑动模板，将整圈衬砌一次模筑完成，成为"完全顺作"的成功案例。

## 二、仰拱衬砌施工

隧道仰拱、填充和底板的施工,需要占用洞内运输道路,对隧道内出渣运输、进料运输等作业造成一定程度的干扰。因此,应对仰拱、填充和底板的施作时间,以及分段(或分块)施作顺序进行合理安排,以减少与运输的相互干扰。

1. 仰拱栈桥施工技术

隧道仰拱、填充和底板,一般是按"纵向分段、横向分幅"施作的。横向分幅施工,导致仰拱、填充和底板存在纵向施工缝,其完整性降低。因此,我国《高速铁路隧道施工技术指南》明确规定:模筑混凝土二次衬砌必须采用"完全顺作法"施工,仰拱、填充和底板施作只能"纵向分段",不得"左右分带",仰拱和隧底填充应分开施作,不得一次灌注。因此,"仰拱栈桥施工技术"应运而生。

仰拱栈桥是专用于仰拱、填充和底板的简易桥梁,见示意图10-2-1。仰拱栈桥施工技术,可以避免因横向分幅施作破坏结构完整性的问题,既能保证隧道内运输道路的畅通,又能保证栈桥下面底板、仰拱和填充作业的正常进行。我国高速铁路隧道的二次衬砌已要求严格采用"仰拱栈桥施工技术",并按照顺作法进行仰拱、填充和底板施工,但在普通铁路隧道和高速公路隧道施工中还没有推行。

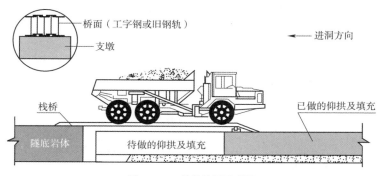

图 10-2-1 仰拱栈桥示意图

我国高速铁路隧道中使用的仰拱栈桥多为简易单跨组合钢梁桥,采用旧钢轨或工字钢扣放连接单片梁,两片梁联结组成临时栈桥。梁的长度通常为12m,有效跨度为8m,桥下可一次施作8m长的仰拱。钢轨或工字钢的根数和规格,应根据重车荷载及支墩跨度来确定,一般采用4H250×2片。仰拱栈桥架设必须保证整桥的稳定和行车安全,而且要拆卸组装和拖拉移位方便快捷。

2. 仰拱、填充和底板施工

在围岩稳定性较好时,一般仅设计有底板(铁路)或调平层,在围岩稳定性较差时才设计有仰拱、填充。仰拱、填充和底板施工若没有采用仰拱栈桥施工技术,而是采用左右分带施工,就应该注意安排好纵向分段长度,以及左右幅交替施工的周期,以减少与洞内其他作业之间的相互干扰。

设计有仰拱时,分段长度一般不应超过 18m,以免墙脚暴露过长,致使上部支护变形过大,甚至造成边墙挤入或坍塌。设计为底板时,分段长度可长一些,但仍应注意观察上部拱墙的稳定。此外,还应注意观察施工缝、伸缩缝、沉降缝及衬砌形式变化之处。

灌注仰拱和底板混凝土前,必须把基底的虚渣、杂物及淤泥清除干净,并排除积水。超挖部分应用同级混凝土或片石混凝土灌注密实,挡头板应安装稳固。

### 三、拱墙衬砌模板

采用新奥法施工的隧道,在进行拱墙衬砌混凝土浇筑时,常用的是整体移动式模板台车,整体移动式模板台车是将台架(包括门架、托架等)、大块钢模板(顶模、边模)、走行机构、液压控制系统(顶模支撑、边模支撑、定位支撑等)集装成整体的混凝土模筑设备,见图 10-2-2、图 10-2-3。

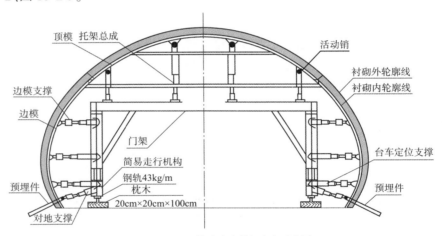

图 10-2-2 整体移动式模板台车示意图

目前常用的模板台车的长度为 9~12m,一次浇筑混凝土量通常为 80~120m³,并配套使用混凝土输送泵联合作业。模板台车的长度即一次模筑段长度,是根据施工进度要求、混凝土生产能力和浇筑技术要求以及曲线隧道的曲线半径等条件来确定的。考虑到一次连续浇筑混凝土的体积太大时,很可能因大体积混凝土的收缩而致使衬砌产生裂缝,因此,当隧道断面较大时,模板台车的长度不宜太长,一般以不超过隧道跨度为宜。

整体移动式模板台车走行方便、就位快捷,墙拱连续浇筑一次成型,施工速度快,衬砌表面质量光洁美观。但一次性设备投资较大,长度和断面尺寸固定,不能适用于多种断面尺寸。当应用于不同断面形状和尺寸的隧道时,则需要换装模板。

### 四、拱墙衬砌混凝土模筑

模筑拱墙衬砌混凝土,要进行隧道中线和水平控制测量;再根据中线和水平检查开挖断面,并放线定位;然后进行台车就位(立模)及混凝土制备和运输;最后进行混凝土浇筑、振捣以及拆模和养护等工作。

图 10-2-3　整体移动式模板台车

### 1. 断面检查

根据隧道中线和水平,检查开挖断面是否符合设计要求,对轮廓大小欠挖部分按规范要求进行修凿,并做好断面检查记录。

隧道底部及墙脚地基应挖至设计高程,并找平支承面。有仰拱时,应保证仰拱弧度符合设计要求。在灌注前,应清除虚渣,排除积水。

### 2. 定位放线

根据隧道的设计位置及断面尺寸,测量确定立模位置,并放线定位。采用模板台车时,还要确定台车端头的起止里程、中线位置、中线高程(坡度)。

采用整体移动式模板台车时,实际是确定轨道的铺设位置。轨道铺设应稳固,其位移和沉降量均应符合施工误差要求。轨道铺设和台车就位后,都应进行位置、尺寸检查。

定位放线时,为了保证衬砌不侵入建筑限界,须预留施工误差量和衬砌沉落量,并注意曲线加宽。

预留施工误差量是考虑到放线测量误差、模板就位误差和模板变形误差。为保证衬砌净空尺寸,一般将衬砌内轮廓尺寸扩大 5cm。因此,在制作模板台车和确定施工开挖轮廓线时,应加上这部分尺寸。

预留衬砌沉落量是考虑到未凝混凝土的荷载作用会使拱架模板变形和下沉,后期围岩压力作用和衬砌自重作用(尤其是先拱后墙法施工时的拱部衬砌)会使衬砌变形和下沉,故须预留沉落量。这部分预留沉落量应根据实测数据确定或参照经验确定。

预留施工误差量和预留衬砌沉落量应在拱架模板定位放线时一并考虑确定,并按此架设拱架模板和确定模板架的加工尺寸。

3. 台车或拱架模板整备

使用整体移动式模板台车时,在洞外组装并调试好各机构的工作状态,检查好各部尺寸,保证进洞后可投入正常使用。每次脱模后应予检修。

使用拼装式拱架模板时,立模前应在洞外样台上将拱架和模板进行试拼,检查其尺寸、形状,不符合要求的应予修整。配齐配件,模板表面要涂抹防锈剂。在洞内重复使用时,应注意检查修整。拱架模板应按计算的施工尺寸放样到放样台上,并注意曲线加宽后的衬砌及模板尺寸。

4. 台车就位或拱架模板立模

根据放线位置,完成模板台车就位或拱架模板架设。就位或架设后,应做好各项检查。台车就位检查较为简单,拱架模板检查较为复杂。这些检查包括:位置、尺寸、方向、高程、坡度、稳定性等,并注意处理好以下几个问题。

采用模板台车时,应注意检查其起止里程、中线位置、中线高程(坡度),以及检查振捣系统、脱模机构、定位机构、走行机构等是否运行正常,走行轨道是否铺设稳定,轨枕间距是否适当,道床是否振捣密实。在软土隧道中,应先施作隧道底板或仰拱,防止模板台车下沉。设有排水盲管、防水板、止水带/条时,应先行安装好,并注意挡头板不得损伤防水材料,以免影响防水效果。检查挡头板是否安装牢固,挡头板常用木板加工,现场拼铺,以便将模板与岩壁之间的缝隙嵌堵严密,也可以采用气囊式堵头。

拱架应立于稳固的地基上,并架设牢固稳定,保证其不产生过量位移。拱架下端一般应焊接端头板,以增大支承面,减少下沉;当地基较软弱时,应先用碎石垫平,再用短枕木支垫,此垫木不得伸入衬砌混凝土中。拱架立好后,还应对其稳定性进行检查。固定的方法:横向有过河撑(断面较小时采用)、斜撑(断面较大时采用)、锚杆(锚固于围岩,穿过衬砌、模板、墙架、带木,用螺栓垫板固定,拉住墙架);纵向有带木,拱架间撑木,拉杆及斜撑;拱架与围岩之间的顶撑等。其中锚杆应先行安设,并做抗拔力的施工检算。

5. 混凝土制备与运输

隧道内衬混凝土多在洞外拌制好后,用运输工具运送到工作面再浇筑。混凝土拌制好后,应及时浇筑完毕。由于洞内空间狭小,尤其是长大隧道和运距较远时,应结合具体工程情况,选用合适的混凝土搅拌机、运输车、输送泵等机械。做到装卸方便、运输快速,保证拌制好的混凝土在运输过程中不发生漏浆、离析泌水、坍落度损失和初凝等现象。

6. 混凝土浇筑

在做好上述准备工作后,即可进行混凝土浇筑。隧道衬砌混凝土的浇筑应注意以下几点。

(1)保证捣固密实,使衬砌具有良好的抗渗防水性能,尤其应处理好施工缝。

(2)整体模筑时,应注意对称浇筑,两侧同时或交替进行,以防止未凝混凝土对拱架模板产生偏压而使衬砌尺寸不合要求。

(3)按规范规定,混凝土应连续浇筑,中间暂停时间不得超过90min。若因故超过这个时间,则应按规定进行接茬处理。衬砌接茬面应为半径方向,必要时应加放连接钢筋。

(4)边墙基底以上1m范围内的超挖,宜用同级混凝土同时浇筑。其余部分的超、欠挖应按设计要求及有关规定处理。

(5)衬砌的分段施工缝应与设计沉降缝、伸缩缝及设备洞位置统一考虑,合理确定位置。

(6)封口方法。若采用整体模板台车,一般均配备混凝土输送泵进行混凝土浇筑,并在输送管与模板接口处设置有封口装置,按要求操作就可实现封口。若采用拼装式拱架模板,封口比较复杂,已经很少采用。

7. 拆模与养护

二次衬砌的拆模时间,应根据混凝土强度增长情况来确定。一般至少应待混凝土强度达到2.5MPa时,方可拆模。围岩变形速度快,压力增长快时,则对衬砌有承载要求,此时应根据具体受力条件来确定拆模时间。必要时应加强模板强度和刚度,以保证混凝土在低龄不至于遭到破坏。

多数情况下,隧道施工过程中,洞内的湿度能够满足混凝土的养护条件要求。但在干燥无水的条件下,以及旱季洞口段,衬砌施工则应注意进行洒水养护。采用普通硅酸盐水泥拌制的混凝土,其养护时间一般不少于7d。掺有外加剂或有抗渗要求的混凝土,一般不少于14d。养护用水的温度应与环境温度基本相同。

案例

# 某高速公路隧道二次衬砌作业技术交底书

工程名称:××隧道
设计文件图号:××施(隧)-01、××施(隧)参01-07
施工部位:初期支护
交底日期:2022年3月21日
交底单位名称:××项目经理部

## 一、作业范围

本交底适用范围:ZK10+363~ZK10+293段Ⅳb衬砌二次衬砌作业。

## 二、设计情况

ZK10+363~ZK10+293 段围岩级别为 Ⅳ 级；衬砌类型为 Ⅳb，厚度为 40cm。

## 三、施工工艺

衬砌施工工艺流程如图 10-3-1 所示。

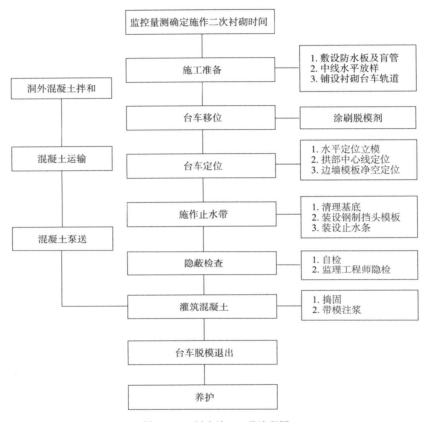

图 10-3-1 衬砌施工工艺流程图

## 四、衬砌模板施工技术要求

(1) 模板台车长度宜为 12m，工点设计应根据沉降缝、预留洞室和预埋管线位置综合确定。模板台车侧壁作业窗宜分层布置，层高不宜大于 1.5m，每层宜设置 4~5 个窗口，其净空不宜小于 45cm×45cm。拱顶部位应预留 4 个注浆孔。

(2) 模板台车走行轨道的中线和轨面高程误差应不大于 ±10mm，台车就位后启动微调机构，用仪器校正模板外轮廓与设计净空相吻合，并锁定台车。

(3) 模板安装必须稳固牢靠，接缝严密，不得漏浆。模板表面要光滑，与混凝土的接触面必须清理干净并涂刷隔离剂。允许偏差见表 10-3-1。

**模板安装允许偏差和检验方法**　　　　　　　　　　表10-3-1

| 序号 | 项目 | 允许偏差（mm） | 检验方法 |
|---|---|---|---|
| 1 | 边墙角 | ±15 | 尺量 |
| 2 | 起拱线 | ±10 | 尺量 |
| 3 | 拱顶 | +10、0 | 水准测量 |
| 4 | 模板表面平整度 | 5 | 2m靠尺和塞尺 |
| 5 | 相邻浇筑段表面高低差 | ±10 | 尺量 |

## 五、衬砌钢筋施工技术要求

（1）按照设计图纸要求，本隧道衬砌混凝土要求采用钢筋接驳器连接（即连接套筒）和绑扎连接两种形式的连接方法。钢筋加工应当符合表10-3-2要求。

**钢筋加工允许偏差和检验方法**　　　　　　　　　　表10-3-2

| 序号 | 名称 | 允许偏差（mm） | 检验方法 |
|---|---|---|---|
| 1 | 受力钢筋全长 | ±10 | 尺量 |
| 2 | 弯起钢筋的弯折位置 | 20 | |
| 3 | 箍筋内净尺寸 | ±3 | |

检验数量：施工单位按钢筋编号各抽检10%，并各不少于3件。

（2）钢筋安装和保护层厚度的允许偏差和检验方法应符合表10-3-3的规定。

**钢筋安装及保护层厚度允许偏差和检验方法**　　　　　表10-3-3

| 序号 | 名称 | | 允许偏差（mm） | 检验方法 |
|---|---|---|---|---|
| 1 | 双排钢筋的上排钢筋与下排钢筋间距 | | ±5 | 尺量两端、中间各1处 |
| 2 | 同一排中受力钢筋水平间距 | 拱部 | ±10 | |
|   |                          | 边墙 | ±20 | |
| 3 | 分布钢筋间距 | | ±20 | 尺量连续3处 |
| 4 | 箍筋间距 | | ±20 | |
| 5 | 钢筋保护层厚度 | | +10<br>0 | 尺量两端、中间各2处 |

检验数量：全部检查。

（3）钢筋绑扎

①衬砌钢筋布置如图10-3-2所示。

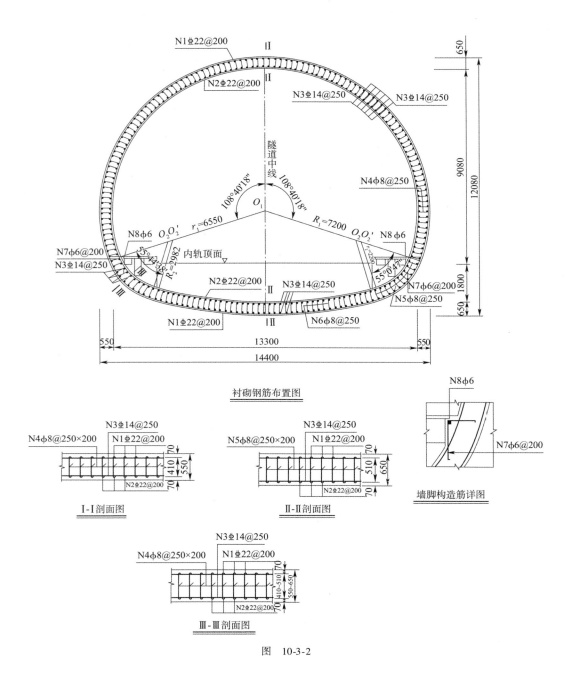

图 10-3-2

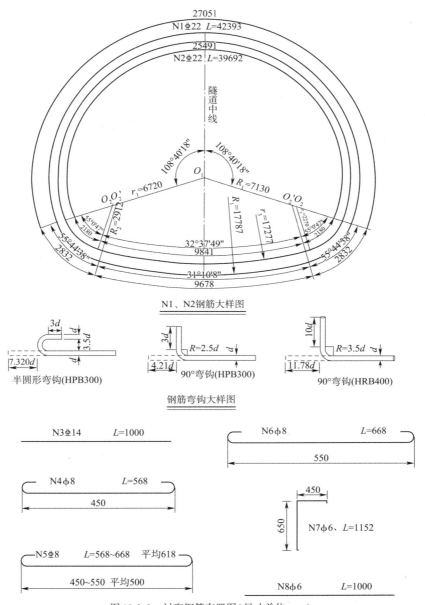

图 10-3-2　衬砌钢筋布置图(尺寸单位:mm)

注:1. 钢筋净保护层厚度为 5cm;
2. 相邻 N1、N2 钢筋连接位置相互错开,同一区段内钢筋接头面积不大于全部钢筋面积的 50%,且连接位置不得位于拱顶;
3. 相邻 N4、N5、N6 钢筋采用半圆弯钩。钢筋尺寸以钢筋边缘标注外,其余所有钢筋尺寸标注为中对中。

钢筋按设计要求在洞外工厂化加工预制,使用运料车运输到现场,在作业台架上人工安装绑扎。

②绑扎钢筋的作业台架就位后,首先由测量工根据模板台车的长度确定出不少于3个横断面的钢筋固定断面,每个横断面标出不少于9个定位点,而后由钢筋工在定位点处搭设固定钢筋的骨架。

③将钢筋预弯后,首先绑扎定位处的拱墙钢筋,而后以定位处的钢筋为模型,加密进行其他钢筋的绑扎。绑扎时,按照"先外圈,后内圈,再箍筋"的顺序进行。

④钢筋搭接长度必须符合施工规范要求。本段衬砌按照机械连接和绑扎连接相结合的方式施工,长接头绑扎,绑扎长度不小于$35d$($d$为钢筋直径)。

⑤为确保钢筋绑扎质量,测量工必须在钢筋绑扎前、内层钢筋绑扎前、作业平台移动前分三次进行纵向拉线对每根钢筋进行检查,确保钢筋位置准确。

⑥钢筋固定:钢筋绑扎过程中,为防止钢筋由于自重或在混凝土灌注过程中发生变形,按照纵向间距2m、环向间距2.5m的要求,将T形短钢筋同固定钢筋的骨架焊接,T形短钢筋一端支抵在防水板上(支点处用废弃的防水板双层支垫),另一端与钢筋骨架主筋焊接,从而将整个钢筋网固定并加固,防止钢筋整体变形,从而确保钢筋的准确位置。

⑦保护层的控制:钢筋绑扎完成后,按中线高程进行轮廓尺寸检查,合格后于内层钢筋挂设7cm厚砂浆垫块,以确保混凝土灌注后钢筋的净保护层厚度。或者在内圈钢筋(紧邻模板台车的钢筋)拱部按照100cm、墙部200cm的间距,梅花形焊接长度为6cm的短钢筋头,短钢筋头直接支顶在模板台车的模板表面,使钢筋保护层厚度准确且一致。

⑧防水板的保护:钢筋绑扎时,严禁损伤防水板,禁止进行钢筋焊接,以防烧伤防水板。

⑨钢筋绑扎应采用专用台架,在模板台车准备好就位后,撤离钢筋台架,就位模板台车。

⑩钢筋接头应设置在承受应力较小处,并应分散布置。配置在"同一截面"内受力钢筋接头的截面面积,占受力钢筋总截面面积的百分率,应符合设计要求。

a. 焊(连)接接头在受弯构件的受拉区不得大于50%,轴心受拉构件不得大于25%。

b. 绑扎接头在构件的受拉区不得大于25%,在构件的受压区不得大于50%。

c. 钢筋接头应避开钢筋弯曲处,距弯曲点的距离不得小于钢筋直径的10倍。在同一根钢筋上应少设接头。"同一截面"内,同一根钢筋上不得超过一个接头。

### 六、衬砌混凝土施工技术要求

(1)施工报验准备工作:包括完成上述台车、衬砌钢筋报验,以及综合接地、电气化设置等方面的报验。

(2)配合比及原材料准备:试验室按照相关要求对原材料和配合比进行控制。

(3)工作面施工准备:确保混凝土浇筑过程中连续浇筑。混凝土主要施工要求:混凝土浇筑应连续进行;当因故间歇时,其间歇时间应小于前层混凝土的初凝时间或能重塑的时间;当超过允许间歇时间时,按接缝处理,衬砌混凝土接缝处必须进行凿毛处理;纵、环向施工缝按照设计要求设置中埋式橡胶止水带。关于混凝土施工的其他要求具体如下:

①每一振捣点的振捣延续时间宜为20~30s,以混凝土不再沉落、不出现气泡、表面

呈现浮浆为度,防止过振、漏振。

②采用插入式振动器振捣混凝土时,振捣器的移动间距不大于振捣器作用半径的1.5倍,且插入下层混凝土内的深度宜为50~100mm,与侧模应保持50~100mm的距离,并避免碰撞钢筋、模板、预埋件等。当振捣完毕后,应竖向缓慢拔出,不得在浇筑仓内平拖。泵送下料口应及时移动,不得用插入式振动棒平拖驱赶下料口处堆积的拌合物将其推向远处。

③对于有预留洞、预埋件和钢筋太密的部位,应预先制订技术措施,确保顺利布料和振捣密实。在浇筑混凝土时,应经常观察,当发现混凝土有不密实等现象,应立即采取措施予以纠正。

④混凝土浇筑完成后,在混凝土初凝前应从预留的注浆管向拱顶注浆,确保混凝土与防水板紧密贴实,不得出现混凝土脱空、空洞等现象。

(4)衬砌混凝土拆模及养护要求。

①二次衬砌拆模时间应符合下列规定:

a. 在初期支护变形稳定后施工的,二次衬砌混凝土强度应达到8.0MPa以上。

b. 初期支护未稳定,二次衬砌提前施作时混凝土强度应达到设计强度的100%以上。

c. 特殊情况下,应根据试验及监控量测结果确定拆模时间。

②混凝土浇筑完毕后的12h以内开始对混凝土进行养护,混凝土养护的最低期限不得少于14d,且养护不得中断。混凝土养护期间,混凝土内部温度与表面温度之差、表面温度与环境温度之差不宜大于20℃,养护用水温度与混凝土表面温度之差不得大于15℃。浇水次数应能保持混凝土处于湿润状态。当环境气温低于5℃时不应浇水。

(5)混凝土结构表面应密实平整、颜色均匀,不得有露筋、蜂窝、孔洞、疏松、麻面和缺棱掉角等缺陷。混凝土质量通病及防治措施见表10-3-4。

**混凝土质量通病及防治措施**　　　　　　表10-3-4

| 质量通病 | 原因分析 | 防治措施 |
| --- | --- | --- |
| 蜂窝麻面 | 1. 模板漏浆;<br>2. 布料不均;<br>3. 高落差下料;<br>4. 气泡;<br>5. 局部积水和混凝土浆堆积 | 1. 模板拼缝应严密;<br>2. 挡头板在浇筑混凝土前应浇水湿透,钢模板拼缝处贴胶带纸密封;<br>3. 加强组织,充分利用窗口均匀布料;<br>4. 死角区人工二次倒运,严禁用振捣棒摊平 |
| 胀模 | 泵送混凝土坍落度大,速度快,模板刚度不够,支撑不牢,突出鼓肚,甚至变形爆开 | 1. 应进行分层分部浇筑;<br>2. 输送管道严禁靠近支撑;<br>3. 计算侧压力,确保安全 |

续上表

| 质量通病 | 原因分析 | 防治措施 |
|---|---|---|
| 预留孔洞塌陷变形 | 1. 泵送混凝土坍落度大；<br>2. 掺粉煤灰等混凝土早期强度低；<br>3. 模板刚度不够 | 1. 合理控制拆模时间；<br>2. 根据试验强度拆模 |
| 裂缝 | 1. 泵送混凝土坍落度大，水泥、水用量大，容易产生收缩裂缝，特别是环向接头；<br>2. 混凝土产生温度裂缝 | 1. 控制混凝土入模温度和水分蒸发速度；<br>2. 加强养护，洒水；<br>3. 混凝土内部与外界温差控制在20℃以内 |
| 混凝土接触不良 | 1. 模板漏浆，造成烂脖子；<br>2. 管道堵塞时间太长，造成混凝土冷接头；<br>3. 未插连接筋；<br>4. 跑模错台 | 1. 接合处模板加强支撑，确保牢固；<br>2. 夹吹塑纸或海绵条 |
| 混凝土质量波动 | 1. 现场配合比控制不好；<br>2. 表面未清理干净；<br>3. 泵送开始或结束时，压力砂浆积存在混凝土中影响强度 | 1. 加强混凝土各环节管理；<br>2. 坍落度波动小于2cm；<br>3. 禁止随意加水；<br>4. 清除残存物 |

## 七、施工注意事项

（1）灌筑前，应清除防水层表面灰粉并洒水润湿。凝土灌注前及灌注过程中，应对模板、支架、钢筋骨架、预埋件等进行检查，发现问题应及时处理，并做好记录。混凝土振捣时不应破坏防水层。衬砌施工缝端头必须进行凿毛处理，用高压水冲洗干净。按设计要求预留沟、槽、管、线及预埋件，并同时施作附属洞室混凝土衬砌。混凝土衬砌灌注自下而上，先墙后拱，对称浇筑。在施工过程中，如发生停电应立即起用备用电源，确保混凝土浇筑作业连续进行。混凝土振捣时，不得碰撞模板、钢筋和预埋件。

（2）钢筋混凝土二次衬砌地段，必须用与二次衬砌混凝土相同配合比的细石混凝土或砂浆制作垫块，确保钢筋保护层的厚度，主筋保护层厚度应不小于30mm；迎水面主筋保护层厚度不小于50mm。

（3）采用高效减水剂时，混凝土运到场后应作坍落度检查，泵送混凝土一般以15～18cm为宜，混凝土应对称、分层浇筑，分层捣固。捣固应采用插入式振捣器。

（4）每段二次衬砌拱顶部位应预留4个注浆孔。模板台车宜采用带有气囊的端模（堵头板），以防止漏浆。防止拱部混凝土浇筑出现空穴，拱部宜配制流态混凝土灌注。堵头板宜分层设排水孔排出泌浆水。

（5）混凝土表观质量处理：衬砌混凝土拆模后，对于存在表观质量缺陷的部位及时进行处理。

## 洞身防水层/防水板现场质量检验报告单

施工单位：　　　　　　　　　　　　　　　　　　　　　　　　　　　　合同号：
监理单位：　　　　　　　　　　　　　　　　　　　　　　　　　　　　编　号：

| 工程名称 | | | | | 施工时间 | | | | | | | | | |
|---|---|---|---|---|---|---|---|---|---|---|---|---|---|---|
| 工程部位 | | | | | 检查时间 | | | | | | | | | |
| 项次 | 检查项目 | | 规定值或允许偏差 | 检查方法和频率 | 实测值或实测偏差值 | | | | | | | | | |
| | | | | | 1 | 2 | 3 | 4 | 5 | 6 | 7 | 8 | 9 | 10 | 11 | 12 |
| 1 | 搭接宽度(mm) | | ≥100 | 钢尺量：全部搭接均要检查，每个搭接检查3处 | | | | | | | | | | | | |
| 2 | 缝宽(mm) | 焊接 | 两侧焊缝宽≥25 | 钢尺量：每个搭接检查5处 | | | | | | | | | | | | |
| | | 粘接 | 粘缝宽≥50 | | | | | | | | | | | | | |
| 3 | 固定点间距(m) | 拱部 | 符合设计要求 | 钢尺量：检查总数的10% | | | | | | | | | | | | |
| | | 侧墙 | 符合设计要求 | | | | | | | | | | | | | |
| 4 | 接缝与施工缝错开距离 | | ≥500 | 尺量：每个接缝检查5处 | | | | | | | | | | | | |

施工单位检查意见：

质检员：　　　　　　　　　质检工程师：　　　　　　　　　日期：

监理单位检查意见：

监理员：　　　　　　　　　专业监理工程师：　　　　　　　　日期：

# 衬砌钢筋现场质量检验报告单

施工单位：　　　　　　　　　　　　　　　　　　　　　　　　　　　　合同号：
监理单位：　　　　　　　　　　　　　　　　　　　　　　　　　　　　编　号：

| 工程名称 | | | | 施工时间 | | | | | | | | | | | |
|---|---|---|---|---|---|---|---|---|---|---|---|---|---|---|---|
| 工程部位 | | | | 检查时间 | | | | | | | | | | | |
| 项次 | 检查项目 | | 规定值或允许偏差 | 检查方法和频率 | 实测值或实测偏差值 | | | | | | | | | | |
| | | | | | 1 | 2 | 3 | 4 | 5 | 6 | 7 | 8 | 9 | 10 | 11 | 12 |
| 1△ | 主筋间距(cm) | | ±10 | 尺量:连续3处以上 | | | | | | | | | | | | |
| 2 | 两层钢筋间距(mm) | | ±5 | 尺量:两端、中间各1处以上 | | | | | | | | | | | | |
| 3 | 箍筋间距(cm) | | ±20 | 尺量:连续3处以上 | | | | | | | | | | | | |
| 4 | 绑扎搭接长度 | 受拉 | Ⅰ级钢 30d | 尺量:每20m检查3个接头 | | | | | | | | | | | | |
| | | | Ⅱ级钢 35d | | | | | | | | | | | | | |
| | | 受压 | Ⅰ级钢 20d | | | | | | | | | | | | | |
| | | | Ⅱ级钢 25d | | | | | | | | | | | | | |
| 5 | 钢筋加工长度(mm) | | −10, +5 | 尺量:两端、中间各1处以上 | | | | | | | | | | | | |
| 6 | 钢筋保护层厚度(mm) | | −10, +5 | 尺量:两端、中间各1处以上 | | | | | | | | | | | | |

施工单位检查意见：　　　　　　　　　　　　　　　　　　　　　　　　　　日期：

质检员：　　　　　　　　　　质检工程师：

监理单位检查意见：

监理员：　　　　　　　　　　专业监理工程师：　　　　　　　　　　日期：

## 混凝土衬砌现场质量检验报告单

施工单位：　　　　　　　　　　　　　　　　　　　　　　　　　　　　　　　合同号：
监理单位：　　　　　　　　　　　　　　　　　　　　　　　　　　　　　　　编　号：

| 工程名称 | | | 施工时间 | | | | | | | | | | | |
|---|---|---|---|---|---|---|---|---|---|---|---|---|---|---|
| 工程部位 | | | 检查时间 | | | | | | | | | | | |
| 项次 | 检查项目 | 规定值或允许偏差 | 检查方法和频率 | 实测值或实测偏差值 | | | | | | | | | | |
| | | | | 1 | 2 | 3 | 4 | 5 | 6 | 7 | 8 | 9 | 10 | 11 | 12 |
| 1△ | 混凝土强度（MPa） | 填写设计值 | 按《公路隧道施工技术规范》（JTG/T 3660—2020）附录A检查 | | | | | | | | | | | | |
| 2△ | 衬砌厚度（cm） | 填写设计值 | 激光断面仪或地质雷达：每40m检查一个断面 | | | | | | | | | | | | |
| 3 | 边墙、拱部表面平整度（mm） | 15 | 2m钢尺：每侧检查5处 | | | | | | | | | | | | |
| 4 | 边墙平面位置（mm） | ±10 | 尺量：全部 | | | | | | | | | | | | |
| 5 | 拱部高程（mm） | +30，0 | 水准仪测量（按桩号） | | | | | | | | | | | | |

施工单位检查意见：

质检员：　　　　　　　　质检工程师：　　　　　　　　日期：

监理单位检查意见：

监理员：　　　　　　　　专业监理工程师：　　　　　　　　日期：

1. 隧道治水原则是什么？
2. 隧道内防水措施主要有哪些？
3. 简述隧道内排水流程。
4. 简述隧道内二次衬砌的施工方法。
5. 简述拱墙衬砌混凝土浇筑施工流程。

# 学习任务十一
# 风、水、电供应与通风防尘

☞ **学习目标**

1. 理解:隧道各项辅助作业的目的及方法;
2. 理解:隧道施工用风、水、电供应方式及设备;
3. 掌握:隧道施工排水组织;
4. 掌握:隧道施工通风防尘方法、设备与管理。

## 资料一　压缩空气供应

修建隧道时,为配合开挖、出渣、初期支护及二次衬砌等基本作业而进行的其他作业,称为辅助作业。辅助作业内容主要有:压缩空气供应、施工用水供应、施工用电供应以及施工通风与防尘。

在隧道施工中,常用的以压缩空气为动力的风动机械有凿岩机、混凝土喷射机、锻钎机、压浆机等。这些风动机具所需的压缩空气是由空气压缩机(以下简称空压机)生产,并通过高压风管输送给风动机械的。

风动机械需要在一定的风压和风量条件下才能正常工作。因此,应注意保证压缩空气具有足够的工作风量和工作风压,同时还应尽量减少管路损失,以节约能源、降低消耗。

### 一、空压机站的生产能力

压缩空气由空压机生产供应。空压机一般集中安设在洞口外附近的空压机站内。空压机站的生产能力(或供风能力)取决于耗风量的大小,并考虑一定的备用系数。耗风量应包括隧道内同时工作的各种风动机械的生产耗风量和由储气筒到风动机具沿途的损失。因而,空压机站的生产能力 $Q$ 可用式(11-1-1)来计算:

$$Q = (1 + K_{备})(\sum qK + q_{漏})K_m \ (\text{m}^3/\text{min}) \qquad (11\text{-}1\text{-}1)$$

式中:$K_{备}$——空压机的备用系数,一般采用 75% ~ 90%;

$\sum q$——风动机械所需风量,$\text{m}^3/\text{min}$(可查阅风动机械性能表);

$q_{漏}$——管路及附件的漏耗损失,$\text{m}^3/\text{min}$,其值为:$q_{漏} = a\sum L$;

$a$——每公里每分钟的漏风量,平均为 1.5 ~ 2.0 $\text{m}^3/(\text{km}\cdot\text{min})$;

$\sum L$——管路总长,km;

$K$——同时工作系数,见表 11-1-1;

$K_m$——空压机所处海拔高度对空压机生产能力的影响系数,见表 11-1-2。

同时工作系数表　　　　　　　　　　　　　表 11-1-1

| 风动机械类型 | 凿岩机 | | 装渣机 | | 锻钎机 | |
|---|---|---|---|---|---|---|
| 同时工作台数 | 1 ~ 10 | 11 ~ 30 | 1 ~ 2 | 3 ~ 4 | 1 ~ 2 | 3 ~ 4 |
| $K$ | 1.00 ~ 0.85 | 0.85 ~ 0.75 | 1.00 ~ 0.75 | 0.70 ~ 0.50 | 1.00 ~ 0.75 | 0.65 ~ 0.50 |

海拔影响系数表　　　　　　　　　　　　　表 11-1-2

| 海拔(m) | 0 | 305 | 610 | 914 | 1219 | 1524 | 1829 | 2134 | 2438 | 2743 | 3048 | 3658 | 4572 |
|---|---|---|---|---|---|---|---|---|---|---|---|---|---|
| $K_m$ | 1.00 | 1.03 | 1.07 | 1.10 | 1.14 | 1.17 | 1.20 | 1.23 | 1.26 | 1.29 | 1.32 | 1.37 | 1.43 |

根据计算确定空压机站的生产能力后,可选择合适的空压机和适当容量的储风筒。当一台空压机的排气量不满足供风需要时,可选择多台空压机组成空压机组。此时,为便于操作和维修,宜采用同类型的空压机,考虑到在施工中风量负荷的不均匀,为避免空压机的回风空转,可选择一台较小排气量(一般为其他空压机容量的一半)的空压机进行组合。

空压机一般分电力和内燃两类。一般短隧道宜采用内燃空压机,长隧道宜采用电动空压机。当施工初期电力缺乏时,长隧道也可采用内燃空压机过渡。

空压机站应设在空气洁净、通风良好、地基稳固且便于设备搬运之处,并尽量靠近洞口,以缩短管路,减少管道漏风损耗。当有多个洞口需集中供风时,应选择在适当位置设置空压机站,尽量减少管路损耗。

## 二、高压风管道的设置

1. 管径选择

高压风管道的选择,应满足工作风压不小于 0.5MPa 的要求。空压机生产的压缩空气的压力一般为 0.7 ~ 0.8MPa,为保证工作风压,钢管终端的风压不得小于 0.6MPa,通过胶皮管输送至风动机械的工作风压不得小于 0.5MPa。

压缩空气在输送过程中,由于管壁摩擦、接头、阀门等产生阻力,其压力会减少,一般称压力损失。根据达西公式,钢管的风压损失 $\Delta p$ 可按式(11-1-2)进行计算:

$$\Delta p = \lambda \cdot \frac{L}{d} \cdot \frac{v^2}{2g} \cdot \gamma \times 10^{-6} \quad (\text{MPa}) \quad\quad (11\text{-}1\text{-}2)$$

式中：$\lambda$——风管摩阻系数，见表11-1-3；

　　　$L$——送风管路长度（包括配件当量长度，见表11-1-4），m；

　　　$d$——送风管内径，m；

　　　$g$——重力加速度，m/s²，采用9.81m/s²；

　　　$v$——压缩空气在风管中的速度，m/s，根据风量和风管面积可得；

　　　$\gamma$——压缩空气的重度。大气压强下，温度为0℃时，空气重度为12.9N/m³，温度为 $t$℃时，其重度则为 $\gamma_t = 12.9 \times 273/(273+t) \text{N/m}^3$，此时，压力为 $P$ 的压缩空气的重度 $\gamma = \gamma_t \times (P+0.1)/0.1 \text{N/m}^3$，$P$ 为空压机生产的压缩空气的压力，由空压机性能可知，单位为 MPa。

**风管摩阻系数 λ 值**　　　　　　　　　　　　　　表 11-1-3

| 风管内径(mm) | 50 | 75 | 100 | 125 | 150 | 200 | 250 | 300 |
|---|---|---|---|---|---|---|---|---|
| λ | 0.0371 | 0.0324 | 0.0298 | 0.0282 | 0.0264 | 0.0245 | 0.0234 | 0.0221 |

**配件折合成管路长度(m)**　　　　　　　　　　　　表 11-1-4

| 钢管直径(mm) | 配件名称 | | | | | | | |
|---|---|---|---|---|---|---|---|---|
| | 球心阀 | 闸门阀 | 丁字管 | 异径管 | 45°弯头 | 90°弯头 | 135°弯头 | 逆止阀 |
| 25 | 6.0 | 0.3 | 2.0 | 0.5 | 0.2 | 0.9 | 1.4 | — |
| 50 | 15.0 | 0.7 | 4.0 | 1.0 | 0.4 | 1.8 | 2.8 | 3.2 |
| 75 | 25.0 | 1.1 | 7.0 | 1.7 | 0.7 | 3.2 | 4.9 | — |
| 100 | 35.0 | 1.5 | 10.0 | 2.5 | 1.0 | 4.5 | 7.0 | 7.5 |
| 150 | 60.0 | 2.5 | 17.0 | 4.0 | 1.7 | 7.7 | 12.0 | 12.5 |
| 200 | 85.0 | 3.5 | 24.0 | 6.0 | 2.4 | 10.8 | 16.8 | 18.0 |
| 300 | | 6.0 | 40.0 | 10.0 | 4.0 | 18.0 | 28.0 | 30.0 |

　　以上计算的压力损失值若过大，则需选用较大管径的风管，从而减少压力损失值，使钢管末端风压不小于0.6MPa。

　　胶皮风管是连接钢管与风动机具的，由于其压力损失较大，一般应尽量缩短其使用长度，从而保证压缩空气的工作压力不小于0.5MPa。胶皮风管的压力损失值见表11-1-5。

**压缩空气通过胶皮风管的压力损失(MPa)**　　　　　表 11-1-5

| 通过风量 (m³/min) | 胶皮风管内径 (mm) | 胶皮风管长度(m) | | | | | |
|---|---|---|---|---|---|---|---|
| | | 5 | 10 | 15 | 20 | 25 | 30 |
| 2.5 | 19 | 0.008 | 0.018 | 0.020 | 0.035 | 0.040 | 0.055 |
| | 25 | 0.004 | 0.008 | 0.013 | 0.017 | 0.021 | 0.030 |

续上表

| 通过风量<br>（m³/min） | 胶皮风管内径<br>（mm） | 胶皮风管长度（m） | | | | | |
|---|---|---|---|---|---|---|---|
| | | 5 | 10 | 15 | 20 | 25 | 30 |
| 3 | 19 | 0.010 | 0.020 | 0.030 | 0.050 | 0.060 | 0.075 |
| 3 | 25 | 0.006 | 0.012 | 0.018 | 0.024 | 0.040 | 0.045 |
| 4 | 19 | 0.020 | 0.040 | 0.055 | 0.080 | 0.100 | 0.110 |
| 4 | 25 | 0.010 | 0.025 | 0.040 | 0.050 | 0.060 | 0.075 |
| 10 | 50 | 0.002 | 0.004 | 0.006 | 0.007 | 0.010 | 0.015 |
| 20 | 50 | 0.010 | 0.020 | 0.035 | 0.050 | 0.055 | 0.065 |

2. 管道安装注意事项

（1）管道敷设要求平顺、接头密封、防止漏风；凡有裂纹、创伤、凹陷等现象的钢管不能使用。

（2）在洞外地段，风管长度超过 500m、温度变化较大时，宜安装伸缩器；靠近空压机 150m 以内，风管的法兰盘接头宜采用由耐热材料制成的垫片，如石棉衬垫等。

（3）高压风管道必须在总输出管道上安装总闸阀，以便控制和维修管道；主管上每隔 300~500m 应分装闸阀；按施工要求，在适当地段（一般每隔 60m）加设一个三通接头备用；管道前端至开挖面距离宜保持在 30m 左右，并用高压软管连接分风器；分部开挖法通往各工作面的软管长度不宜大于 50m，与分风器连接的胶皮软管长度不宜大于 10cm。

（4）主管长度大于 1000m 时，应在管道最低处设置油水分离器，定期放出管中聚积的油水，以保持管内清洁与干燥。

（5）管道安装前，应进行检查，钢管内不得留有残杂物和其他脏物；各种闸阀在安装前应拆开清洗，并进行水压强度试验，合格者方能使用。

（6）管道在洞内应敷设在电缆、电线的另一侧，并与运输轨道有一定距离，管道高度一般不应超过运输轨道的轨面，若管径较大而超过轨面，应适当增大距离。如与水沟同侧，不应影响水沟排水。

（7）使用管道时，应有专人负责检查、养护。

# 资料二　施工供水与排水

由于凿岩、防尘、灌注衬砌及混凝土养护、洞外空压机冷却等工作都需要大量用水，施工人员的生活也需要用水，因此要设置相应的供水设施。施工供水主要应考虑水质要求、水量的大小、水压及供水设施等几个方面的问题。本部分将从上述几个方面来讲述有关施工供水的基本知识。

## 一、水质要求

凡无臭味、不含有害矿物质的洁净天然水,都可以作为施工用水。对饮用水的水质则要求更为新鲜清洁。无论是生活用水还是施工用水,均应做好水质化验工作。参照国家水质标准,施工用水水质要求见表11-2-1,生活饮用水卫生标准见表11-2-2。

**施工用水水质要求表**      表11-2-1

| 用水范围 | 水质项目 | 允许最大值 |
| --- | --- | --- |
| 混凝土作业 | 硫酸盐($SO_4^{2-}$)含量 | 不大于1000mg/L |
| | pH值 | 不得小于4 |
| | 其他杂质 | 不含油、糖、酸等 |
| 湿式凿岩与防尘 | 细菌总数 | 在37℃培养24h,每毫升不超过100个 |
| | 大肠菌总数 | 每升水中不超过3个 |
| | 浑浊度 | 不大于5mg/L,特殊情况不大于10mg/L |

**生活饮用水卫生标准表**      表11-2-2

| 项目 | 允许最大值 | 项目 | 允许最大值 |
| --- | --- | --- | --- |
| 色度 | 不大于20°,应保证透明和无沉淀 | 砷含量 | 不大于0.05mg/L |
| 浑浊度 | 不大于5mg/L,特殊情况(暴雨洪水)不大于10mg/L | 氧化物含量 | 不大于1.5mg/L |
| 悬浮物 | 不得有肉眼可见水生物及令人厌恶的物质 | 铜含量 | 不大于3.0mg/L |
| 嗅和味 | 在原水或煮沸后饮用时不得有异嗅和异味 | 锌含量 | 不大于5.0mg/L |
| 细菌总数 | 在37℃培养24h,每毫升水中不超过100个 | 铁总含量 | 不大于0.3mg/L |
| 大肠菌总数 | 每升水中不得超过3个 | pH值 | 6.5~9.5 |
| 总硬度 | 不大于8.9mg当量/L(25℃) | 酚类化合物 | 加氯消毒时,水中不得产生氯酚臭 |
| 铅含量 | 不大于0.1mg/L | 余氯含量 | 水池附近游离氯含量不大于0.3mg/L,管路末端不大于0.05mg/L |

## 二、用水量估算

1. 施工用水

施工用水与工程规模、机械化程度、施工进度、人员数量和气候条件等有关,因而用水量的变化幅度较大,很难估计准确,一般根据经验估计。

2. 生活用水

随着隧道施工工地卫生要求的提高,生活设施(如洗衣机等)配置的增多,耗水量也相应增多。因而生活用水量也有一定的变化,但幅度不大,一般可按下列参考指标估算:

生产工人平均:$(0.10 \sim 0.15) m^3/d$。

非生产工人平均:$(0.08 \sim 0.12) m^3/d$。

3. 消防用水

由于施工工地住房均为临时住房,相应标准较低,除按消防要求在设计、施工及临时房布置等方面做好防火工作外,还应按临时建筑房屋每 $3000 m^2$ 消防耗水量 $(15 \sim 20) L/s$、灭火时间为 $0.5 \sim 1.0 h$ 计算消防用水储备量,以防不测。

## 三、供水方式及供水设备

(一)供水方式

供水方式主要根据水源情况而定。常用水源有:山上泉水、河水、钻井取水。上述水源通过自流引导或机械提升到储水池储存,并通过管路送达使用地点。针对个别缺水地区,则用汽车运水或长距离管路供水。

(二)储水池

储水池一般修建在洞口附近山上,并应避免设在隧道顶上或其他可能危及隧道安全的部位,其高差应能保证最高用水点的水压要求。当采用机械或部分机械提升时,应备有抽水机。

1. 水池位置

水池位置至配水点的高差 $H$,可按式(11-2-1)进行计算:

$$H \geq 1.2h + \alpha \cdot h_f \tag{11-2-1}$$

式中:$h$——配水点要求水头,m;如湿式凿岩需要水压为 0.3MPa,则 $h = 30m$;

$\alpha$——水头损失系数(按管道水头损失 $5\% \sim 10\%$ 计算),$\alpha = 1.05 \sim 1.10$;

$h_f$——管道内水头损失,m;确定出用水量(一般按 $m^3/h$ 计)后,选择钢管管径,按钢管水力计算而得。钢管水力计算表可参考相关手册。

2. 水池构造

水池构造力求简单、不漏水,基础应置于坚实地层上,一般可采用石砌,根据地形条件用埋置式或半埋置式(图 11-2-1)。当地形条件受限制,不能埋置时,也可采用修建水塔或用钢板焊接水箱等方式。

3. 水池容积

利用高山自流水供水,水源流量大于用水高峰流量时,水池存水能得到及时补充,水池容积一般为 20～30m³；如水源流量小于用水量，则需根据每班最大用水量并考虑必要储备来计算水池容积。当然，水池容积应与抽水设备、集中用水量相配合，以满足施工需要。

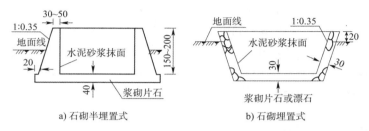

图 11-2-1 储水池

$$V = 24aC(Q_\mathrm{C} + Q_\mathrm{S}) \tag{11-2-2}$$

式中：$V$——水池容积，m³；

$a$——调节系数，一般用 1.10～1.20；

$C$——储水系数（为水池容量/昼夜用水量），昼夜用水量小于 1000m³ 时，采用 1/4～1/6；昼夜用水量为 1000～2000m³ 时，采用 1/6～1/8；

$Q_\mathrm{C}$——生产用水量，m³/h；

$Q_\mathrm{S}$——生活用水量，m³/h。

（三）水泵与泵房

1. 扬程 $H$ 的计算

扬程的计算可参考式(11-2-3)进行：

$$H = h' + \alpha h_\mathrm{f} \tag{11-2-3}$$

式中：$h'$——水池与水源之间的高差，m；

$\alpha$ 及 $h_\mathrm{f}$ 意义同式(11-2-1)。

根据扬程及选用的钢管直径可选择合适的水泵。常用水泵有单级悬臂式离心水泵和分段式多级离心水泵，其规格、性能可查阅有关手册。

2. 泵房

临时抽水泵房的要求，可按临时房屋的有关规定办理。在安装水泵前，应按图纸检查基础的位置，预留管道孔洞等各部分尺寸是否符合要求，水泵底座位置经校核后，方能灌注水泥砂浆并固定地脚螺栓。

## 四、供水管道布置

（1）管道敷设要求平顺、短直且弯头少，干路管径尽可能一致，接头严密不漏水。

（2）管道沿山顺坡敷设悬空跨距大时，应根据计算来设立支柱承托，支撑点与水管之间加木垫；严寒地区应采用埋置或包裹等防冻措施，以防水管冻裂。

(3)水池的输出管应设总闸阀,以便维修和控制管道,干路管道每隔 300~500m 应安装一个闸阀。管道闸阀布置还应考虑一旦发生管道故障(如断管)能够暂时由水池或水泵房供水的布置方案。

(4)给水管道不应安设在电线路的同一侧,并应不妨碍运输和行人。一般应设专人负责检查养护(可与高压风管道共同组织一个养护维修工班)。

(5)输水钢管一般送至距开挖面 30m 处,并安装分水器。在分水器上安设多个直径 50mm 的分水接头,以便连接高压软管,将水送至凿岩机。也要在输水管道中间适当位置预留分水接头,以便中间其他工作使用。中间分水接头管一般使用 $\phi 13mm$ 球形阀门,间距不宜超过 50m。

(6)如利用高山水池,当其自然压头超过所需水压时,应进行减压。一般是在管路中段设中间水池作过渡站,也可直接利用减压阀来降低管道中水流的压力。

## 五、施工排水

施工期间的排水包括洞外排水和洞内排水两部分。

1. 洞外排水

施工期间的洞外排水,主要是做好洞口的防洪和排水设施,防止雨季到来时山洪或地面水倒流入洞。对于斜井、竖井尤应多加注意。其次是将与地下水有补给关系的洼地、勾缝用黏土回填密实,并施作截水沟截流导排。

2. 洞内排水

洞内水主要来源于地下水和施工用水。对于有污染性的施工用水,还应按环境保护要求经净化处理后方能排入河流。

根据掘进方向与路线坡度之间的关系,施工期间的洞内排水可分为顺坡排水和反坡排水两种方式。

(1)顺坡排水。即进洞上坡,一般只需按路线设计坡度(不小于0.5%),在坑道一侧挖出纵向排水沟,水即可以沿沟顺坡排出洞外。若利用平行导坑排水,平行导坑应较正洞低 0.2~0.6m,使横通道(联系洞)也有一个顺坡,以利于排水。应当注意的是,一般将施工排水沟挖在结构排水沟的位置上。

(2)反坡排水。即进洞下坡,此时水向工作面汇集,需用抽水机排水。反坡排水又有如下两种方式:

①分段开挖反坡侧沟。在侧沟每一分段上设一集水坑,用抽水机把水排出洞外(图 11-2-2)。

集水坑间距 $L_k$ 用下式计算:

$$L_k = h/(i_x + i_s) \quad (m) \tag{11-2-4}$$

式中:$h$——水沟最大开挖深度,一般不超过 0.7m;

$i_x$——线路坡度;

$i_s$——水沟底坡度,不小于0.3%。

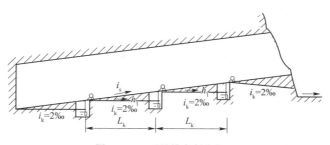

图11-2-2 反坡排水方式之一

这种排水方式的优点是工作面无积水,抽水机位置固定,无需水管。缺点是用抽水机多,且要开挖反坡水沟。一般在隧道较短、线路坡度较小时采用。

②隔较长距离开挖集水坑。开挖面的积水用小水泵抽到最近的集水坑内,再用主抽水机将水抽出洞外(图11-2-3)。

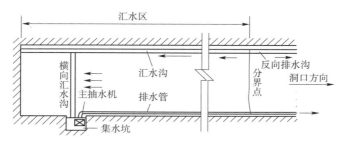

图11-2-3 反坡排水方式之二

这种排水方式的优点是所需抽水机少,但要装水管,抽水机也要随开挖面掘进而拆迁前移。在隧道较长、涌水量较大时采用。

应当注意的是,进洞下坡施工的隧道,应配备足够的排水设施(留一定的备用抽水机)。必要时,应在开挖面上钻深眼探水,防止突然遇到地下水囊、暗河等淹没坑道造成事故。

# 资料三　供电及照明

随着隧道施工机械化程度的提高,隧道施工的耗电量也越来越大,且负荷集中。同时,为保证施工质量和施工安全,对隧道施工供电的可靠性要求也越来越高,因而施工供电显得越来越重要。

## 一、施工总用电量估算

在施工现场,首先要确定总用电量,以便选择合适的发电机、变压器、各类开关设备和线路导线,做到安全、可靠地供电,减少投资,节约开支。确定现场供电负荷的大小时,不能简单地将所有用电设备的容量相加。因为在实际生产中,并非所有设备都同时工作,另外,处于工作状态的用电设备也并非均处在额定工作状态。

工地施工用电量,常采用估算公式进行计算。

1. 同时考虑施工现场的动力和照明

$$S_{总} = K\left(\frac{\sum P_1 \cdot K_1}{\eta \cdot \cos\varphi} \cdot K_2 + \sum P_2 \cdot K_3\right) \quad (11\text{-}3\text{-}1)$$

式中:$S_{总}$——施工总用电量,kV·A;

$K$——备用系数,一般取 1.05~1.10;

$\sum P_1$——整个工地动力设备的额定输出功率总和,kW;

$\sum P_2$——整个工地照明用电量总和,kW;

$\eta$——动力设备的平均效率,采用 0.83~0.88,通常取 0.85 进行计算;

$\cos\varphi$——平均功率因数,采用 0.5~0.7;

$K_1$——动力设备同时使用系数,见表 11-3-1;

$K_2$——动力负荷系数,主要考虑不同类型设备带负荷工作时的情况,一般取 0.75~1.0;

$K_3$——照明设备同时使用系数,一般可取 0.6~0.9。

**同时用电系数 $K_1$** 表 11-3-1

| 通风机同时用电系数 | 施工电动机械同时用电系数 |
|---|---|
| 0.8~0.9 | 0.65~0.75 |

注:根据同时用电机械的台数选取,一般 10 台以下取低限,10 台以上取高限。

2. 只考虑动力负荷

当照明用电相对于动力用电而言所占比例较少时,为简化计算,可在动力用电量之外再加 10%~20%,作为总用电量,即

$$S_{动} = \frac{\sum P_1}{\eta \cdot \cos\varphi} \cdot K_1 \cdot K_2 \quad (11\text{-}3\text{-}2)$$

$$S_{总} = (1.1 \sim 1.2) S_{动} \quad (11\text{-}3\text{-}3)$$

式中:$S_{动}$——现场动力设备所需的用电量;

其他符号意义同上,但当使用大型用电设备(如掘进机)时,$K_1$ 可取 1.0 进行计算。

## 二、供电方式

隧道施工供电方式有自设发电站供电和地方电网供电两种。一般应尽量采用地方电

网供电,只有在地方供电不能满足施工用电需要或距离地方电网太远时,才自设发电站。此外,自发电还可作为备用,当地方电网供电不稳定时采用。在有些重要施工场所,还应设置双回路供电网,以保证供电的稳定性。由于绝大多数情况下采用地方电网供电,故主要介绍变电站的有关内容。

1. 变压器的选择

一般根据估算的施工总用电量来选择变压器,其容量应等于或略大于施工总用电量,且在使用过程中,一般使变压器承受的用电负荷达到额定容量的 60% 左右为佳。具体可按下述方法确定。

(1)配属电动机械的单台最大容量占总用电量的 1/5 及以下时,变压器最大容量 $S_e$ 为:

$$S_e = \frac{\sum P_1 \cdot K_1}{\eta \cdot \cos\varphi} \quad (kW) \tag{11-3-4}$$

(2)配属电动机械的单台最大容量占总用电量的 1/5 以上时,变压器最大容量 $S_e$ 为:

$$S_e = \frac{\sum P_1 \cdot K_1 \cdot \mu}{\eta \cdot \cos\varphi} \quad (kW) \tag{11-3-5}$$

式中:$\mu$——配属机械中最大一台的容量与总用电量的比值;

其他符号意义同前。

根据上述计算,从变压器产品目录中选择适当型号的配电变压器即可。

2. 变压器位置的确定

变压器的位置应考虑便于运输、运行和检修,同时应选择安全可靠的地方,因此应满足以下几个方面的要求:

(1)变压器应选择在高压进线方便处,且应尽量接近高压线。

(2)变压器必须安设在其供电范围的负荷中心,使其投入运行时线路损耗最小,且能满足电压要求。一般情况下,应安设在大负荷的附近。当配电电压在 380V 时,供电半径不应大于 700m,一般以 500m 为宜。高压变电站之间的距离,一般在 1000m 左右。

(3)洞内变压器应安设在干燥的避车洞或不用的横通道处,变压器与周围及上下洞壁的距离不得小于 30cm,同时按规定要求设置安全防护措施。

## 三、供电线路布置及导线选择

1. 线路电压等级

隧道供电电压,一般是三相四线 400/230(V)。长大隧道可用 6~10kV,动力机械的电压标准是 380V;成洞地段照明电压可采用 220V,工作地段照明和手持电动工具按规定选用安全电压供电。

2. 导线选择

当供电线路中有电流时,由于导线具有阻抗,会产生电压降,使线路末端电压低于首端电压。线路始末两端电压的差称为线路电压损失,俗称电压降。根据施工规则规定,选用的导线断面应使末端电压降不超过额定电压的10%并满足国家对经济电流密度的规定(表11-3-2)。线路电压降可按下式计算:

$$\Delta U_1 = \frac{54lI}{1000\ I_i S} \tag{11-3-6}$$

$$\Delta U_3 = \frac{934lI}{1000\ I_i S} \tag{11-3-7}$$

式中:$\Delta U_1$——按单相电路计算的电压降,V;

$\Delta U_3$——按三相电路计算的电压降,V;

$l$——送电距离,m;

$I$——线路通过电流强度,A;

$I_i$——经济电流密度,A/mm$^2$;

$S$——导线截面面积,mm$^2$。

**导线的经济电流密度 $I_i$(A/mm$^2$)** 表11-3-2

| 导线规格 | 铜导线 | 铝导线 |
|---|---|---|
| 经济电流密度 $I_i$ | 1.40 | 0.90 |

根据上述公式可以计算出所需导线截面,选择各种不同规格的导线。但一般不宜采用加大导线截面、减少电压降的方法来增加送电线路距离。

3. 供电线路布置

在成洞地段用400/230V供电线路,一般采用塑料绝缘铝绞线或橡皮绝缘铝芯线架设;开挖、未衬砌地段以及手提灯应使用铜芯橡皮绝缘电缆。布置线路时应注意以下几点:

(1)输电干线或动力、照明线路安装在同一侧时,必须分层架设。其原则是:高压在上,低压在下;干线在上,支线在下;动力线在上,照明线在下,且应在风、水管路相对的一侧。

(2)隧道内配电线路分低压进洞和高压进洞两种。一般隧道在1000m以下(独头掘进时),采用低压进洞,电压为400V,配电变压器设在洞外;当隧道在1000m以上时,则采用高压进洞,以保证线路终端电压不致过低。高压进洞电压一般为10kV,配电变压器设在洞内。

(3)根据隧道作业特点,电线路架设分两次进行。在进洞初期,先用橡胶套电缆装设临时电路,随着工作面的推进,在成洞地段用胶皮绝缘线架设固定线路,换下电缆供继续前进的工作面使用。

(4)洞内敷设的高压电缆,在洞外与架空高压线连接时,应安装一组相同电压等级的阀型避雷器及开关设备。架设低压线路进洞,在洞口的电杆上,应安装一组低压阀型避雷器。

(5) 不允许将通电的多余电缆盘绕堆放，以免因电缆过热而发生燃烧和增加线路电压降。

(6) 低压进路导线敷设方式分竖直、水平两种。水平排列占空间较大，影响大型施工机械通过，故一般采用竖直排列[图 11-3-1a)]。竖直排列时，采用针式绝缘子固定，线间距为 0.2m，下部导线离地面不小于 3m，横担间距一般为 10m。高压进洞电缆一般采用明敷设。明敷设是将电缆架设在明处，根据不同地段的具体条件，可分别用金属托架、挂钩、木耳子或帆布带等固定[图 11-3-1b)]。电缆线离地面应不小于 3.5m，横担间距一般为 3~5m。

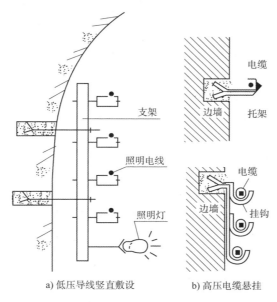

a) 低压导线竖直敷设　　b) 高压电缆悬挂

图 11-3-1　低压导线敷设及高压电缆悬挂方法

(7) 线路需分支时，分支至所接设备的连接应使用橡套电缆，且每一分支接线应在接头与所接设备之间安装开关和熔断器；照明线路则仅在总分支接头处设置开关和熔断器。分支接头处应按规定搭接，并用绝缘胶布包缠。

## 四、普通光源施工照明

### 1. 照明安全变压器

作业地段照明必须使用安全变压器，其容量不宜过大，输入电压为 220V，输出电压最好有 36V、32V、24V、12V 四个等级，以便按工作面的安全因素要求选用照明电压，并应装有按电源电压下降而能调整的插头。

### 2. 不同地段的照明布置

根据隧道施工规范要求，隧道施工洞内照明要求见表 11-3-3。

**隧道施工洞内照明要求**　　　　　　　　　　　　　　　　　　　表 11-3-3

| 工作地段 | | 灯头距离(m) | 悬挂高度(m) | 灯泡容量(W) |
|---|---|---|---|---|
| 施工作业面 | | 不少于 15W/m² (断面较大时可适当采用投光灯) | | |
| 开挖地段和作业地段 | | 4 | 2~2.5 | 60 |
| 运输巷道 | | 5 | 2.5~3 | 40~60 |
| 特殊作业地段或不安全因素较多地段 | | 2~3 | 3~5 | 100 |
| 成洞地段 | 用白炽灯照明时 | 8~10 | 4~5 | 60 |
| | 用日光灯照明时 | 20~30 | 4~5 | 40 |
| 竖井内 | | 3 | | 60 |

注：1. 在直线段，灯头距离采用表中大数；曲线段采用较小数。
　　2. 在有水地段应用胶皮电线，在工作面附近应用防水灯头。
　　3. 按照法定计量单位规定，照明应用"光照度"，其计量符号为勒克斯(lx)；光通量 $\phi$ 的计量符号为流明 (lm)。
　　4. 本表根据隧道施工规范，灯泡额定功率采用瓦(W)为单位。

**3. 事故照明设施**

在主要交通道、竖井、斜井、涌水较大的抽水站、高压变电站等重要地点，应设事故照明自动线路和开关，并应每天检查一次，以保证安全。

## 五、新光源照明

一般普通光源使用的是白炽灯或荧光灯管，其优点是价格低，使用方便，但其耗电量较大，且亮度较弱。而采用新光源，如低压卤钨灯、高压钠灯、钪钠灯、钠铊铟灯、镝灯等，则具有以下优点：

(1) 大幅度增加了施工工作面的场地照度，为施工人员创造了一个明亮的作业环境，以保证操作质量。

(2) 安全性好。

(3) 节约用电效果明显。

(4) 使用寿命长，维修方便。

新光源在洞内外照明布置要求见表 11-3-4。

**新光源洞内外照明布置**　　　　　　　　　　　　　　　　　　　表 11-3-4

| 工作地段 | 照明布置 |
|---|---|
| 开挖面后 40m 以内作业段 | 两侧用 36V500W 卤钨灯各 2 盏(或 300W 卤钨灯 7 盏，以不少于 2000W 为准)，灯泡距隧道底面高 4m |
| 开挖面后 40~100m 区段 | 安设 2 盏 400W 高压钠灯和 2 盏 400W 钠铊铟灯，间距约 15m，灯泡距隧道底面高 5m |
| 开挖面后的 100m 至成洞末端 | 每隔 40m，左右侧各设计 400W 高压钠灯 1 盏 |
| 模板台车衬砌作业段 | 台车前 10~15m，增设 400W 高压钠灯各 1 盏，台车上亮度不足时，增设 36V300W 或 500W 卤钨灯 |

续上表

| 工作地段 | 照明布置 |
|---|---|
| 成洞地段 | 每隔40m安装400W高压钠灯1盏 |
| 斜井、竖井井身掌子面及喷混凝土作业面 | 使用36V500W或36V300W卤钨灯,已施工井身部分选用小功率110V高压钠灯,间距:混合井每30m安装1盏,主副井每25m安装1盏 |
| 洞外场地 | 每隔200m安装高压钠灯1盏 |

### 六、安全用电

安全用电是保证人身安全和高速度、高质量完成施工任务的重要措施之一。防止触电事故,主要依靠健全的规章制度和完善的技术措施。一般采用的技术措施除使用安全电压外,还需采取绝缘、屏护、遮拦、隔离、搭铁等安全技术措施。

1. 安全作业要求

有关安全作业,除应遵守电工安全作业规程外,重点应注意以下几点:
(1)线路接头不许有裸露,要经常检查,发现裸露应立即包扎。
(2)各种电流负荷保护装置不得随意加大其容量,不得用任何其他金属丝代替熔丝。
(3)电工操作时,必须戴绝缘手套和穿绝缘胶靴。
(4)在需要触及导电部分时,必须先用测电器检查,确认无电后,才能开始工作,并事先将有关的开关切断封锁,以防误合闸。
(5)一切电器设备的金属外壳或构架都必须进行妥善搭铁。

2. 搭铁

在隧道施工中需要搭铁的设施有:与电机连接的金属构架、变压器外壳、配电箱外壳、起动器外壳、高压电缆的金属外皮、低压橡套电缆的搭铁芯线(即连接变压器中性点的中性线)、风水管路、轨道及洞内临时装设的金属支架等。

搭铁是由高压电缆外皮和低压电缆的搭铁芯线以及所有明线架设的中性线连接成一个总的搭铁网路,在网路上分别连接上述需要搭铁的设施,构成一个具有多处搭铁装置的搭铁系统。不用高压供电的隧道,应在400/230V进线端设置中心搭铁装置。

## 资料四 通风与防尘

### 一、隧道施工作业环境

隧道施工中,由于炸药爆炸、内燃机械的使用、开挖时地层中放出有害气体以及施工人员呼吸等因素,洞内空气十分污浊,对人体的影响较为严重。通风可以有效地降低有害气体的浓度,供给足够的新鲜空气,稀释并排除有害气体和降低粉尘浓度,降低洞内温度、湿度,改善劳动条件,保障作业人员的身体健康。隧道运营期间的通风则应满足铁路或公路隧道运营通风设计规范的相应要求。

实际隧道施工中,最常使用的是轴流式风机配软管压入式通风,较少采用自然通风。

按照有关规定,隧道施工作业环境必须符合下列卫生标准:

(1)坑道中氧气含量:按体积计,不得低于20%。

(2)粉尘允许浓度:每立方米空气中含10%以上游离二氧化硅的粉尘为2mg;含10%以下游离二氧化硅的水泥粉尘为4mg;二氧化硅含量在10%以下,不含有毒物质的矿物性和动植物性的粉尘为10mg。

(3)有害气体浓度:

①一氧化碳(CO):不大于30mg/m³,当作业时间短暂时,一氧化碳浓度可放宽。作业时间在1h以内为50mg/m³,在0.5h以内为100mg/m³,在15~25min内为200mg/m³,在上述条件下反复作业时,两次作业时间间隔必须在2h以上。

②二氧化碳($CO_2$):按体积计,不得超过0.5%。

③二氧化氮($NO_2$):氧化物换算成二氧化氮含量应在5mg/m³以下。

(4)瓦斯($CH_4$)浓度:按体积计,不得大于0.5%,否则必须按煤炭工业部现行的《煤炭安全规则》办理。

(5)洞内工作地点的空气温度,不得超过30℃(铁路规定不得超过28℃)。

(6)洞内工作地点噪声,不宜大于90dB。

## 二、通风方式

施工通风方式应根据隧道的长度、掘进坑道的断面大小、施工方法和设备条件等诸多因素来确定。在施工中,有自然通风和强制机械通风两类,其中自然通风是利用洞室内外的温差或风压差来实现通风的一种方式,一般仅限于短直隧道,且受洞外气候条件的影响极大,因而完全依赖于自然通风是较少的,绝大多数隧道均应采用强制机械通风。

1. 机械通风方式的种类

机械通风方式,可分为管道通风和巷道通风两大类。管道通风根据隧道内空气流向的不同又可分为压入式、吸出式和混合式三种,如图11-4-1~图11-4-3所示。

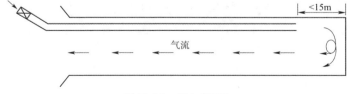

图11-4-1 压入式通风

这些方式,根据通风机(以下简称风机)的台数及其设置位置、风管的连接方法的不同又分为集中式和串联(或分散)式;根据风管内的压力不同还可分为正压型和负压型。

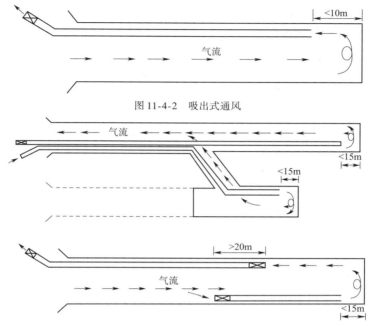

图 11-4-2　吸出式通风

图 11-4-3　混合式通风

巷道式通风方式是利用隧道本身(包括成洞、导坑及扩大地段)和辅助坑道(如平行导坑)组成主风流和局部风流两个系统,二者互相配合以达到通风目的。下面以设有平行导坑的隧道为例来说明一个风流循环系统的组成:在平行导坑的侧面开挖一个通风洞,在通风洞口安装主通风机,在平行导坑洞口设置两道风门,除将最里面一个横通道作风流通道外,其余横通道全部设风门或砌筑堵塞。

当主通风机向外抽风时,平行导坑内产生负压,洞外新鲜空气向洞内补充,由于平行导坑洞口及横通道全部风门关闭或砌堵,新鲜空气只得由正洞进入,直至最前端横通道,带动污浊气体经平行导坑进入通风洞排出洞外,形成循环风流,以达到通风目的。

另外,巷道通风尚有风墙式、通风竖井、通风斜井、横洞等。但随着目前我国巷道式通风独头掘进技术的提高,开挖断面的增大,通风方式更趋向于采用大功率、大管径的压入式通风。秦岭隧道Ⅱ线平导,开挖断面为 $28m^2$,独头掘进 9.5km。通风设计分为两阶段,第一阶段采用 PF-110SW55 型风机,$\phi1.3m$ 的 PVC(聚氯乙烯塑料)软风管的单机压力式通风,通风长度可达 6km;第二阶段在 4.5~5km 处设通风站,采用混合式通风,通风长度可达 10km。这充分说明了压入式通风方式的优点。

2. 通风方式的选择原则

通风方式的选择应针对污染源的特性,尽量避免成洞地段的二次污染,且应有利于快速施工。因而在选择时应遵循以下原则:

(1)自然通风因其影响因素较多,通风效果不稳定且不易控制,故除短直隧道外,应尽量避免采用。

（2）压入式通风又称为射流纵向式通风，它能将新鲜空气直接输送至工作面，有利于工作面施工，但污浊空气将流经整个坑道。若采用大功率、大管径，其适用范围较广。

（3）吸出式通风的风流方向与压入式相反，但其排烟速度慢，且易在工作面形成炮烟停滞区，故一般很少单独使用。

（4）混合式通风集压入式通风和吸出式通风的优点于一身，但管路、风机等设施增多，在管径较小时可采用，若有大管径、大功率风机，其经济性不如压入式。

（5）利用平行导坑作巷道通风，是解决长隧道施工通风的方案之一，其通风效果主要取决于通风管理的好坏。若无平行导坑，如断面较大，可采用风墙式通风。

（6）选择通风方式时，一定要选用合适的通风机和风管等设备，同时要解决好风管的连接，尽量减少漏风率。

（7）做好施工中的通风管理工作，对设备要定期检查，及时维修，加强环境监测，使通风效果更加经济合理。

### 三、防尘措施

在隧道施工中，由于钻眼、爆破、装渣、喷混凝土等原因，在洞内空气中飘浮着大量的粉尘。这些粉尘对施工人员的身体健康危害极大，特别是粒径小于 $10\mu m$ 的粉尘，极易被人吸入，沉积于支气管或肺泡表面。隧道施工人员常见的矽肺病就是因此而形成的，此病极难治愈，病情严重发展会使肺功能完全丧失而死亡。因此，防尘工作是十分重要的。

目前，在隧道施工中采取湿式凿岩、机械通风、喷雾洒水和个人防护相结合的综合性防尘措施。

1. 湿式凿岩

湿式凿岩，就是在钻眼过程中利用高压水湿润粉尘，使其成为岩浆流出炮眼，防止了岩粉的飞扬。根据现场测定，这种方法可降低80%粉尘量。目前，我国生产并使用的各类风钻都有给水装置，使用方便。

对于缺水、易冻害或岩石不适于湿式钻眼的地区，可采用干式凿岩孔口捕尘，其效果也较好。

2. 机械通风

施工通风可以稀释隧道内的有害气体浓度，给施工人员提供足够的新鲜空气，同时也是防尘的基本方法。因此，除爆破后需要通风外，还应保持通风的经常性，这对于消除装渣运输中产生的粉尘是十分必要的。

3. 喷雾洒水

喷雾一般是爆破时实施的，主要是防止爆破中产生的粉尘浓度过大。喷雾器分两大类，一种是风水混合喷雾器，另一种是单一水力作用喷雾器。前者是利用高压风将流入喷雾器中的水吹散而形成雾粒，更适合于爆破作业时使用。后者则无需高压风，只需一定的水压即可喷雾，且这种喷雾器便于安装，使用方便，可安装于装渣机上，故适合于装渣作业时使用。

洒水是降低粉尘浓度的简单而有效的措施,即使在通风较好的情况下,洒水降尘也仍然需要。因为单纯加强通风,还会吹干湿润的粉尘而重新飞扬。对渣堆洒水必须分层洒透,一般每吨岩石洒水为 10~20L,如果岩石湿度较大,水量可适当减少。

4. 个人防护

对于防尘而言,个人防护主要是指佩戴防护口罩,在凿岩、喷混凝土等作业时还要佩戴防噪声的耳塞和防护眼镜等。

## 四、风、水、电管线布置示例

风、水、电管线布置示例如图 11-4-4 所示。

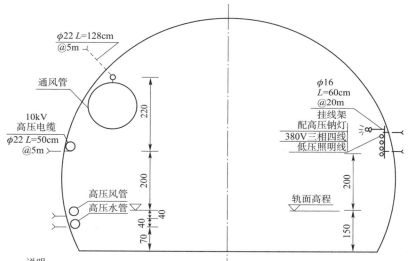

说明:
1. 本图尺寸除注明者外,其余均以厘米计。
2. 高压风水管采用 $\phi$150 钢管。
3. 严格按图中尺寸点画锚杆眼或挂钩眼。
4. 横通道内,高压风水管走线路右侧,正洞内走安康方向左侧,在正洞与横通道结合部正洞侧设过河管。
5. 通风管挂钩圆环平行于横断面,以方便网管挂设。通风管外缘距岩面保持 20~30cm。

图 11-4-4　风、水、电管线布置示例

1. 隧道内风、水、电供应主要用于哪些施工程序中?
2. 简述隧道内供电线路布置要求。
3. 隧道施工时的通风方式有哪些?如何进行选择?
4. 隧道内粉尘的来源有哪些?防尘措施有哪些?

# 学习任务十二 隧道养护

## ☞ 学习目标

1. 了解:隧道运营阶段的养护工作、现状和发展方向;
2. 理解:隧道养护基本概念,工程理论要点,技术规范;
3. 理解:隧道病害的原因及处治措施;
4. 了解:隧道养护档案相关要求。

## 资料一 隧道运营阶段的养护工作

### 一、隧道养护工作概述及定义

隧道结构的寿命指设计时预计结构可安全稳定的工作年限。影响隧道结构寿命长短的因素有:①隧道的结构形式;②使用的建筑材料;③外界因素,比如人为因素、工程地质和水文地质状态等。经验表明,由砖石材料砌筑成的隧道结构寿命一般为70~80年,而钢筋混凝土的隧道结构寿命可达100年。当然一些外界因素和偶然因素也会使隧道结构的寿命出现较大的波动。

为了尽量延长隧道结构的寿命,应对隧道进行经常性的养护工作。隧道养护工作应本着以预防为主,预防与及时整治病害相结合的原则。要经常性地对隧道进行检查,及时发现问题,并采取有效措施整治,做到防治结合,把病害控制在最小的范围内。

在隧道结构使用寿命以内,应进行以下隧道养护工作:①运营状态监视;②检查以便及时发现隧道结构出现的病害;③分析引起隧道病害的原因;④采用适当的维修及修复措施;⑤评价隧道结构的安全性及稳定性。

## 二、运营状态监视

通过运营控制系统同时监视及控制车辆流动状态,洞内的温度、湿度、通风、照明、有害气体含量、火警能量供给状态等多项运营工作状态,并根据监视结果及时发现不正常状态,调整隧道能量供给方式,节约运营费用。例如可根据洞内有害气体的含量及车辆在不同时间的流量确定隧道通风机的工作状态,可根据隧道洞内的不同位置以及洞内外光线差别调整洞内照明的强度。

## 三、检查以便及时发现隧道结构出现的病害

检查以便及时发现隧道结构是否出现病害是隧道养护工作的重要内容,其目的是为尽早发现结构已出现的破损,避免由于破损程度的发展而导致破损范围的扩大,以便尽可能减少维修的程度以及维修的工程费用。即遵循早发现、控制发展、早维修、少工料费的原则。

(1)隧道检查

隧道检查有:经常检查、定期检查、特别检查和限界检查等。

①经常检查。其内容包括:排水设施是否通畅,衬砌表面是否有漏水,洞口山坡是否可能有坍方落石,隧道上方地表是否出现冲沟和陷穴,对已有病害进行观测并做好记录以便存档。

②定期检查。由工务段按铁路局工务处的布置,对管区内所有隧道进行每年一次的全面检查。检查时间一般在秋季或春季,故称为"秋检"或"春检"。检查内容包括:洞口、洞内各种建筑物的状况,可能产生的病害,洪水前后的状态变化,严寒地区春季冰雪融化后对建筑物的影响等。

③特别检查。由铁路局组织或指定有关单位,对个别长大的、构造复杂的和有严重病害的隧道进行特别检查。

④限界检查。它是专门针对隧道衬砌限界所进行的全面检查,是隧道技术管理的重要内容之一。工务规则规定,至少每五年要检查一次,并做好检查记录以便存档。

(2)检查隧道病害的方法

隧道病害的类型主要有水害、冻害、衬砌裂损和衬砌侵蚀。最常见为水害,素来有"十隧九漏"之说。

隧道病害发生较多的地段,从地质情况看,一般是断层破碎带、风化变质岩地带、裂隙发育的岩体、岩溶地层、软弱围岩地层等;从地形情况看,多发生在斜坡、滑坡构造地带、岩堆崩坍地带等。

常用于观察隧道结构是否出现病害的方法有:

①审查设计及施工文档;

②经常进行洞内肉眼观察;

③定期对设置的观察面进行量测,并用曲线外插法预测变形及受力状态;

④观察地下水数量及水质变化;

⑤钻孔探查,了解岩石受力及松动状态、岩石与隧道接触状态、隧道结构变形裂缝状态、密封层防水性等;

⑥开挖检查井及坑道;

⑦使用现代测量方法,如物理地质电测法、地质电测法、红外线测量法、地质电力学测量法等检查隧道。

(3)衬砌裂损的描述

对于衬砌裂损应做好观测和记录工作,明确表示发生裂损的部位和裂损程度。通常用下列要素来描述:

①裂损部位

将衬砌划分为左右拱圈、左右边墙及仰拱五个部分,再将每个部分依其内缘周长划分四个等分,即把衬砌断面分为二十个部位,如图 12-1-1 所示。

②裂缝宽度 $\delta$

$\delta$ 值是在缝口处沿垂直裂面方向量取的,如图 12-1-2 所示。按裂缝宽度的大小可分为四个等级:$\delta \leqslant 0.3mm$ 为毛裂缝;$0.3mm < \delta \leqslant 2.0mm$ 为小裂缝;$2.0mm < \delta \leqslant 20mm$ 为中裂缝;$\delta > 20mm$ 为大裂缝。

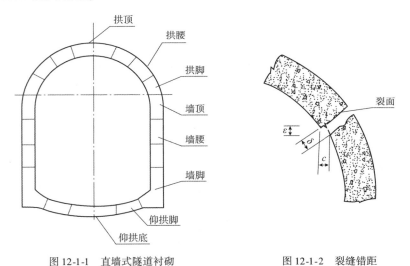

图 12-1-1　直墙式隧道衬砌　　图 12-1-2　裂缝错距

③裂缝错距

当衬砌出现错牙状裂缝时用裂缝错距表示,如图 12-1-2 所示。沿裂缝垂直方向量取的 $\varepsilon$ 值称垂直错距;沿裂缝水平方向量取的 $c$ 值称水平错距。根据错距的大小分为三个级别,如表 12-1-1 所示。

裂缝错距分类　　　　　　　　　　　表 12-1-1

| 错距分类 | 垂直错距(mm) | 水平错距(mm) |
|---|---|---|
| 小错距 | $\varepsilon \leqslant 2$ | $c \leqslant 2$ |

④裂缝间距

走向大致相同的两条相邻裂缝之间的距离称为裂缝间距。它被用来描述衬砌的破损程度。一般采取每一节段或每一节段中的某一部位(如左半拱、右边墙、仰拱等)为单位来分析。有时会出现某一节段同时有若干组(走向大致平行者为一组)裂缝。此时应说明裂缝的组数及各组裂缝的平均间距值。

⑤裂缝密度

裂缝密度即裂缝总面积(各裂缝长度与裂缝宽度乘积的总和)与所分析的节段或节段某一部分衬砌表面积之比值。用此比值的百分数来表示衬砌裂损的程度。

## 四、分析引起隧道病害的原因

引起隧道病害的原因有多种,主要可分为两类,即人为因素和自然因素。

人为因素主要指设计和施工不当,主要包括以下几个方面:

(1)建筑材料:建筑材料强度低、质量差、易老化。

(2)设计不当:截面形式不合理,强度偏小,密封及防排水系统不当。

(3)施工不当:岩石松动或自承效应丧失,支护结构与岩石接触差,仰拱合龙过晚,开挖及衬砌方法不当等。

自然因素指隧址处工程地质及水文地质、交通等状态的变化,主要包括以下几个方面:

(1)地质状态:作用于岩体上的外力荷载发生改变;岩体自身由于发生应力重分布、松动或出现膨胀应力而改变了岩体原来的受力状态;围岩体积变化改变了原来的围岩作用。

(2)内部荷载:交通状态的改变使洞内荷载强度及振动强度发生变化。

(3)地貌改变:如在隧道邻近处开挖土方,进行振动较大的施工作业。

(4)地下水影响:隧址处地下水位改变,水量及水质改变,密封层渗水等。

通常隧道破损的形式、程度与上述因素之间没有对应的因果关系,这是由于一方面上面提到的两类引起破损的因素在很多情况下相互影响,另一方面相同的破损形式可能在不同的情况下由不同的原因而引起,或相同的破损原因又可能导致不同的破坏形式及程度(如表12-1-2),另外,还存在很多其他的引起破损的因素,例如,没有及时发现破损的迹象或出现破损的痕迹,错误的判断导致新的破损,维修及修复措施不当等。

## 隧道衬砌破损形式及原因分析统计表　　　　　表 12-1-2

| 序号 | 破损形式 | 原因 | 特征 |
|---|---|---|---|
| 1 |  | 基床变形 |  |
| 2 |  | 侧向压力大 | 位移、裂缝、塌落、压剪破坏[图 12-1-3a)] |
| 3 |  | 竖向压力大 | 拱圈下沉,拱顶开裂[图 12-1-3b)] |
| 4 |  | 局部及动态压力 | 局部脱落[图 12-1-3c)] |
| 5 |  | 松动及应力重分布 |  |
| 6 |  | 流动式挤压 |  |
| 7 |  | 支座位移 |  |
| 8 |  | 膨胀应力 |  |
| 9 |  | 地质滑坡 |  |
| 10 |  | 岩石下沉 | 隧道沿着纵向发生不同的位移变形[图 12-1-3d)] |

图 12-1-3　隧道衬砌局部破损示意图

## 五、采用适当的维修及修复措施

（1）建筑材料因素

①如果由于建筑材料强度低、质量差、易老化而引起破损，可更换建筑材料。

②如果建筑材料易表面脱落、风化及腐蚀，可抹水泥浆或喷混凝土。

③如果由于材料冻裂，特别是在洞口附近，则需改善排水设施，尽可能将水引离结构，并且加强通风。

（2）设计因素

①如果由于外力过大或结构强度偏低，可考虑更换高强度材料；增加钢锚杆、加受力铰以改变原来结构的受力形式；注浆加固以提高岩体的自承能力并减少作用在隧道结构上的围岩压力，在注浆时要考虑结构原来的排水形式及排水系统。

②如果隧道衬砌无仰拱，墙脚发生塑性位移，若只加固支座地基效果不大，可考虑加钢锚杆或注浆以加强衬砌与围岩的连接，加固侧墙或增建仰拱。

（3）施工因素

①如果施工不当而造成衬砌与岩体接触差，可考虑注浆或填充方法，加强围岩与衬砌的连接以形成共同受力结构，减少松动。

②如果隧道结构是由于局部施工引起的质量差，可考虑更换。

（4）地质状态

如果由于围岩体积变化或由于岩体松动及应力重分布而改变了原来的抗力作用，可采用注浆填充空洞，并用钢锚杆加强隧道衬砌与围岩之间的接触和共同受力。

（5）地下水效应

①如果密封防水层局部破坏，可在渗水处插软管将水排入排水沟，或建一局部阻水层将水路阻塞，不让地下水流入隧道内部。

②如果密封防水层被大面积破坏，而不起密封作用，通常无法恢复原来的密封层，只有考虑放弃原来密封层的作用，或在衬砌内表面重修防水层，或采用改善排水系统功能的方法将水汇流后排出洞外。

## 六、评价隧道结构的安全性及稳定性

隧道衬砌除了由于各种因素导致破损外，还有一个自然老化过程，随着使用年限的增长,建筑材料慢慢地腐蚀、脱落、强度降低,从而使功能逐步衰退、下降。

隧道在运营保养阶段,除了对破损要进行及时修复外,还要对修复的效果及隧道的安全性、稳定性给予正确的评价。如果隧道破损后,修复效果不好,破损范围不断发展及扩大,并有如塌方或失稳的危险时,则需临时停止隧道的运营使用。当对隧道综合评价结果证明隧道已无法正常运营使用,并无法或不值修复时,则认为隧道已达寿命。

（1）隧道结构的评价

包括对衬砌结构的刚度及变形状态、材料强度及变形性、仰拱及基底效应等进行评价。

（2）围岩状态的评价

包括对隧道衬砌与围岩的接触状态、松动区的大小及形状、作用于隧道衬砌上的压力、抗力效应、静水及附加压力、岩石的力学性能等进行评价。

根据隧道结构的评价和围岩状态的评价结果,可对隧道结构进行静力学计算分析,必要时可做动力学分析,进行截面的强度验算,评价隧道的安全及稳定性。

通过对旧隧道综合状态的评价,可以确定维修的必要性及相应的维修及加固方法。

### 七、建立运营期间隧道档案

每座隧道都应建立隧道档案,特别是长大隧道的档案建立更应详细。隧道档案中应收集有该隧道的设计、施工及竣工资料,此外还包括养护与维修过程中的一些资料。

1. 隧道设备概况

（1）隧道概况:隧道所处线路及区间名称,隧道全长、起讫里程、开工、竣工年月、地质情况等。

（2）隧道结构的断面形状:内轮廓尺寸、衬砌材料、避车洞设置情况等。

（3）辅助坑道:记录竖井、斜井、横洞及平行导坑的位置及其他情况。

（4）线路情况:纵坡、平面、设备、路基、路面等情况。

（5）洞内排水设施:排水沟类型、长度、深度;检查井形状、间距、数量;盲沟情况、钻孔排水、泄水洞排水等情况。

（6）洞外排水设施:洞外排水沟及山上排水沟类型、长度等。

（7）路堑的起讫里程、护坡材料等。

（8）通风设备情况。

（9）电力及照明设备情况。

（10）通信设施情况。

以上内容最好用表格形式表示。

2. 主要病害状况卡片

主要病害状况卡片可以用列表的方式表示,如表12-1-3所示。

主要病害状况卡片  表12-1-3

| 病害种类： | | | | | | | |
|---|---|---|---|---|---|---|---|
| 记录日期 | 病害性质 | 位置 自×至× | 长度(mm) | 最大数量 | 发生时间 ×年×月×日 | 危险程度 | 简要分析 |
|  |  |  |  |  |  |  |  |
|  |  |  |  |  |  |  |  |

在填写卡片时应注意以下几点：

(1) 病害种类包括隧道水害、冻害、衬砌病害、整体道床病害、限界不足及有害气体危害等；

(2) 隧道水害中分涌水、漏水、滴水、渗水和润水；隧道冻害中分衬砌冻害、线路冻害、排水沟冻结及挂冰等；衬砌病害包括衬砌变形、裂损、侵蚀等；

(3) 至少每年记录或修改一次；

(4) 最大数量是指漏水量或刨冰量(t/d)，以及冻胀量的最高纪录；

(5) 发生时间是指与季节有关的病害发生时间，如常年漏水、季节漏水或雨后几天漏水等。

3. 隧道历史概况与现状分析

(1) 隧道历史概况

在建立档案时要注意收集整理下述资料：

①写明开工时间、交付运营时间、设计及施工单位等；

②隧道工程地质及水文地质情况；

③在修建过程中，曾发生过坍方等事故的地点及处理措施等；

④交付运营时的工程质量及存在的问题等。

(2) 隧道现状分析

在定期检查、专项检查及维修之后，应总结下述问题：

①针对隧道的主要病害状况分析其原因及危害性，并预测发展趋向；

②对主要病害曾采取过哪些整治措施，有何收效及经验教训；

③历年来经过基建、大修解决了哪些问题，还存在什么问题；

④对整治病害及技术改造的意见。

4. 图纸存档

(1) 技术图纸

①设计单位提供的纵断面图、横断面图、平面图。

②施工单位提供的衬砌内轮廓断面图、隧道开挖断面图、山上地形及排水设施图。

③其他有关隧道的技术图纸。

(2)隧道衬砌展示图

为了便于检查、记录和分析病害,要使用衬砌展示图,即把衬砌划分为若干部分,每部分按纵向里程展开。

(3)隧道综合最小限界图

根据运输组织工作的需要,要绘制区段最小限界,而区段最小限界是根据线路上的每一座建筑物(如隧道、桥梁、跨线建筑物及其附属设备)的综合最小限界绘制而成的。综合最小限界是限制装载货物最大宽度用的。隧道综合最小限界均按超高转动的线路坐标系施测计算,其测量方法可归纳为:横断面法、轨迹法和摄影法。

在测量绘制隧道最小限界时应注意以下几点:

① 计算断面在平面上应垂直于线路中心,立面应垂直于路面(轨面)的纵坡线;

② 轮廓中所有的实测点,必须是该隧道全长范围内所有建筑物及附属设备不会侵入的、有保证的综合最小限界;

③ 隧道的综合最小限界要把直、曲线分开绘制。

5. 各种检查观测记录

(1)衬砌裂缝记录。

(2)隧道洞外降雨记录。

(3)衬砌漏水记录。

(4)隧道洞内、外地下水的水源、流量及流速观测记录。

(5)其他项目观测记录(如衬砌被腐蚀记录、冬季刨冰记录、洞内排水沟冻结记录、衬砌变形记录等)。

隧道档案的建立是一项细致的工作,需要维护技术人员长期地逐步积累有关隧道的技术资料,为隧道的长期使用、维修、改建和扩建服务。

# 资料二　隧道水害及整治措施

隧道水害是指在隧道的修建或运营过程中遇到的水的干扰和危害。水害是隧道中常见的一种病害,调查资料表明,大部分的隧道存在不同程度的水害。水害不仅本身对隧道结构产生危害,降低衬砌结构的可靠性,导致衬砌失稳破坏,而且还会引发其他病害,对隧道整体结构的稳定影响很大。

## 一、水害种类及其危害

(1)施工中的隧道水害

施工中的隧道水害主要是指隧道围岩的地下水或部分地表水,以渗漏或涌出方式进入隧道内造成的危害。

施工中隧道渗、漏水,造成洞内空气潮湿,不仅影响施工人员的身体健康,而且使施工机械、设备产生锈蚀、腐烂,使绝缘设施失效,造成电路短路、跳闸甚至漏电事故,危及人身、设备安全。当变为突水或涌水时,就危及施工人员的人身安全,损坏施工机械,造成塌方,斜、竖井被淹没,中断施工,造成重大的经济损失。如大瑶山隧道就因突水致使班古坳竖井被淹没,使其基本上未能发挥竖井作用。

(2)运营中水害种类及其危害

①隧道漏水

隧道衬砌的漏水现象一般表现为渗、滴、淌、涌几种。"渗"是指地下水从衬砌外向内润湿,使衬砌内出现面积大小不等的润湿,但水仍附着在衬砌的内表面;"滴"是指水滴间断地脱离衬砌落入隧道,有时连续出水,也称作滴水成线者;"淌"是指漏水现象在边墙的反映,水连续顺边墙内侧流淌而下;"涌"是指有一定压力的水外冒。以上四种漏水现象,其出露部位与水量的不同,对隧道产生不同的危害:

a. 对隧道电力缆线产生危害,使电绝缘失效,发生短路、跳闸等事故,危及行车安全;

b. 洞内空气潮湿,影响养护人员身体健康,使洞内设备(通信、照明、钢轨等)锈蚀;

c. 混凝土衬砌风化、腐蚀、剥落,造成衬砌结构破坏;

d. 涌水病害造成衬砌破坏,隧底积水造成道床基底被软化或掏空,使道路翻浆冒泥或下沉开裂,中断行车;

e. 有冻害地段的隧道漏水会造成衬砌挂冰侵限和冻融破坏。

②衬砌周围积水

衬砌周围积水主要是指运营隧道中地表水或地下水向隧道周围渗流汇集,如果不能迅速排走而引起的病害有:

a. 水压较大时会导致衬砌破裂;

b. 使原先完好的围岩及围岩的结构面软弱夹层因浸水而软化或泥化,失去承载力,对衬砌压力增大而导致衬砌破裂;

c. 使膨胀性围岩体积膨胀,导致衬砌破坏;

d. 在寒冷地区发生冰胀和围岩冻胀,快速导致衬砌破坏。

③潜流冲刷

潜流冲刷主要是指由于地下水渗流和流动而产生的冲刷和溶蚀作用。其危害有:

a. 衬砌基础下沉,边墙开裂或者仰拱、整体道床下沉开裂;

b. 围岩滑移错动导致衬砌变形开裂;

c. 对超挖回填不密实或未全部回填者,引起围岩坍塌,导致衬砌破坏;

d. 侵蚀性水对衬砌的侵蚀。

## 二、水害产生的原因

水害产生的原因很多,归纳起来可分为以下几种:

(1) 勘测与设计

由于隧道是修建在地下的结构物,而地下的工程地质和水文地质情况非常复杂,很难勘察得一清二楚,这样在防水设计之前,设计人员对工程地质和水文地质情况就了解得不够仔细,对衬砌周围地下水源、水量、流向及水质情况掌握不准;在隧道修建前后由于各种因素影响,隧址处的水文地质情况会发生一些改变;有时还缺乏反映防水材料性能的室内试验数据,对结构抗渗、抗腐蚀未做具体要求等。所有这些因素导致了隧道的防排水设计很难在隧道的使用期内完全满足防排水的要求。

(2) 施工

施工中的许多隧道和地下工程由于其光面爆破效果不佳,喷射混凝土表面不平整,加上防水板接缝采用电烙铁,焊缝不均匀、不牢固,使防水板很容易产生空鼓开裂;局部超挖过量,回填不好不实,这样使塑料防水板的防水性能无法发挥;锚杆孔眼和衬砌悬挂设备孔眼的防水处理得不够好。有的施工单位一味追求施工速度,忽视二次衬砌质量,造成混凝土内部空隙、衬砌表面粗糙不光滑。另外对排水设施不按施工规范要求操作等,使地下水丰富地区的隧道造成严重的渗漏水。

(3) 材料

如果所选用的防水材料达不到国家质量标准,会导致隧道的渗漏水病害。

(4) 监理

监理工程师应对防水材料的选择和使用,铺设基层的处理,铺设工艺等进行跟踪检查,确保防水质量。

(5) 验收

工程竣工后,从衬砌表面往往看不出什么问题,管理单位缺乏检验手段,有时又接近运营期限,往往对交验前的渗水情况缺乏进一步查验,只好按竣工报告及施工总结,勉强验收,导致运营后渗漏水逐渐严重。

(6) 匹配

防水技术的匹配就是指防水设计、防水材料和防水施工工艺与防水工程相适应的问题。从工程实例来看,不少工程渗漏水是由于防水材料与基面黏结不良或不适应造成的,因而搞好防水技术的匹配近年来引起了人们的广泛关注。

防水施工方法不外乎喷射、涂刷、抹压、注浆、粘贴等,防水材料可分为沥青、橡胶、塑料、水泥及聚合物等,不论采用何种施工工艺和何种材料,都有与建筑物基面的接触问题。所以从这一角度考虑,防水效果的关键是防水层与基面的黏结和适应问题。

## 三、水害整治措施

隧道水害要进行综合整治,要设计、施工、运营三阶段配合治理。首先是设计人员要重视建筑和结构上的防排水要求,了解工程地质和水文地质,对围岩地下水源、水量、流向、水质等情况摸清,及时采用新技术、新材料和新的防水施工措施;其次,施工阶段水害治理得好,就会减轻运营中养护维修的任务,否则就会留下隐患,加重运营阶段的水害。

整治隧道水害要以一座隧道或以相当长的一段隧道为研究对象,不应只考虑病害点,而应洞内洞外、山上山下、有病害与无病害的段落一起分析,从而作出全面的整治规划。

隧道治水的具体措施就是"防、排、截、堵结合,因地制宜,综合治理",使之既能自成体系,又能互相配合,形成一个完整的隧道治水体系。

1. 排水设施

1)施工排水

隧道施工中应将洞内工程废水及时排出洞外,以防止坑道内浸水影响施工和淹没工作面。洞内排水方式按开挖方向和线路坡度情况分为两种:

①上坡进洞的排水方式。一般只需随着隧道的延伸,在一侧(或两侧)开挖排水沟,使水顺坡自然排出洞外。

设有平行导坑的隧道,可将正洞的水通过横通道引入平行导坑排出洞外。

②下坡进洞施工的排水方式。采用抽水机排水,即间隔一定距离开挖集水坑,掌子面的积水用水泵抽到最近的集水坑内,再用大功率抽水机抽出,经排水管路排出洞外,此时应配有足够的排水备用设施。

2)运营隧道的排水

(1)在衬砌外面设置排水设施

在衬砌外面设置排水设施,施工难度较大,常用的做法有以下几种:

①岩石暗槽。适用于围岩坚实稳定、水流清澈、不含泥沙的地段,一般沿主要含水裂隙的走向开凿。

②盲沟。按设置方向与隧道轴线的关系分为竖向盲沟、纵向盲沟和环向盲沟。主要适用于:

a. 浅埋隧道地表潮湿、有积水,无法通过地表排水疏干时;

b. 衬砌背后有集中的地下水出露;

c. 对于有水地段,当无明显的集中出水位置时,应间隔 2~5m 设置竖向盲沟,并与纵向盲沟相连;

d. 在衬砌的伸缩缝、沉降缝、断面变化处设置竖向盲沟。

③围岩排水钻孔。在衬砌背后的岩体内布置一排或多排钻孔,使之形成一个或多个集渗幕,用以疏干围岩。它不必拆除旧衬砌,可利用辅助坑道或将避车洞延伸而将集渗幕设在岩体内。一般用于Ⅳ级以上围岩较好,如用于Ⅳ级以下围岩时,宜在孔内设过滤器,以防塌孔或淤塞。

④纵向排水沟。一般设在隧道两侧或地下水来源侧,也可设在隧道中心。

⑤横向排水沟。当隧道纵向排水沟只设在一侧或位于中心时,需用横向排水沟作导引排水,即将盲沟汇集的水引入纵向排水沟排出。

(2)在衬砌内面设置排水设施

在衬砌内面设置排水设施,其主要优点是可以不开凿衬砌,工程量小,施工简单;缺点是不易对准地下水露头位置,疏干围岩范围小,在冬季发生冰冻的地段不能采用。在衬砌

内面设置排水设施的主要形式有:

①引水管。主要用于衬砌湿痕或背后积水较高位置的引水,一般采用铁管、胶管、硬塑管和竹管,将其固定在拱墙内表面。

②泄水孔。主要作用是排出衬砌背后积水,将水引入洞内排水沟。泄水孔位一般不高于水沟盖板或人行道,否则应作引水管或引水暗槽。

③引水暗槽。衬砌凿出小槽,表面用砂浆封闭,将多个泄水孔的水引入一个槽中排入水沟内。暗槽以竖槽为主,不得采用纵向水平的暗槽。初支引水暗槽设置如图 12-2-1 所示。

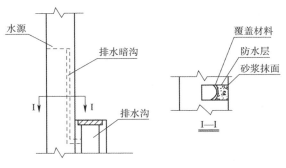

图 12-2-1 初支引水暗槽设置图

(3) 衬砌自防水

衬砌自防水是以衬砌结构本身的混凝土密实性实现防水功能的一种防水方法,造价低,工序简单,施工方便。

混凝土是一种微孔结构材料,其中部分开放式的毛细孔、各种裂隙及混凝土自身收缩形成的开裂是造成渗漏水的主要原因。防水混凝土是通过加入少量外加剂或高分子聚合物材料并通过调整水泥、砂、石及水的配合比,抑制混凝土孔隙率,改善孔结构,增加原材料界面的密实性,达到防水的目的。防水混凝土除用于防水外,更主要的是防渗。

防水混凝土衬砌施工前应控制好地下水位,要保持地下水位在施工底面最低高程以下不小于 300mm,以避免在带泥浆或带水的情况下施工,保证施工质量。

(4) 外贴防水层

对于新建隧道、运营隧道更换衬砌和其他一些适合的情况,施作外贴防水层,并结合洞内排水设施,使之相辅相成,结合良好,是能够防治水害的。外贴防水层主要做法是贴涂法,即直接在衬砌外围粘、喷涂防水层,以保护衬砌,使衬砌圬工不充水、不漏水。主要有防水卷材和防水涂料两种。

(5) 内贴防水层

内贴防水层不用凿开衬砌,比外贴防水层施工简便,成本低,可随时检修,因此在运营隧道养护维修中,是整治水害最常用的方法之一。

①喷浆防水层。在一定压力下用机械把水泥砂浆直接喷射到衬砌内表面成型,既可

作为结构层修补缺陷,又可以防水,特别是在外贴防水卷材或使用防水混凝土等措施效果都不太理想时,作为一种补救措施应用比较多。防水层总厚度为 12~40mm,最大不宜超过 50mm,砂浆配合比一般为 1:1~1:3(重量比),水灰比为 0.5~0.6,并适当掺入防水剂和速凝剂,以提高抗渗性和固结强度。

防水砂浆一般分两层喷射,施工完后要注意保护,特别是早期养护。为了防止防水砂浆中的水分蒸发,保证水泥达到充分水化的要求,应每天都均匀养护。只有在潮湿环境下认真养护 3 天以上,才能达到防水抗渗的目的。

施工时应保证原材料质量,严格按配合比施工,施工温度应不低于 5℃,不高于 35℃,低温施工时应采取保温防冻措施。

水泥砂浆防水层应与基层黏结牢固,不得有裂缝、空鼓和渗漏水等缺陷存在。

②喷射混凝土防水层。由于喷射混凝土的水泥用量大,水灰比小,并采用较小尺寸的粗集料,这样有利于在粗集料周边形成足够数量和良好质量的砂浆包裹层;使粗集料彼此隔离,有助于阻隔沿粗集料互相连通的渗水孔网,还可以减少混凝土中多余水分蒸发后形成的毛细孔渗水通路,因而有较好的抗渗性,其抗渗指标一般在 0.7MPa 以上。

喷射混凝土用水泥标号一般不低于 425 号,砂宜用中粗砂,细度模数大于 2.5,小于 0.075mm 的颗粒不多于 2.0%,石子宜用卵石,粒径不宜大于 20mm,水泥与集料比为 1:4~1:4.5,砂率(砂子在整个粗细集料中所占百分率)为 45%~55%,水灰比为 0.4~0.5。

混凝土防水层的施工要求基本与防水砂浆防水层的施工要求相同。

③砂浆抹面防水层。目前主要是采用特种水泥(双快、早强水泥),将渗、漏水处的基层凿毛清洗干净,处理好堵漏点与引导出水点,然后进行水泥浆抹面,其厚度为 2~3mm,水灰比为 0.38~0.4,初凝时间控制在 10~20min。接近初凝时,在其面上撒些中细砂,达到了一定强度后抹砂浆层,其配合比为 1:1.5~1.2,水灰比为 0.4~0.45,厚度为 6~10mm。接近硬化时用排刷拉出细条,终凝后在其面上刷上一层水泥净浆,厚度为 0.5~1.0mm,然后再抹上 5~6mm 厚砂浆层,其配合比为 1:1.5~1.2,水灰比为 0.4~0.45。在初凝前必须在其面上多次抹磨,挤出砂浆中的泥浆,反复 2~3 次,使其表面光滑。硬化后加强养护,一般不少于 3 天。

④喷涂乳化沥青乳胶防水层。采用该材料施工时,应用专用工具及压力设备进行喷射,其施工顺序为:由上而下,先喷涂拱顶,后喷涂墙脚,喷涂进行方向应逆风而行。喷嘴与喷设面的距离,一般在 50~120cm,喷射压力为 0.2~0.3MPa。

(6)压注法

压注法就是用压力把某些能固化的浆液注入隧道围岩及衬砌混凝土的裂缝或孔隙,以改善其物理力学性能,达到防渗、堵漏和加固的目的。目前隧道采用的注浆材料较多,主要有水泥类浆材和化学浆材。水玻璃类浆材由于其溶解性,所以现在很少使用。

水泥类浆材主要包括纯水泥浆和水泥黏土浆两大类。它们主要是由水泥、水及各种外加剂组成。水泥可根据工程选用各种性质的水泥,水一般采用生活用水,同时为改善水泥浆的性质,以适应不同的自然条件,掺入各种外加剂,如速凝剂、缓凝剂、引气剂、膨胀剂等。水泥类浆材的优点是能形成强度较大和渗透性较小的结石,防渗效果较好,而且原材料成本低、材源广,没有毒性和环境污染问题;缺点是浆液稳定性差,析水性大,凝结时间长,当地下水流速较大时易受冲刷和稀释。

化学浆材品种较多,主要有环氧树脂类、中基丙烯酸酯类、丙烯酰胺类、木质素类等。化学浆材的特点是:可注性好,适应广泛,胶凝时间可准确掌握,抗渗性较好;但其成本一般较高,施工要求技术高,设备复杂,部分浆材有一定毒性。目前常用的压浆材料有:水溶性聚氨酯、超细早强水泥和丙凝。

①对于新建隧道和改建隧道围岩破碎、软弱、地下水发育的地段,可结合隧道施工,进行围岩预注浆加固防水。目前采用的方法大多为超前小导管注浆,一般采用 $\phi 42mm$ 的无缝钢管,管长 6m 左右,管壁梅花形钻孔,注浆压力 $0.5 \sim 1.0MPa$,管间距离大于 0.6 倍浆液扩散半径。对浅埋、超浅埋段,也有用地表注浆的。其做法是,从地表钻孔注浆,通过控制注浆段长度,对隧道周围部分围岩进行注浆,其材料、孔位布置与洞内相同,压力可按实际情况通过试验确定。

②对于既有线隧道,当隧道围岩破碎、节理发育、地下水丰富时,也可进行注浆防水。此时应先对衬砌混凝土质量进行调查,若衬砌破坏严重,则应先对其进行加固,使其能够抵抗注浆压力。一般做法是对大范围的渗水采用浅孔密布;对裂隙渗漏采用深孔疏布;对大股涌水宜在上游设孔。孔深一般深入围岩且大于 20cm,孔径为 $\phi 42mm$。

(7)施工缝、变形缝防水

对新建或更换衬砌的隧道,变形缝、施工缝的防水可随混凝土灌注同时施工,采用的主要材料有:

①止水带,分为塑料止水带、橡胶止水带、复合止水带等,其中塑料止水带耐久性好,橡胶止水带弹性、耐磨性、耐撕裂性较好,但硬度、强度较差。

②遇水膨胀橡胶主要有制品型和腻子型两种,其特点是具有橡胶的弹性、延伸性和抗压缩变形能力,遇水后膨胀率 100%~500%,耐水性好,膨胀后仍能保持弹性。

③各种密封材料,主要是改性沥青密封材料和合成高分子密封材料。

对于运营隧道整治接缝漏水,一是可以根据不同情况采用以上材料重新施作接缝的防水;二是做接缝压浆或衬砌堵漏处理。

2. 衬砌漏水的封堵

对于某些隧道衬砌的渗漏水,除采用排水措施外,还可以用堵漏材料进行封堵。所谓堵漏材料就是一种能在几十秒或数分钟即开始初凝的材料。堵漏材料品种繁多,常用的有:

(1)无机高效防水粉,是一种硬性无机胶凝材料,主要有堵漏王、堵漏停、堵漏灵、确保时等,其终凝时间在 2.5~6h 之间,其特点是无毒、无味、无污染、耐高温、抗低寒,可在潮湿结构上施工,并有较好的黏结性。

(2)水泥类堵漏材料,主要有双快水泥、石膏-水泥材料和水泥-防水浆等堵漏材料。

目前堵漏材料采用较多的是双快水泥和堵漏王等。

3. 截水设施

截水就是截断流向隧道的水源,或尽可能使其流量减小,从而使隧道围岩的水得不到及时补充,达到疏干围岩、根治水害的目的。

(1)地表截水

地表截水就是在地表截断流向隧道围岩的水,主要有:

①对洞顶的积水洼地,宜开沟疏导引流。

②对洞顶以上的水工隧道、水库、稻田、输水渠等,造成隧道漏水的,要作防渗处理。

③对施工及地质勘测留下的钻孔、坑道、洞穴,要做好排水处理或封填。

④对断层破碎带、陷穴、漏斗等,如有较大的径流进入,宜作截水沟或回填,若无明径流,但影响隧道漏水的,应采取封闭措施(换填、注浆等)。

(2)地下截水

当隧道衬砌周围地下水有明显集中的来水通路,导致地下水流量很大时,可采取地下截水设施截断水源。

①泄水洞,一般设在来水侧且其最高水位低于正洞水沟底,纵坡不小于3‰,设置泄水洞的围岩渗透系数不小于10m/d。

②钻孔截水,对于有平行导坑的长大隧道,利用平行导坑和横洞,根据围岩的地下水分布和地质条件,打截水钻孔,其位置伸入正洞墙脚之上的围岩中,以减少向正洞衬砌周围汇集的水量,钻孔中的集水利用平行导坑排出。

③拦截暗河,对靠近隧道的暗河或充水的溶洞,可经过堵塞改变其流向。

④防渗帷幕截水,当隧道与岩层平行或斜交,通过流砂和易浸析失稳地层,或围岩裂隙发达,且透水性强时,可在隧道周围岩体内钻孔压浆形成防渗帷幕,使衬砌与地下水隔离。当为浅埋时,可在地表作防渗帷幕。

总之,隧道的水害治理是一个完整的治水系统,要排、堵、截相结合,不能只强调其中一方面。如果只排不堵,就可能造成地表的水塘、水库、农田等排干,影响附近居民的生产和生活;如果只堵不排,就会使衬砌周围的水无路可走,越积越多,最终导致隧道破坏。只有防、排、截、堵互相配合,相辅相成,共同发挥作用,才有可能根治水害。

# 资料三 衬砌裂损及整治措施

## 一、衬砌裂损类型

隧道衬砌裂损的类型主要有衬砌变形、衬砌移动、衬砌开裂三种。

(1)衬砌变形

衬砌变形有横向变形和纵向变形两种,其中横向变形是主要变形。

衬砌横向变形是指衬砌由于受力原因而引起拱轴形状的改变,基本形态如表 12-3-1 所示。

隧道衬砌横向变形的基本形态　　　　　表 12-3-1

| 变形种类 | | 变形形态示意图 | | 变形特征 |
| --- | --- | --- | --- | --- |
| | | 对称变形 | 非对称变形 | |
| 整体变形 | 竖向压扁 | | | 1.隧道内轮廓高度减小、宽度增大;<br>2.非对称变形也可称为斜向偏压;<br>3.也可能出现部位对称、变形大小不等的情形 |
| | 横向压扁 | | | 1.隧道内轮廓高度增大,宽度减小;<br>2.非对称形也可称为斜向偏压;<br>3.也可能出现部位对称,变形大小不等的情形 |
| 局部变形 | 拱顶下弯、仰拱上拱、边墙内鼓 | 围岩侧(外)<br>隧道净空侧(内)<br>上下或左右成对出现 | 只发生在一侧,如左墙腰或左拱腰出现,右墙腰或右拱腰没出现等。如左、右或上、下相对变形范围相同,但变形大小不相等。这属于变形部位对称,变形区不等的情形 | 1.隧道内净高或净宽变小;<br>2.除拱顶墙腰外,其他部位都可能发生 |
| | 拱顶上拱、仰拱下弯、边墙外鼓 | 围岩侧(外)<br>隧道净空侧(内)<br>上下或左右成对出现 | | 1.隧道内净高或净宽变大;<br>2.除拱顶墙腰外,其他部位都可能发生 |

(2)衬砌移动

衬砌移动是指衬砌的整体或其中一部分出现转动(倾斜)、平移和下沉(或上抬)等变化,也有纵向与横向移动之分,其基本形态如表 12-3-2 和表 12-3-3 所示。对于大多数已发生裂损的衬砌,往往是纵向与横向移动同时出现。

**隧道衬砌纵向移动的基本形态** 表 12-3-2

| 移动种类 | 移动形态示意图 | 移动特征 |
|---|---|---|
| 节段平移 | | 1. 隧道纵轴不发生转动;<br>2. 节段竖接缝变宽,但上下变化量相等;<br>3. $C_i$ 与 $C_i-1$ 可能不等 |
| 节段下沉 | | 1. 隧道纵轴不发生转动;<br>2. 节段竖接缝未必改变;<br>3. $\varepsilon_u \neq \varepsilon_d$ 时,说明隧道有变形 |

**隧道衬砌横向移动的基本形态** 表 12-3-3

| 移动种类 | | 移动形态示意图 | 移动特征 |
|---|---|---|---|
| 整体移动 | 转动 | | 1. 隧道竖轴产生移动;<br>2. 转动中心高度不定;<br>3. 移动方向视围岩岩体的变形和移动情形而定 |
| | 平移 | | 1. 隧道竖轴产生平移;<br>2. $C_1 = C_2 = C_3$,否则既有变形,又有平移;<br>3. $C_2$ 在不同高度应相等,否则同时含有转动影响 |
| | 下沉或上抬 | | 1. 隧道横轴产生竖直位移;<br>2. $\varepsilon_l \approx \varepsilon_r \approx \varepsilon_u = \varepsilon_d \approx \varepsilon$,否则除 $\varepsilon$ 外,均含有转动和衬砌变形影响;<br>3. $\varepsilon$ 沿横轴处处相等,否则隧道同时发生转动 |

续上表

| 移动种类 | | 移动形态示意图 | 移动特征 |
|---|---|---|---|
| 局部移动 | 转动 | | 1.隧道竖轴没动,仅衬砌一部分(半侧拱墙)发生转动; 2.$\beta$ 不包括拱轴变形的影响(如边墙的倾斜角); 3.既可能一侧发生,也可能两侧发生 |
| | 平移 | | 1.隧道竖向无转动; 2.或拱部发生平移,或墙体单独平移,或者两者兼有; 3.$C_1$、$C_2$、$C_3$ 各值都未必相等 |
| | 下沉或上抬 | | 1.隧道横轴没动,仅衬砌一部分(半侧拱墙)发生竖直位移; 2.$\varepsilon_1 = \varepsilon$ 时说明墙身有变形或裂缝存在 |

(3)衬砌开裂

衬砌开裂是指衬砌表面出现裂纹(或龟裂)和裂缝(宽度较大)或贯通衬砌全部厚度的裂纹,是衬砌变形的结果。衬砌开裂包括有张裂、压溃和错台三种。

①张裂。

弯曲受拉和偏心受拉引起的裂损,其特征是裂纹、裂面与应力方向正交,缝宽由表及里逐渐变窄,如图 12-3-1 所示。

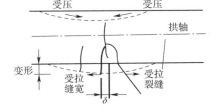

图 12-3-1　张裂裂缝示意图

②压溃。

弯曲或偏心受压引起的衬砌裂损。裂纹边缘呈压碎状,严重时受压区表面产生鱼鳞状碎片(中间厚,四周薄)剥落掉块等现象,如图 12-3-2 所示。

③错台。

由剪切力引起的裂缝,裂缝宽度在表面至深处大致相同,衬砌在裂缝两侧沿剪切方向有错动,即形成错台,如图 12-3-3 所示。

## 二、衬砌裂损特点

(1)裂损的自然发展过程

衬砌结构受力(轻微变形、移动)→局部出现少量裂纹(变形范围、变形量增大,移动部位增多、移动量增大)→裂纹宽度、密度增大,隧道净空变小(严重变形,移动显著增大)→隧道净空严重缩小、衬砌破碎、失去承载能力→局部掉块、失稳,甚至拱坍墙倒。

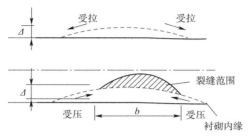
图 12-3-2　衬砌压溃破损示意图

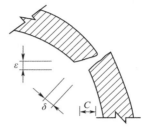
图 12-3-3　衬砌错台示意图

（2）裂损发展的主要规律

衬砌的裂损发展一般有缓慢变化,急剧变化,相对稳定三个不同的阶段,往往是交替呈周期性地出现。

①节段衬砌没成环之前出现的裂损,在成环之后可能渐趋稳定。

②由于衬砌背后回填不及时造成的裂损,在回填之后可能渐趋稳定。

③因拆模过早造成的裂损,待圬工强度提高后可能相对稳定。

④对于因围岩膨胀引起的裂损,当外荷载条件发生变化时,例如雨季地下水丰富,围岩软弱夹层被软化而产生错动,季节冻融变化引起围岩冻胀与融沉,以及由于种种外因引起围岩变形,山体压力的大小和分布发生变化等可能使已呈稳定的裂损重新发展,或使完好的衬砌发生裂损。

（3）裂损的分布特点

了解和掌握衬砌裂损的分布特点,就能及早发现病害,及时采取对策。衬砌裂损的分布一般有以下特点。

①按纵向节段分布：

a. 洞口与洞口段,特别是斜交洞门有偏压或边、仰坡不稳固的洞口段。

b. 设有大型洞室的节段或各种洞室的接头处。

c. 洞身穿过断层、构造破碎带、接触变质带、滑坡带等山体压力大且岩体不稳定的节段。

d. 洞身穿过软弱围岩的节段。

e. 偏压隧道没有采用加强衬砌或偏压衬砌的节段。

f. 寒冷地区围岩有冻胀现象的节段。

g. 衬砌实际厚度不足或圬工强度过低的节段。

h. 施工中超挖过大没有回填或回填不密实及施工中发生大塌方的节段。

i. 施工中已经发生裂损的节段。

②按横断面分布：

a. 洞口附近及傍山隧道靠山侧裂损多,靠河侧少。靠山侧以拱腰、墙腰内缘张裂多,靠河侧墙顶压劈或墙脚张裂较多。

b. 衬砌断面对称,实际荷载分布不对称的变形、移动和裂损的部位也不对称。

c. 衬砌的变形、移动和裂损多沿施工期间出现过的裂缝和施工缝发展。

d. 衬砌背后存在没有回填或回填不密实处则该部位易出现较大的移动和外鼓。

e. 衬砌背后临时支撑未能全部拆除的,在支撑部位会出现较大的集中荷载,此处衬砌内缘易出现张裂和错台。

f. 采用三心圆尖拱衬砌的隧道,易在拱腰墙腰产生内鼓开裂拱顶内缘压碎。

g. 由于各种原因(如坍方、拱架下沉、施工困难等)造成衬砌厚度不足,则此处衬砌容易发生变形和裂损。

### 三、衬砌裂损的整治措施

(1)衬砌裂损的整治原则

整治衬砌裂损病害首先要消灭已有的衬砌裂损带来的对结构及运营的一切危害,并防止再加大裂损。其次是采取以稳固围岩为主,稳固围岩与加固衬砌相结合的综合治理措施。

(2)稳固岩体的工程措施

①治水稳固岩体。

地下水的浸泡与活动对各种围岩的稳定性消弱最大。通过疏干围岩含水,坚决地采取治水措施是稳固岩体的根本措施之一。

②锚杆加固岩体。

对较好的岩体(小于Ⅴ级),自衬砌内侧向围岩内打入一定数量和深度(3~5m)的金属锚杆、砂浆锚杆,可以把不稳定的岩块固定在稳定的岩体上,提高破碎围岩的黏结力,形成一定厚度的承载拱;在水平层状的岩石中把数层岩层串联成一个组合梁,与衬砌共同承受外荷载。因此对松散破碎的岩体采用锚杆加固不仅可以有效地控制岩体的变形和提高其稳定性,而且可以使岩体对衬砌的压力大小和分布图形产生有利的转化。

③注浆加固岩体。

通过向破碎松动的岩体压入水泥浆液和其他化学浆液(如铬木素、聚氨酯等),加固围岩,疏散地下水对围岩的浸泡与渗入衬砌,使衬砌背后形成一个1~4m厚的人工固结圈,就能有效地稳固岩体,防止地下水的侵入,甚至使作用在衬砌上的地层压力大小和分布图形产生有利转化,有利于衬砌结构的受力和防水。

④支挡加固岩体。

对靠山、沿河偏压隧道或滑坡地带,除治水稳固山体外,尚可采用支挡措施,包括设支挡墙、锚固沉井、锚固钻(挖)孔桩等来预防山体失稳与滑坡,这种工程措施只能用于洞外整治。

⑤回填与换填。

如果衬砌外周围存在着各种大小空隙(如超挖而没有回填等),不仅会对地层压力分布图形产生不利影响,而且使得衬砌结构失去周边的有利支撑条件,不能使衬砌的承载能力得到更大的发挥。此时要采取回填措施,用砂浆或混凝土将围岩空隙回填密实。

如果隧底存在厚度不大的软弱不稳定的岩体或不稳定的充填物,可以采取换填办法处理。

(3)衬砌更换与加固

已裂损的衬砌一般均有相当大的支护潜力,可以充分利用,仅在没有加固的可能条件与经济上不合理的情况下,或者根据长远技术改造规划的要求才宜采用更换衬砌的办法。加固工程的主要方法如下:

①压浆加固。

a. 圬工体内压浆加固。衬砌裂损发展非常缓慢或者已呈稳定,可以进行圬工体内压浆,一般以压环氧树脂浆为主,并选择在无水季节施工。

b. 衬砌背后压浆加固。主要是针对衬砌的外鼓和整体侧移。在拱后压浆增加拱的约束可以起到提高衬砌刚度和稳定性的作用,所以一般可以局部应用,主要在发生外鼓变形的部位。

如果一环衬砌同时存在外鼓与内鼓部位,首先采取临时措施控制内鼓继续变形,然后在外鼓变形的部位压浆加固之后再对内鼓采取加锚措施,最后再对全断面进行整体加固。

②嵌补加固。

对已呈稳定暂不发展的裂缝,如果不能采取压浆加固者可以采取嵌补,即将裂缝修凿剔深,在缝口处用水泥砂浆、环氧树脂砂浆或环氧树脂混凝土进行嵌补。

对发展较快的裂损,为确保安全,可以采取钢架临时加固。只加固拱部时用上部拱架加固,拱架脚可以嵌入墙顶或支撑于埋在墙顶的牛腿上,并加纵向连接。如要全断面加固则可用长腿钢架。无论哪一种拱架,当采用多段组合安装时,安装完毕后尽量使连接点变成刚性节点(一个断面内铰接点不应多于三个)。为了考虑纵向抗弯能力,支撑纵向加强连接。如果隧道内部净空条件不足,钢架可以嵌入被加固的圬工体内一部分(或全部),并在钢架之间再加纵向连接,然后灌注混凝土做成薄层套拱,如图12-3-4 所示。

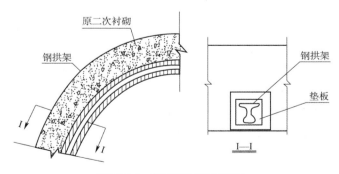

图12-3-4 薄层套拱加固示意图

此法在衬砌厚度太薄或衬砌严重破损碎裂时不能采用。

③喷锚加固。

裂损衬砌的所有内鼓变形和向内移动的裂损部位,采用(预应力)锚杆加固岩体(图12-3-5)是有效的,此时锚杆既可沿内缘张裂纹的走向两边布置,作局部加固,也可按全断面加固,将衬砌与岩体嵌固在一起,形成一个均匀压缩带,以增强围岩的稳定性,提高支护结构的承载能力。采用此法时应查清衬砌厚度、背后超挖回填及围岩整体性状况。锚杆的设置应在衬砌背后压浆后两个星期进行。锚杆的锚固段应在稳定围岩中。对于衬砌上的裂缝应及时嵌填。

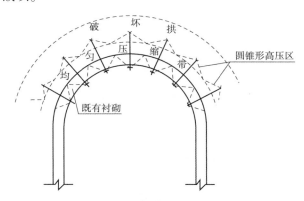

图12-3-5 预应力锚杆喷射混凝土加固衬砌示意图

喷锚加固是较为常用的加固衬砌裂损的措施。喷混凝土可以使所有已裂损的圬工块体紧密结合,阻止这些块体的松动,同时在喷射压力作用下嵌入裂缝内一定深度,使裂缝重新闭合,增强了裂损(包括原有施工缝)衬砌的整体性,在较大幅度上提高裂损衬砌的承载能力,达到加固的目的。必要时也可以在喷层加入钢筋网用于防止收缩裂纹,提高加固结构的整体性和抗震、抗冲切能力。

④套拱加固。

如果混凝土质量差,厚度不够,或受机车煤烟侵蚀,掉块剥落严重,并且拱顶净空有富余时,可对衬砌拱部加筑套拱(图12-3-6)或全断面加筑套拱(图12-3-7)。如果隧道内净空条件不足,可以采取落道加套拱的办法。套拱与原衬砌间用 $\phi 16\sim 18mm$ 的钢筋钎钉锚接,钎钉埋入原拱20cm左右,作为钢筋的生根处。套拱中的主筋也可用钢架、格栅来代替,其间距为50~80cm,纵向用拉杆焊接。套拱用强度等级不低于C20的混凝土灌筑,其厚度为20~30cm。套拱拆模后要进行压浆,以充填其背后空隙,使新旧拱圈联成整体。当拱部灌注混凝土难度较大时,可以采用喷混凝土、网喷混凝土和喷钢纤维混凝土进行加固,事实上,套拱加固已日益被喷锚加固所替代。

⑤更换衬砌。

拱部衬砌破坏严重,已丧失承载能力,用其他整治补强手段难以保证结构稳定,或者衬砌严重侵入限界,采用其他整治措施有困难时,采用全拱更换,彻底根除病害。

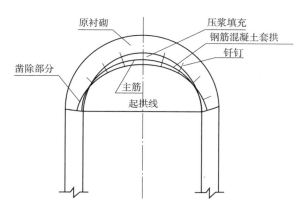

图 12-3-6 衬砌拱部加筑套拱加固示意图

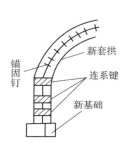

图 12-3-7 全断面加筑套拱加固示意图

⑥其他加固手段。

当仅有墙脚内移而不下沉和隧底岩土隆起时,可在墙基处增设混凝土支撑以扩大基础,如图 12-3-8 所示。要求与钢轨、轨枕不发生挤压,尺寸一般为 40cm×40cm,间距为 1.5~2.0m。

隧底围岩软弱下沉或隧底填充上鼓时,可加设仰拱,如图 12-3-9 所示;边墙基底软弱,可将墙基延伸至坚实稳固的岩层或增设仰拱;若隧底或墙基下为溶洞或其他洞穴而引起衬砌结构开裂,可加设钢筋混凝土托梁,使墙基与道床设于钢筋混凝土托梁上。

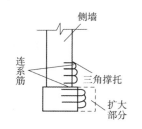

图 12-3-8 扩大基础加固示意图

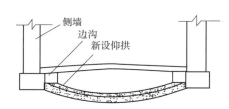

图 12-3-9 隧道仰拱

# 资料四 衬砌侵蚀及整治措施

## 一、加强对山岭隧道掘进技术的研究

隧道内金属构件的锈蚀、混凝土衬砌的侵蚀破坏,都属于腐蚀病害。

一般混凝土具有较好的耐久性、耐腐蚀性和较高的强度。但是,一旦由于地下水的侵入,衬砌受到侵蚀介质经常作用,就会出现起毛、酥松、蜂窝麻面、起鼓剥落、孔洞露石、集料分离等材质破坏,导致材料强度降低,衬砌厚度变薄,渗、漏水严重,降低其使用寿命。

隧道内混凝土衬砌的腐蚀按其种类不同,可分为水蚀、烟蚀、冻蚀及集料溶胀等。

(1)水蚀

主要指衬砌受到地下水的作用而产生的腐蚀。一般发生在隧道的拱部、边墙、仰拱、排水沟和电缆槽等各部位。

①溶出型侵蚀。主要是指水泥石中的生成物被水分解溶失造成的侵蚀,表现为外观尚完善,常有白色沉淀物,内呈多孔状,强度较低。

②硫酸盐侵蚀。主要是指环境水中含有的硫酸根离子对混凝土的侵蚀。

③镁盐和氨化物的侵蚀。

(2)烟蚀

主要是指在汽车尾气及蒸汽机车、内燃机车产生的"烟雾"对衬砌混凝土产生的侵蚀,分为化学性侵蚀和机械性侵蚀。

(3)冻蚀

冻蚀是指在严寒地区的隧道,混凝土衬砌由于冻融交替产生的侵蚀。

(4)集料溶胀

集料溶胀指衬砌混凝土中的粗、细集料中含有遇水溶解和膨胀的材料而造成的对衬砌的侵蚀。

## 二、混凝土侵蚀的整治措施

1. 防侵蚀原则

在各类侵蚀病害中,除了烟的机械侵蚀外,水是主要的致害媒介,因此,防蚀必先治水。

环境水对混凝土和水泥砂浆的侵蚀作用主要可归纳为三种:溶出性侵蚀(即非结晶性侵蚀)、结晶性侵蚀和复合性侵蚀(溶出性和结晶性两种侵蚀同时作用或交替作用)。

对溶出性侵蚀,只要能解决衬砌的渗、漏水问题,彻底治理好水,就能达到防蚀的目的;对于结晶性侵蚀,由于侵蚀是因水泥中的化合物与水作用后的新生成物或水中盐类介质析出结晶,发生体积膨胀而导致材料破坏,而析出结晶的条件是混凝土中的干湿变化,干湿变化越频繁,侵蚀速度越快。因此,对这类侵蚀,只防止渗漏而不防止混凝土充水是不行的,只要不仅防渗漏,还要防止混凝土浸水,避免侵蚀水与混凝土发生作用,这就需要采用抗侵蚀混凝土修建衬砌或利用防蚀层防止混凝土衬砌的侵蚀。

2. 防侵蚀的方法

(1)采用抗侵蚀混凝土

①抗侵蚀水泥材料的选择。抗硫酸盐水泥、火山灰质水泥具有较好的抗硫酸盐和海水腐蚀的能力;矾土水泥抗各种化学腐蚀的能力较强;火山灰质水泥对各种化学侵蚀介质也有较好的抵抗能力,适用于中、低侵蚀性介质,但其抗冻性较差,使用时需加注意。

对于抗硫酸盐侵蚀,注浆与浇筑混凝土,采用低碱高抗硫酸盐水泥为佳;运营维修、养护堵漏、抹面、喷混凝土或砂浆,用双快水泥为佳。

②采用外加剂。

a.掺用火山灰质的活性掺合料;

b.加入引气剂和减水剂;

c.提高混凝土的密实性和抗渗性的外加剂。

(2)采用防蚀层

采用防蚀层是一种对混凝土表面进行处理的方法,各种耐腐蚀的材料铺设在衬砌混凝土的表面,使之成为一层防蚀层,是提高衬砌抗腐蚀能力的常用方法。

①防蚀层铺设面的确定。防蚀层可以设在衬砌外面,也可以设在衬砌内面,对隧道衬砌,一般采用防蚀层与防水层合二为一,在衬砌外面铺设。

②制作防蚀层。防蚀层按其成型工艺有注浆、抹面、喷涂(喷射混凝土和喷涂料)和块材镶砌等。

③伸缩缝、变形缝防蚀。当隧道衬砌的沉降缝、伸缩缝发生腐蚀病害,一般可在病害发生处作衬砌背后排水盲沟把水排走。如果采用防水措施,可用油膏和胶油嵌缝,缝口再用氯丁橡胶黏合剂粘贴氯丁橡胶,用开卸式塑料止水带或软的聚氯乙烯板条封口。施工缝如果发生腐蚀,可用聚氨酯压浆防水,同时兼有防蚀作用,或预留凹槽,用硫磺胶泥腻缝。

④已腐蚀衬砌的加固与翻修。一般的措施有抹补、浇补、镶补等方法。

## 资料五 隧道冻害及整治措施

隧道冻害会导致衬砌冻胀开裂,以至疏松剥落,造成隧道衬砌结构的失稳破坏,降低衬砌结构的安全可靠性,严重影响运输的安全和隧道的正常使用。同时由于我国幅员辽阔,冻土地区分布广泛(其中多年冻土占整个陆地面积的1/5),在寒冷地区修建隧道时,防治与整治隧道冻害十分必要。

### 一、冻害种类及其危害

(1)冰柱

渗漏的地下水通过混凝土裂缝逐渐渗出,在渗出点出口处受低温影响积成冰柱,尤其在施工接缝处渗水点多,结晶明显,累积十至几十厘米厚的冰柱(又称为挂冰)。如不清理,冰柱越积越大,侵入限界,危及行车安全。

拱部渗漏逐渐形成冰柱子(冰葫芦),一般地区仅仅是影响限界。在电气化牵引区段,冰柱子下垂,挂在接触网高压电线上造成短路、坠断电线造成放电、跳闸,严重时危及人身安全。

隧道排水沟槽设施保温不良引起冰冻称冰塞子。水沟地下排水困难,因结冰堵塞,使水沟(管或槽)冻裂破损,地下水不易排走,衬砌周边因水结冰而冻胀,致使隧道内各种冻害接踵而来。

(2)衬砌发生冰楔

隧道砌筑在围岩良好地段,一旦衬砌壁后有空隙,渗透岩层的地下水,在排水不通畅时水就积在衬砌与壁后围岩间,结冰冻胀产生冰冻压力,传递给衬砌。经缓慢发展,常年积累冰冻压力像楔子似的,使衬砌发生破碎、断裂、掉块等现象。

(3)围岩冻胀破坏

隧道修筑在不良地质地段的围岩(Ⅴ、Ⅵ级围岩及破碎花岗岩、砂岩)地段,如果围岩层面及结构内含水多时,冬季就易发生冻胀破坏,主要有:

①隧道拱部衬砌发生变形与开裂。拱部受冻害影响时,拱顶下沉内层开裂,衬砌开裂严重时尚有错牙发生,拱脚变形移动。冻融时又有回复(留有残余裂缝),多次循环危及结构安全。

②隧道边墙变形严重。边墙壁后排水不畅,积水成冰,产生冻胀压力,造成拱脚不动,墙顶内移,有的是墙顶不动,墙中发生内鼓现象,也有墙顶内移致使断裂多段。

③隧道内线路冻害。线路结构下部无排水设施,在地下水丰富地区,水在冬季就冻结,道床隆起。在水沟之处因保温不好,与线路一样有冻结,这样水沟全长也会高低不平。由于冻融使线路和道床翻浆冒泥、水沟断裂破坏。水沟破坏后排水困难,渗入线路又加大了线路冻害范围。

④衬砌材料冻融破坏。隧道混凝土设计强度等级较低,抗渗性差,在地下水丰富地区,水就渗入混凝土内部。到冬季水在混凝土结构内冻结,膨胀产生冻胀压力,经年冻融循环使结构变酥、强度降低,造成冻融破坏。洞口段冻融变化大,衬砌除结构内因含水受冻害外,岩体冻胀压力传递等破坏,促使衬砌发生纵向裂纹和环向裂纹。

⑤隧底冻胀和融沉。对多年冻土隧道,隧底季节融化层内围岩若有冻胀性,而底部没有排水设备,每年必出现冻胀融沉交替,无铺底的线路很难维持正常状态;有时铺底和仰拱也发生隆起或下沉开裂。

## 二、冻害成因

(1)寒冷气温的作用

隧道冻害与所在的地区气温(低于0℃或正负交替)有直接关系。

(2)季节冻结圈的形成

沿衬砌周围各最大冻结深度连成一个圈叫作季节冻结圈。当衬砌周围超挖尺寸大小不等,超挖回填用料不当及回填密实不够产生积水,形成冻结圈。

在严寒冬季,较长的隧道,两端各有一段长度能形成冻结圈,叫作季节冻结段。中部的一段,多年不会形成季节冻结圈,叫作不冻结段。隧道两端冻结段长度不一定相等。同一座隧道内季节冻结段的长度恒小于洞内季节负温段的长度。

隧道的排水设备如埋在冻结圈内,冬季易发生冰塞。在冻结圈范围内的岩土,由于受强烈频繁的冻融破坏,风化破碎程度与日俱增,也是冻害成因之一。

(3)围岩的岩性对冻胀的影响

在隧道的季节冻结圈内如果是非冻胀土,是不会发生冻胀性病害的。冻结圈内冻土的分布情况就决定了发生冻害的部位。如果隧道围岩全是冻胀性土且均匀分布,则发生冻胀时沿衬砌外围对称均匀分布;如果是冻胀性土与非冻胀性土成层状分布,就可能出现冻胀部位不对称和非均匀分布。

(4)隧道设计和施工的影响

隧道在设计和施工时,对防冻问题没有考虑或考虑不周,造成衬砌防水能力不足、洞内排水设施埋深不够、治水措施不当,加上施工单位未能按规范认真施工等,都会造成和加重运营阶段隧道的冻害。

### 三、冻害的整治措施

严寒及寒冷地区隧道冻害的防治与整治,其基本措施是综合治水、更换土壤、保温防冻、结构加强、防止融塌等,可根据实际情况综合运用。

(1)综合治水

隧道冻害的根本原因就是围岩地下水的冻结,如果能将水排除在冻结圈以外,杜绝水进入冻结圈,就能达到防治冻害的目的,即综合治水是防治冻害的最基本措施。

为防治冻害而采取的治水措施主要是:消灭衬砌漏水缺陷,保证衬砌圬工不再充水受冻,同时加强结构层和接缝防水(所用防水材料要有一定的抗冻性);对有冻害的段落,要设置防、排水系统,不允许衬砌背后积水,并防止冻结圈外的地下水向冻结圈内迁移;衬砌背后空隙用砂浆回填密实;排水设施或泄水沟应保证在任何季节、任何条件下不冻结,在严寒地区可采用中心深埋泄水洞。

(2)更换土壤

把冻结圈内的围岩更换或改造,将冻胀土变为非冻胀性土,从而达到防治冻害的目的。

更换土壤就是将强冻胀土(主要是细粒土),更换为透水性强的粗粒土。换土厚度为:允许保留总冻胀量不大于允许值的冻胀土时,可取为冻深的 0.8~0.9 倍;若充分发挥排水设施的作用时,可为冻深的 0.7 倍。

把冻胀性土改造为非冻胀性土的方法主要有:向冻结圈内注入水泥浆液或其他化学浆液,使围岩固结而消除冻胀性;向冻结圈内注入憎水性填充材料,使之堵塞所有孔隙、裂隙,从而通过阻止土中水分迁移和聚冰作用来消除围岩冻胀。

(3)保温防冻

保温防冻就是通过控制温度,使围岩中的水分达不到冰点,达到防治冻害的目的,采用的类型主要有:保温、供热、降低水的冰点。

①在隧道内加筑保温层。在消除隧道渗、漏水的基础上,隧道衬砌的内缘(或外缘)

或双层衬砌之间加筑一层保温衬层,防止衬砌周围形成季节冻结圈,以消除冻害。所采用的保温材料主要有:加气混凝土、泡沫混凝土、浮石混凝土、膨胀珍珠岩混凝土等,一般厚度需要 20~40cm。保温衬层的四周应设防潮层,以避免受潮失效,而且不能与结构层共同受力。

②降低水的冰点。在对隧道局部范围的冻害作临时处理时,可向围岩注入丙二醇、氯化钙、氯化钠等。使水的冰点降低,从而降低围岩的起始冻结温度,达到防冻的目的。

③供热防冻。供热防冻采用不多,一般只在紧急情况下使用,主要的方法有红外线融冰、电热、锅炉采暖等。

(4)防止融塌

在洞内就是要防止基础融沉和道床春融翻浆。前者可以将边墙加深至冻土上限以下或冻而不胀层,后者可加强底部排水,疏干底部围岩含水或采用换土法。两者只要能防止冬季冻胀,就可同时解决春季融沉问题。

(5)结构加强

结构加强是防治冻害不可缺少的措施和内容,对于因冻害而开裂的衬砌,应采取减轻冻害因素的措施,结构加强的主要措施是:

①加大侧向拱度,使拱轴线能更好地抵抗侧向冻胀。

②拱部衬砌厚度增加,一般加厚 10cm 左右。

③提高衬砌混凝土强度等级或采用钢筋混凝土。

④隧底增设混凝土支撑。

1. 隧道寿命影响因素是什么?
2. 隧道养护工作内容由哪几部分组成?
3. 简述隧道病害的类型及工程特点。
4. 简述隧道病害成因的分类及整治措施。

# 参考文献

[1] 中华人民共和国交通运输部.公路隧道施工技术规范:JTG/T 3660—2020[S].北京:人民交通出版社股份有限公司,2020.

[2] 中华人民共和国交通运输部.公路隧道设计规范 第一册 土建工程:JTG 3370.1—2018[S].北京:人民交通出版社股份有限公司,2018.

[3] 国家铁路局.铁路隧道设计规范:TB 10003—2016[S].北京:中国铁道出版社,2016.

[4] 陈小雄.现代隧道工程理论与隧道施工[M].成都:西南交通大学出版社,2006.

[5] 王梦恕.地下工程浅埋暗挖技术通论[M].合肥:安徽教育出版社,2004.

[6] 覃仁辉.隧道工程[M].4版.重庆:重庆大学出版社,2015.

[7] 张丽,晏彬.隧道工程[M].4版.北京:人民交通出版社股份有限公司,2021.

[8] 中华人民共和国住房和城乡建设部.地下工程防水技术规范:GB 50108—2008[S].北京:中国计划出版社,2008.

[9] 李术才,刘斌,孙怀凤,等.隧道施工超前地质预报研究现状及发展趋势[J].岩石力学与工程学报,2014,33(6):1090-1113.

[10] 赵永贵,刘浩,孙宇,等.隧道地质超前预报研究进展[J].北京:地球物理学进展,2003,18(3):460-464.

[11] 何川,封坤,方勇,等.盾构法修建地铁隧道的技术现状与展望[J].西南交通大学学报,2015,50(1):97-110.

[12] 王梦恕,等.中国隧道及地下工程修建技术[M].北京:人民交通出版社,2010.